Fritz Rösler

Späte Freiheit

Fritz Rösler

Späte Freiheit – gebrochene Erinnerungen

Leben unter zwei Diktaturen

Verlag Josef Knecht · Frankfurt am Main

© 2000 Verlag Josef Knecht, Frankfurt am Main
Alle Rechte vorbehalten – Printed in Germany

Umschlaggestaltung: Kiesewetter & Partner, Freiburg i. Br.
Umschlagmotiv: © Mauritius
Satzbearbeitung: Fotosetzerei G. Scheydecker, Freiburg i. Br.
Herstellung: Freiburger Graphische Betriebe 2000

Gedruckt auf umweltfreundlichem,
chlor- und säurefrei gebleichtem Papier

ISBN 3-7820-0823-5

Inhalt

Vorwort	7
Es musste ja so kommen	9
Irrfahrt im Mai	25
Übergänge	33
Unheimliche Entdeckungen	42
Wahrheit, nicht wahr genug?	47
Demütigungen und Ansätze	64
Entscheidung am Rande des Zufalls	71
1949–1953, meine „Görlitzer Zeit"	74
Falscher Friede	92
Kultur und Kunst – Aushängeschild der Partei	99
Jumping ohne Seil	119
Mitte des Lebens	128
Ankunft und Wiederbeginn	157
Halt und Hindernis – meine Kirche	176
Unverhofft, ein Kapitel Kunst	200
BLEIBEN. Und doch GEHEN	221

Meinen Freunden

Vorwort

Dieses Buch ist ein sehr persönliches Zeugnis von Zeiterfahrung, insofern ausschnitthaft, ‚einmalig', empfindlich, politisch. Dadurch hält es Blößen hin – auch dem Widerspruch. Vom Blick dieser Scharfeinstellung her betrachtet, lassen die Punkte sich festmachen entlang des Horizonts eines Lebensbogens hin zu jenem so lange nur schwach erahnbaren Gefilde *Freiheit*. Punkte, die geeignet waren, mich hellhörig zu machen gegenüber den ideologischen Beeinträchtigungen, denen mein Leben *unter zwei Diktaturen* ausgesetzt war, stets begleitet von der Frage: BLEIBEN? – GEHEN? Punkte auch, die mir als Glaubenserfahrung wichtig wurden und geblieben sind, vom heimatlich-sozialen Ansatz in der ländlichen Oberlausitz bis hinein in die urbane Lebensumschrift im Zuge der *Wende*. In aller Frühe übermannten mich zudem die beunruhigenden Gebilde Musik und Sprache, aus denen ich schließlich versuchte – auch wider die Zeit – eine Existenz zu bauen. Das sollte sich als spannend erweisen – bis hin zu diesem Buch.

Der Titel „Späte Freiheit" ist ein Geschenk. Obwohl eine erste Intention dadurch überwölbt worden ist, ein Vorbehalt regte sich bei mir nicht. „Hätte ich mich warnen lassen sollen, vor dem überwältigenden Ethos des Begriffes *Freiheit*? Er umformt noch immer mehr bewegte Hoffnung als einen ruhenden Ort, von dem aus es sich gelassen zurückschauen ließe. Noch vor dem Schreiben begannen dann auch die wohlgemeinten Fragen: „Empfindest du *das* als die Freiheit?" Meine Erwartung hält der Frage stand. Dafür hat das Gewicht der vergeblichen Jahre zwischen 1939 und 1989 mir Gründe genug beigebracht, und ich stehe dafür ein.

Mir erlaubt die Befreiung der Sprache nun, mich zu bekennen, ohne an besiegten Illusionen Anderer zu verzagen. Wie weit ich unter der Last der Zeit zurückgehen musste, den Ansatz zu finden, dass ich sagen konnte: „Ich beginne hier", lehrte mich das Buch selbst. Es erhebt weder den Anspruch historische Analyse oder

Chronologie zu sein, noch eine umfassende Dokumentation der unmäßigen Verwerfungen und Missformungen im Gefolge ideologisch verderbter Machtausübung. Aber ich spare sie nicht aus. Ich bekenne, ein Teil zu sein, ohne vor den Widersprüchlichkeiten zu flüchten. Die Geschichte ist unerbittlich logisch, ihre Hervorbringungen sind Antworten. Die Wende in der DDR, die in die *Späte Freiheit* führte, ist nur eine von ihnen, eine von Gewicht.

Mein Weg, heraus „aus dem Nest der Sprache meiner umwärmten Kindheit", war von der frühen Erfahrung *Tod* gezeichnet – politisch hinterlegtem Tod – und von einem darüberliegenden, alle persönlichen Räume füllenden Drang nach einer Lebensgestaltung in der Berührungsnähe mit der Kunst, als die mir allein zuträgliche Art, mich mitzuteilen, in der Welt zu sein. Um dessentwillen verließ ich – vierzehnjährig – stürmend das Nest und übersah dabei, dass die Heimat mich gehen ließ, aber nicht entließ. Gott sei Dank. Ich war befreit zur Widerborstigkeit. Doch da ich mich nicht frei entscheiden konnte zwischen den Ausdrucksmitteln, mich zu äußern, und schon gar nicht für einen – wie auch immer gearteten – Opportunismus, bin ich doch zumindest eines geworden, ein politischer Mensch.

Mein Wunsch ist, das Buch möge einen Beitrag leisten zur Überwindung jener Verständnisbarrieren, die uns weithin trennen von der Akzeptanz unserer Geschichte. Vielleicht ermutigt es den Einzelnen, dafür etwas zu tun.

Fritz Rösler

Es musste ja so kommen
(K)ein Reich, (k)ein Treu', (k)ein Vaterland

Ich habe um meine Kindheit gebeten, und sie ist wiedergekommen, und ich fühle, dass sie immer noch so schwer ist wie damals und dass es nichts genützt hat, älter zu werden. Rilke

Wir – da wage ich mich weit hinaus ins Allgemeine – leiden darunter, dass sich so vieles wiederholt, ich aber der dünnen Einmaligkeit des Augenblicks verhaftet bin, der kommt und ist und geht. Rücksicht gibt es da nicht. Die Gewalt der Zeit reißt mit sich fort, was war, und lässt nur Bruchstücke zurück an den Brücken und in den Senken deiner Schritte. Heil oder un-heil, du wirst dich erinnern müssen, wenn du zusammenfügen möchtest. Den Tod hinausschieben, der im Trägen lauert. Vergessen, das ist der Tod. Ich bin in dem, was war. Der Augenblick ist unendlich.

Doch da, irgendwo, hat es begonnen, obgleich noch Sommer war und die Fragen noch im Halbschlaf lagen. Hinter meinem Rücken waren sie schon so nahe, dass sie mich berühren mussten. Ungebührliches zwang sich auf, mich aus dem Nest der Sprache meiner umwärmten Kindheit zu drängen. Noch begriff ich nicht. Trotz all der vergangenen Jahre, ich möchte niemals vergessen, beides zu hüten: das Kind von damals und die Sprache. In das Erinnern wird Gehörtes sich flüchten und wiederkommen und wahrgenommen werden als der Prosceniums-Vorhang zwischen der Geschichte und den Geschichten.

Großmutter Auguste hielt auf sich. Mittscheitelig, eng, gerade, klug. Ja, ich denke, das war sie. Tags grau, zu Festen weiß. Kuren in Bad Elster, alljährlich, ohne Rücksicht auf Karl, dem sie angetraut war. Und sie „hielt" Gäste. Nach der Jahreszeit und dem Grunde ihres Aufenthaltes nannte sie sie Sommerfrischler, Frolleins, Situierte, Beamte. – Das ging seit 1913. Dann kam der Krieg – und man fuhr nach Frankreich. „Gezogen" wurden die Söhne – zu Kaiser,

Volk und Vaterland. Uniformen auf Postkarten. Hurra! Hurra! Noch hatte die Zeit keinen Stimmbruch. So hielt das alles.

Guste, wie ihr Mann und die Nachbarn sie nannten, war geschickt. Oberlausitzerin – von dort gediehenem Schrot und Korn. In meiner Erinnerung mehr Schrot, und damit wirtschaftlich ganz erstaunlich treffsicher, weniger Korn, was man als Geiz ansah. Dafür hielt Großvater Karl sich an den trinkbaren. Das nahm er sich. Und seine Frau war ihm dabei mit Gründen behilflich. Zweiundsiebzig Eimer sei das Lebensmaß für einen Mann. Eine Art ostentativ gestandener Daseinsformel – woraus geboren, bleibt mir dunkel –, die dieser warmherzige Mensch mit einem Übermaß an Arbeit beglaubigt hat, bis das Unerbittliche seine Kräfte verdarb. Schwanken sah ich ihn nie.

Als er fiel, ging er für immer. Im Dreiundsiebzigsten.

Doch soweit sind wir hier noch nicht. Das Frühstück der Gäste wartet! Großmutter selbst serviert es am gemeinsamen großen Ausziehtisch mit dem wurmstichigen Fußgestühl. Das war der Platz, wo die Webstühle gestanden hatten, von deren Geklätzsch die Familie lebte, besser: von dem, was der Verleger[1] davon ließ, und dem Nötigsten, was die kleine Wirtschaft hergab, bevor Guste schließlich „nach Sommerfrischlern ging".

Durch ihre, Augustes, Hand – „man weiß ja nicht, die Leute zahlen" – hängen an der Wand über Eck Wilhelm II., genannt Gondel-Willy, als dero deutscher Kaiser, Erfinder der Reisediplomatie, was ihm offenen Verdruss mit seinem märkischen Kanzler eintrug, und Hindenburg, herrschaftlich-senil. Helm, Orden, Schulterfransen, Portepee – um einen Riesenschnauzer versammelte Drapage im Dämmer Borussiens. Mir fiel die Vorstellung schwer, dass er sprechen könnte.

Beide Köpfe waren mir von den silbernen 5-Mark-Münzen vertraut, Großvaters wiederkehrender Geburtstagsgabe – zunächst für meinen Bruder, die dann auch an mir fortlebte. Heute erzielen sie, die Silberköpfe, das Zwanzigfache. Seinerzeit waren sie einfach Geld. Für Gott (Kaiser) und Vaterland. Seltsam, für wen alles meine

---

[1] Im 19. Jahrhundert eine Vorform der industriellen Beschäftigungsabhängigkeit. Der Verleger stellte den Hauswebern das Garn zur Verfügung, nahm die Fertigware ab und bestimmte den Preis.

‚Fünf-Geld-Stücke' hätten gegeben werden sollen, als ich noch nicht war – und später! Ich ging ja noch nicht zur Schule. So sind sie bei mir geblieben – und Gott, wie ich glaube! Gott sei Dank. Der Kaiser, er war unterdessen längst geflohen – worden. Das Vaterland changierte zur Unkenntlichkeit: Rot – Schwarz – Braun. Großmutter wahrte still mahnend die Köpfe der verflossenen Patrone. Was noch blieb über die Winter, war klamm und hohl wie die gefühlvollen Lieder der Mutter. Sie sang sehr schön. Hätte ich DAS ALLES denn ändern können?

Mein Aufenthalt da ist in Gedanken. Woher einer kommt, ist ihm eingeschrieben. Der Ort ist die Zeit. Du musst es so annehmen, und wenn das Abfragen beginnt, auch das. Die Ränder könnten vergilbt sein, verdorben. Dann kommt es darauf an. Den Sperlingen auf den geschwärzten Dächern sind die Zungen gekürzt. Du aber bist geblieben. Du gehst in der Menge, entlang den Zäunen, hinter denen das Wissen von damals geschlagen ist. Und die Lichter richten sich auf dich. So wird es dir unkenntlich. Doch wo dein Ärmel den Baum streift, wirst du nach dem Gewesenen und der Heimat fragen.

Wer kennt sie denn schon, diese Oberlausitz? Der überlieferten Geschichte nach, kamen fränkische Siedler im Zuge ihrer frühmittelalterlichen Osterkundungen in ein Gebiet zwischen Elbe und Neiße, das bis dahin Slawen und Magyaren wechselweise für siedlungs- oder tributträchtig erachtet hatten. Von blutiger Landnahme durch germanische Stämme wird berichtet, nachdem Otto I. mit der Markgrafschaft unter Gero an der mittleren Elbe ein Bollwerk gegen die Wilzen und Sorben errichtet hatte. Verbrieft ist der heimtückische Mord Geros an dreißig zu einem Gastmal geladenen sorbischen Adeligen in der Zeit um 938. Von deren geschleiften Befestigungen und weiter eilig errichteten Burg- und Befestigungsanlagen (germanisch: Burgwardien) aus ließ der Südosten des Landes sich trefflich annektieren.

Attacca subito

In der Nacht vom 12. auf den 13. März 1939 reiste eine stattliche Anzahl Gleichgekleideter in Grau – Feldgrau, wie sie es nannten –

mittels Panzerspäh- und Mannschaftswagen durch die schlafende Oberlausitz nach Südosten, um nach den bereits verdorbenen Plänen einer tausendjährigen Geschichte Raum für die Errichtung eines Tausendjährigen Reiches zu suchen. Die tschechischen Bunkerlinien entlang der Grenze, die einst wohlweislich zum Empfang spätgermanischer Besucher errichtet worden waren, waren im Jahr zuvor von München aus geräumt worden. „Gefackelt" werde nicht lange, wie Hitler und Keitel für den „Fall Grün" (Überfall auf die Tschechoslowakei) am 21. April 1938 abgesprochen hatten, dafür komme man mit Panzern, wie Adolf Hitler nach der Annexion Österreichs unverblümt deutlich machte. Und er war sich der fatalen Unterstützung seiner westlichen „Alliierten" sicher, wenn es nur „nach Osten" ging.

Zimperlich ging es dabei nicht zu, schon damals nicht! Ein SS-Krad-Melder des Späh- oder Vorkommandos fuhr Oma Meta, meine Großmutter, Mutters Mutter, die Fabrik-Weberin Meta Schmidt aus Sohland an der Spree, auf dem Weg zur Frühschicht rücklings an und verletzte sie derart, dass sie nicht überlebte.

Was war eigentlich? Wie an allen Werktagen – besonders wenn sie zur Frühschicht ging – hatte die Textilarbeiterin Meta Schmidt rechtzeitig ihre Wohnung verlassen, in der linken Hand die Tasche mit dem Frühstück, rechts – wie es ihre Art war – schwenkte sie ein wenig wie zum Ausgleich gegen die Einsamkeit auf dem noch nächtlich stillen Weg. Ängstlich war sie nicht. Seit langen Jahren nahm sie den gleichen Weg, und ihre Füße gingen sicher. Umgedreht, nein, das zeigte der Befund, hat sie sich nicht, obgleich ein Motorgeräusch nicht zur vertraut-behutsamen Morgenmelodie gehörte. Sie war hier daheim! Doch dann muss wohl alles sehr rasch gegangen sein. Ein Grund dafür war niemals zu finden. Das Nummernschild, bei den Motorrädern damals wie ein Breitschwert aufrecht stehend auf dem vorderen Schutzblech montiert, hatte sie von hinten durchschnitten. Der SS-Mann, Krad-Melder im Dienste des Führers, der zwar bekannt war, doch niemals ermittelt werden konnte, blieb unbehelligt und straffrei. Das war ein früher, starker Sieg von starken Männern.

So kam dieser kalte, eiserne Tod in schwarzer Uniform schon vor dem Krieg zu uns ins Haus. Ohne Scham, in seiner fratzenhaft direkten Personalität, wie er sich bald immer mehr heimisch fühlte, muss er mich angerührt haben. In mir sind dafür noch keine Worte.

Marginal wird bleiben, weshalb Gott mich hier und an keinem anderen Ort der Welt hat ankommen lassen. Aber mich erwärmt immer wieder von neuem – ganz besonders jetzt bei der Vergegenwärtigung – eine tiefe Dankbarkeit. Heimat zu haben, eine wurzelgenährte Bindung an einen Ort, ist ein Geschenk. „ICH BEGINNE HIER."

Für mich und meine Geschichte ist interessant, was eine Landschaft im äußersten hinteren Zipfel des alten „Reiches", im so genannten Dreiländereck (Deutschland – Polen – Tschechoslowakei), mit einer Sprache, die draußen niemand verstand und die heute leider dabei ist, in der Assimilation aufzugehen, auf meinem Weg durch zwei Diktaturen, in die ich hineingetan wurde, für eine Rolle spielt.

„Ich habe um meine Jugend gebeten ..." Wer sagt, dass es nicht rückhaltlos mutig ist, den Ängsten so weit entgegenzugehen? Da treten Brüche auf. Die Herkunft sowohl, wie auch Machtausübung haben Grenzen gesetzt, die sichtbar bleiben. BLEIBEN oder GEHEN werfen sich darin auf zu einem Wall von Fragen aus Wiederkehr und dem Augenblick dessen, was gerinnt zu Geschichte. Geschichte, die vor mir war und darum hinter mir liegt. Ich kehre zurück zu den Bildern, die erlebt und erlauscht sind, ehe ich sie selbst zu entwerfen begann. Ein Gesicht ist Frucht des Voraufgelebten.

Zeitgenossen „Sommerfrischler"

Ich habe sie alle gekannt, aber sie waren längst vor mir da. Die Gesten und Geschichten, die sie stets mitbrachten, und von denen ich nicht unbeeindruckt blieb, gingen um den alten Tisch der Großmutter, Saison um Saison, wie Spiralfedern. Immer wieder, in den sich aneinander reihenden Jahren, kamen sie auf an gleicher Stelle und versickerten im Umlauf der Zeit. Ein fatal-beliebter Aufguss aus Kaisertreu, Volkstümelei und etwas Judenhass, er wurde schließlich zum willkommenen Gesöff der Schurken.

Oberpostinspektor Bergeler (Mittlerer gehobener Dienst) war wie stets zuerst aufgestanden, Hand in Hand mit seiner ausgeprägten Fähigkeit zu warten. Seine Frau, verschüchtert genau – mir gefielen immer ihre Beine – und aufwendig blond, trug über all die Jahre das gleiche Parfüm. Auch das brauchte Zeit.

Der Inspektor – mit der Oberpost, was mir schwierig zu verstehen war, wo wir doch im Dorf ganz oben wohnten und es über uns keine Post gab – Herr Bergeler, klein und glänzend, also stand, die Hände rücklings, besser ärschlings, denn auf Mittigkeit war er nahezu verschworen, wie denn auch am Übergang von Hosenleiste und Hemdenpatte Abweichungen nur von weniger als einem My zulässig waren. Ein deutscher Beamter. Oberpostinspektor Bergeler also stand, den Rücken zu Gustes für die Gäste pingelig gerichtetem Frühstückstisch, sein Kinn steil, fast auf eine Linie zum Ohrläppchen gebracht, vor dem Bildnis des Paul von Beneckendorff und von Hindenburgs (polnisch Zabrze), Generalfeldmarschall pommerschen Adels, und gerade tags zuvor verschiedenem Reichspräsidenten. Das Vaterland von ehedem war dem Reich geopfert worden. „Ja, besonders nun wird für das Reich die ordnende, starke Hand gebraucht." Oberpostinspektor Bergeler richtete, mit weitem Rechtsschwung ausholend, wie er es ungezählte Male tat, seine tadellos sitzende Krawatte, was ihn bestärkte festzustellen: „Die deutschen Beamten werden stets zu den Treuesten zählen." Man schrieb den 3. August 1934. Ein heiterer Tag.

Ebenfalls treu, jedoch bereits am Tisch sitzend, Studienrat Alfred Schmittkauer, „Ei, ei, ei, ei; tja, tja!" – mitsamt ‚Schneus-schen', seiner Ehegattin von porzellanfigürlicher Lieblichkeit: „Ach Ahlfred." Beide waren zu uns Kindern von ausnehmender Geduld und herzlicher Zuwendung. Er stammte aus dem Erzgebirge, besaß einiges handwerkliche Geschick und wusste uns, Bruder Kurt und mich, in jedem Jahr mit einer originären Bastelei zu beglücken. Noch existiert ein Buchstaben-Domino mit einer gediegenen Spielanleitung von der Hand des Studienrates, die sich gut der Erfinder des Scrabble „unter den Nagel gerissen" haben könnte.

Am Tisch links dann die Schwestern Beester-Ahlsen, längst eingetrocknet und ungenießbar, dabei von unsäglich sauberer Insuffizienz, und schließlich, allein an der Schmalseite gegenüber, Hopke: Damhirsch, 1,90 m groß, Wadenstrümpfe, Stock, Tweed, Oberbartbürste, geschäftlich nicht greifbar. „Hauptsache, Deutschland bekommt seine Kolonien zurück. Die Weiber sind dort billig, und die Geschäfte entwickeln sich gut." Dabei sitzt sein Blick schamlos auf Friedchen, der jüngeren der Beester-Schwestern. „Bei Gott, Sie können direkt sein, Herr Hopke. Ich muss schon sagen." „Ach was, dieser Hitler ist zwar impotent, aber geil genug, die Judenfrage zu lösen", posaunt Hopke rücksichtslos und prustet dabei Gustes Sahnehäubchen vom Kaffee. „Deutschland ist dabei zu erwachen", steuert hier der ordentlich beamtete Bergeler bei. Er hat seine Frau hintergangen und alimentiert einen 17jährigen Sohn. „Mein Aahlfred, wenn auch wir Kinder hätten." „Ei, ei, ei, ei, – tja, tja." Ihr, Schneus-schens, stets verwendungsfähiger Augenschlag wippte zu Wilhelm II. an der Ostwand der Lausitzer Stube.

Der Studienrat war wie stets in stillem Einvernehmen zum Klavier gewechselt und präludiert und säuselt allzu vertraut in As und Des. Ein wenig Liszt in wässriger Lösung. Guste hat den Tisch im Blick und ordnet das Schlachtfeld, auf das Bergeler und Hopke einfielen, um noch die besten Häppchen zu ergattern. Leicht, wie wurmiges Holz auf dümpelndem Wasser, gleitet die spießige Morgenidylle in den Vormittag. Die Geschichte hat rechtsaußen leichtes Spiel.

Drei Wochen zuvor, am 20. Juli 1934, hatte Adolf Hitler durch Erlass die SS aus der SA herausgelöst und zu einer selbständigen Organisation innerhalb der NSDAP erklärt. Heinrich Himmler ist zum Reichsführer der SS ernannt worden.

Bei Großmutter blieben die alt-nationalen Porträts, wo sie gehangen hatten. Unbedachtsamkeit duldete Guste nicht. Die Schwalben begannen, den Gruppenstart zu üben, und die Farben mutierten zu tieferen Frequenzen. Es ging „nach Herbste". Moder schlich sich an. Noch schläft „Lili Marlen". Hinter den Toren aber singen die Maschinen.

Am 16. März 1935 proklamiert Hitler entgegen den Bestimmungen des Versailler Vertrages die allgemeine Wehrpflicht.

Ankünfte, Auskünfte – und wieder Tod

Ich kam im späten Mai Fünfunddreißig. Sternbild: „Zwilling", ein Herbsterzeugnis. Die Familie hatte ja bereits meinen Bruder. Kurt, straffe fünf und schon deutlich gezeichnet von Großvater Karls kräftiger Statur. Im Reich hatte man ebenfalls Dinge geschehen lassen oder sah sie wachsend gern. Der Gummistock kam rasch in Mode. Mehr und mehr trug man ihn am Gürtel. Zum dritten Geburtstag, mit einem Mal, bekam mein Bruder Fahnen. Sein Ankunftstag ist der 30. Januar. Im Steinbruch, dort waren einige bei den Kommunisten, hatten sie wieder Arbeit. Bordsteine für Autobahnzufahrten und für Berlin, hieß es. Die Olympiade solle kommen, habe wohl der Reichssender gebracht. Jesse Owens, „ein Nigger", werde die Einhundert Meter in weniger als elf Sekunden laufen. Und die blonden deutschen Schwimmerinnen trainierten auf Goldmedaillen. Der Führer selbst richte den Empfang der Welt, und seine Haushofmeister, Speer und Göbbels, haben opulente Vollmachten. Alle mit der „Lösung der Judenfrage" im Zusammenhang stehenden sichtbaren Aktivitäten seien für die Zeit der Olympiade zu vermeiden. Im Neudorf war gemunkelt worden, die aus dem Steinbruch stünden mit Leuten in Berlin in Verbindung. Das musste neu sein. Ernst genommen hatte man sie bisher nicht. Sie waren Nachbarn.

B. dagegen, der zur Miete in der 12 wohnt, besteht auf dem Führergruß. Sie nannten ihn den ‚Dicken', dabei hatte er erst in letzter Zeit richtig kräftig zugelegt. Gelernt hatte er nichts – Gehilfe. Seit er arbeitslos wurde, ging er an einem Stock. Den tauschte er vorerst sonntags mit der Uniform. „Wie eigeschissn", beschrieb Großvater Karl die Farbe. Nachdem die Synagogen gebrannt hatten, trug B. sie immer, auch die Binde und die Waffe. Und er ließ sich sehen, so dass er sah und hörte. Das war Beschäftigung geworden. So beginnt meine Erinnerung.

Einen Stock benutzte B. wieder, als die Russen kamen.

1940, meine Schwester war ein Urlaubskind. Einberufung. Polen-Feldzug. Der Vater hat die Tochter nicht erlebt. Mutter hatte wohl immer noch Hoffnung. Ich stand oft dicht an sie gelehnt, wenn sie stillte. Ihr Lächeln dabei machte sie mir sehr schön.

Dann dieses Telegramm: „Zustand sehr ernst stop kommen unverzüglich stop Oberschwerster H." stop
Das Lazarett am andern Ende des Reiches, Rheine/Westfalen, „an der holländischen Grenze", wie Mutter sagte. Was wusste ich, wo das war. Mutter, in eisigem Schrecken, fuhr am nächsten Morgen. Wie ein Irrlicht, ich hätte geschworen, dass ihre Füße den Boden nicht berührten, eilte sie aus dem Haus, in die Finsternis, zur Bahn, eine Stunde entfernt, zum ersten Zug.
Die Schwestern im Lazarett, ratlos auf die Frage nach dem Namen: „Rösler, Max, ist das etwa der von gestern?" Da habe sie geschrien, einfach nur geschrien, hinein in dieses Nichts, in den Kahlschlund der Trauer, in den sie, unsere Mutter, schließlich stürzte und nie mehr ganz herausgefunden hat.
Als die Nachricht daheim eintraf, war auch Polen bereits gefallen. Die Tränen der Großmutter, grau und kühl wie ihre drahtene Erscheinung, galten ihrem einzigen Sohn. Es waren die ersten, die ich an ihr sah. Das, bis heute, macht sie mir echt.

Worte: Saat und Tod

Ich war von Tönen umgeben und umgeben worden. Mutter sang, wo immer es möglich schien, und nahm mich mit hinein, aber sie unterlegte ihre Töne mit Worten und nannte das Lied. Da war ich drei und nahm es so hin. Als der Krieg kam, sehr bald, der ihr die Mutter nahm und den Mann, versanken die Töne im Schmerz. Was blieb, waren Worte, für lange. Saat, ich wuchs damit. Tod, das Satzzeichen hinter frühen Erfahrungen.

Mein Leben sollte sich in der Spannung zwischen der Zuneigung zur Musik, wie der zur Sprache ausbreiten. Die Spannung beschränkte sich aber nicht auf meine Neigungen. Unter den Bedingungen der Unfreiheit ist es der Kern des Sprachausdrucks, der in Gefahr gerät und letztlich getötet wird, oder doch zerstört werden soll.

„Hirn des Gelehrten, Kopf des Proleten, Rock des Soldaten: Genosse Stalin! ..." usw. hatten wir als Musikstudenten noch im Herbst 1953 zu singen, zur Eröffnung des Eisenhüttenkombinates an der Oder, das auf seinem Namen stand, als diese gepriesenen Gebeine längst nur noch aus Wachs bestanden. „Kantate auf Stalin" nannte sich das frühsozialistisch-realistische, peinliche Vorkommnis, Text: KUBA (Kurt Barthel), Mitglied des ZK der SED und langjährig stasitreuer Chefdramaturg des Volkstheaters Rostock. Musik: Andre Asriel. So sollten unsere studierenden Köpfe von „Altem" geräumt und mit dieser Art „Neuem" vermauert werden. Der Komponist Arnold Schönberg, eine der Schlüsselfiguren künstlerischen Denkens in unserem Jahrhundert, kam in meinem Studium lediglich vor als „bourgeoiser Renegat" (Vorlesungszitat, K. L., Rektor der Hochschule für Musik Dresden).

Es hat nicht funktioniert. „Der Geist ist ein Vogel, der singt, wenn es noch dunkel ist" (Sprichwort). Aber der Weg, zunächst im Versuch darum herum, dann hindurch und spät, sehr spät, hinaus, war von Widerwärtigkeiten gesäumt. Alle heutigen Verniedlicher und Verharmloser dieser Situation, unter der versucht wurde, das Bewusstsein der persönlichen gedanklichen Kreativität zu zerstören und damit die Sprache zu töten, fühle ich mich verpflichtet, in die eine Reihe der Schuldigen zu stellen.

Ich war 62 Jahre alt, als es mir möglich wurde, zum ersten Mal an die Orte der klassischen Wurzeln unseres sprachlich-kulturellen Bewusstseins zu kommen. Und es gehört auch zu der eigentlichen, tiefen Erlebensschicht meiner – unserer – „späten Freiheit", den Erlebensraum des freien Gebrauchs von Worten zu erfahren. Für den Fortgang der Geschichte muss ich hier ein Beispiel als Rekonstruktion für den unmenschlichen Gebrauch von Worten einfügen, wie er beitrug, meinen Vater zu töten. Nur so scheint mir die Dimension des Unglaublichen herstellbar.

... rechtsum lauert der Tod

„Ihr kotzgrünen Regenwurmfresser, ihr nassen Säcke, saumseliges Zivilisten-Gesocks ohne Schneid und Kraft, ich werde euch den Arsch aufreißen, dass es nur so kracht, bis ihr endlich begriffen habt, was es für einen Soldaten des Führers bedeutet, grade zu stehen. Schleifen werde ich euch, bis ihr singt. Liiiiied! – Schwarzbraun ist die Ha ..., wollt ihr mich ver ..., he du, Schütze Hosenscheißer, was krähst du da?" „Melde, Herr Oberfeldwebel, ich kann nicht singen." „Maul halten. Ich werd' dir sagen, was du kannst:

Auf den Boden und stillgestanden und runter – wird's bald – und etwas dalli, du kleine, stinkende Filzlaus. Ah, sieh an, eine Glatze hat er, wie ein Scheiß-Bolschewik. Wie heißt du eigentlich?" „Bitte melden zu dürfen, Herr Oberfeldwebel: Rösler, mein Name." „Quatsch nicht so viel! He, hört euch das an, ihr Stinker, Rösler, bildet sich wohl was ein, einer von da ganz hinten. Halbjüdischer Böhmake. Heißen dort ja fast alle so. Kriechen noch auf allen Vieren, fressen mit Zigeunern und will mich hier volllabern. Runter mit der Fresse, alle, ich werd's euch schon vorgeigen, wer hier was zu melden hat. Schleifen werd' ich euch, dass euch der Zunder aus der Nase tropft, und ich werde Feuer drunter machen, dass euch endlich warm wird, bevor wir eure miesen Gestalten den Russen vorwerfen. Zwanzig Runden um den Platz, mit Feldgepäck. Wir sehen uns noch."

„Wir sahen uns nicht, gottlob", sagte mein Vater und erzählte von der widerwärtig-erniedrigenden Kasernenplatz-Schinderei, von der ich wenig, aber doch so viel verstand, dass Sprache da an den Rand alles Fühlbaren gedrängt wurde, ohne Ausnahme auf Verletzung und Demütigung aus. Ein System war angetreten, die historische Übereinkunft und Substanz der Nation in ihrer ‚Sprache' zu zerstören. Vater hatte 48 Stunden Sonderurlaub bekommen – mit feldmarschmäßiger Ausrüstung. (Der Überfall auf Polen stand bevor.) Er erschien mir fremd – und sehr fern. Wie eine große Figur aus dem Puppenspieltheater, das mich zwar immer fesselte, aber doch auf einer anderen Ebene stattfand als mein sonstiges Leben. So, in dieser martialischen Verkleidung, habe ich mir eine vage Erinnerung an meinen Vater aufheben können. Er kehrte noch einmal – in einem sehr dunkel gebeizten Sarg – zu uns zurück.

Mein Vater ist nicht „im Feld gefallen", wie es euphemistisch in der militärpolitischen Sprachregelung der Partei als wilhelminische Überkommenschaft hieß. Er starb noch während des „Polenfeldzuges" im Lazarett an den Folgen der Kasernen-Quälerei. Sicher weiß ich zu wenig darüber. Dafür empfinde ich Dankbarkeit. So trägt mein bleibender Hass einen schützenden Mantel. Wehe aber, wenn Hass die Oberhand gewinnt. Die Geschichte der DDR hätte ausreichend Substanz dafür geboten. Ich bin froh darüber, dass die Neigung in mir wach blieb, das Licht der Sprache, die formt, bildet und einigt, nicht verlöschen zu lassen. Die Entscheidung BLEIBEN wäre sonst nicht zu halten gewesen. Ich danke für *uns* den Dichtern.

Dominanz der Klänge

Seltsam, was es für Verquickungen gibt. Im äußersten Beginn hing es von einem Fahrrad ab. Schon bevor ich zur Schule kam, machte ich mir unter Großmutters zankendem Vorbehalt recht oft am Klavier zu schaffen. Das geschah spontan und unterschied sich mir von anderen Spielen wenig. Stets war das Instrument verfügbar. Die Beschlagzeiten durch meinen Bruder fielen bescheiden aus – und gingen seinerseits auch mit Murren einher. Immerhin schienen mir bald die mit den Tasten verknüpften akustischen Resultate anderem Gebildmaterial, wie etwa Bausteinen, durchaus verwandt. Ich vermochte zu sehen, zu hören, zu ordnen und zu fügen. Zeit übernahm eine Rolle. Bewegung. Anfang und Ende umschlossen etwas wie eine Gestalt. Wiederholbar. Variierbar. Verletzlich: Mitteilung. Großmutter wetterte, Mutter summte. Da musste doch irgend etwas vor sich gehen. Das begann mich zu fesseln. Den Bruder fragte ich nach Noten ab. Liebevoll war er mir behilflich. Noch heute weiß ich davon, auch, dass es dieses gäbe: Begleitung. Zumal, wenn Lehrer S. vierhändig mit ihm spielte, Primo zur Rechten, links Secondo. Das verstand ich nicht. Doch zuweilen kamen sich die Hände ins Gehege. Damit schien es zu tun zu haben. Aber nach jeder durch den Bruder – oder den Lehrer – verursachten Wiederholung, rumorte es unter der Rubrik Secondo und den Pranken Lehrer S.' bedrohlicher. Harmonie rief er dazwischen. Nochmal, vier und ..., und piano, indem er weiter hineindonnerte in Schuberts Militärmarsch D-Dur. Ram- -tata-tam- -tata-tam – -tataram- ta taa. Ich ahnte noch nicht, wie weit entfernt das von Musik war.

Mich dieser zu nähern, brauchte ich zunächst das Fahrrad; das war's, denn ich *kam* zu Herrn S., Lehrer, im Kantordienst zu Sohland. Sanft und geduldig. Meine Mutter war bereits bei ihm zur Schule gegangen. Er wohnte im Niederdorf, eine Stunde zu Fuß. Wir nahmen also das Rad. Mutter begleitete mich zur Einführung: Begrüßung mit Mooshänden, kühl und feucht. Eine nach Flieder duftende Sauberkeit machte das Haus leise. Frau S. putzte. Ich war gehemmt. Das blieb. Dazu der Drehsessel, wie komisch. Ich hatte Angst zu fallen.

Es begann: Finger, Hände, Handgelenke und Arme und Schultern. Überhaupt, „aalles schöön locker". „Jeder Finger an seinem Platz." Fünftonraum. „Bald gras' ich am Neckar ..." „Uhund eins, zwei, drei, taha ... Ja, doch. Gut. Da übst du das fein. Und schöön zählen."
Zwei Reichsmark kostete die Stunde. Wofür eigentlich? Einmal hatte ich soviel bekommen, als wir, mein Bruder und ich, Schmittkauers Urlaubsgepäck vom Bahnhof holten – zwei Koffer, zwei Taschen – drei Stunden Weg. Zwei Mark. Ich war rot geworden. „Das teilst du schön mit Kurt."
Herr S. färbte sich nicht. In sein Lächeln hätte bequem ein 5-Mark-Stück gepasst. Mutter und ich, wir radeln gemeinsam zurück, dem Stille heischenden Sommerabend zu. Er, der uns begehrlich mit Farben und Düften berührt, hat uns nicht warnen mögen. Zwei Stunden später erfuhren wir das Schreckliche.

21. Juli 1944 – 20.00 Uhr
II: – dum – dum – dumI dum – :II

„*Hier spricht London: Sie hören Nachrichten in deutscher Sprache.*
Attentat auf Hitler mißglückt ..."

Das Pauken-Signal ||: ¢ – ♩♩♩ | ♩ – :||

war das von den Nazis gefürchtete Sendezeichen der abendlichen deutschsprachigen Nachrichtensendung der BBC London, der wichtigsten Informationsquelle der interessierten und nicht nazikonformen Deutschen. Das Abhören wurde durch die GESTAPO mit Repressalien und Strafen verfolgt. Nachbarn und Schüler waren aufgefordert zu denunzieren. Man deckte in den Wohnungen die Radios zur Laut-Dämpfung mit wollenen Tüchern ab, und die Erwachsenen krochen schier hinein, um noch etwas zu hören. Bei uns stand der Apparat noch immer auf dem *Klavier*. Der Kreis war geschlossen.
So geschah mein Eintritt in die praktische Musikausübung auf der Basis eines Fahrrads, eines Drehsessels und eines politischen Attentats recht zeichenhaft und fiel doch gar zu bald den Wirren

des *Totalen Krieges* und des Zusammenbruchs zum Opfer. Bis kurz vor Weihnachten vergab ich wöchentlich noch Mutters 2-Mark-Stücke an Herrn S. Doch mehr und mehr verquoll die Atmosphäre mit dem Bombergedröhn der DOUGLAS- und BOING-Triebwerke. Es war ein ein metallisch-gleißender, höchst obertöniger Klang von großer Bandbreite, den sie wie eine aufwendige Rauminstallation in den Orbit trugen, bedrohlich und faszinierend zugleich. Daran verzagten schließlich meine kleinen Lieder. Die „weltpolitische" Dimension meiner beginnenden Musikpraxis ist unverkennbar. Aber an eine berufliche Verknüpfung zu denken, hätte da noch niemand einen Anlass gehabt. Erst einmal blieb ich wieder mir selbst überlassen. Zukunft war ein fremdes Wort.

1943/44, ein Frühlingstag. Es muss gegen Mittag gewesen sein. Das übliche Bild, bei dem die Farben mit der Jahreszeit gingen, im Sommer eher mehr geschmuddeltes Braun bis hin zum mädchenhaften Klarrosa bis Weiß, bei reichlicher Verwendung von Sommersprossen – die nackten Füße alle gleichmäßig erdgrau. Im Winter deckte verwaschenes Schwarz und allerlei Vermischtes, was die Mütter noch zum Verstricken gefunden hatten, unsere kriegsblasse Halbwüchsigkeit.

Der größte Teil der Klasse stand um das Klavier versammelt. Natürlich im Halbkreis. Schließlich stand das Instrument – unser „Schützengraben-Klavier", wie der 1916 an der Somme verwundete Lehrer S. es nannte – mit dem völlig zerschlissenen Gazerücken an der Wand. Mit Unermüdlichkeit schlug S. auf die störrischen Tasten ein, bemühte das rechte Pedal, obwohl doch sogar wir wussten, dass das Gestänge gebrochen war. „Ännchen von Tharau hat wieder ihr Herz ..." und so weiter, und er sang gewaltig über uns hinweg, Wiederholungen in beliebiger Zahl. Er liebte die deutschen Volkslieder über alles, erzählte uns von ihrer Entstehung, ihrer regionalen Herkunft und Sprache. Damit mied Lehrer S. geschickt die Nazi-Lieder, die er hasste. Wir wussten es, und es gab niemand in der Klasse, der sie ihm abgefordert hätte.

Die Kommunisten, denen Lehrer S. rechtzeitig vor der Nase weggestorben war, hätten ihm – wie ich sie ausreichend schlüssig kennen lernen durfte – die Tarnkappe entrissen. Sie hatten größere Angst als die Nazis vor allem nicht plump Betatschbaren. Deshalb sperrten sie das Wissen ein in das monströse Gemäuer des *Dialektischen und Historischen Materialismus*. Dies, wie wir seit dem 9. November 1989, um 18.57 Uhr von dem SED-Politbüro-Mitglied Günter Schabowski wissen, war ein Kartenhaus.[2]

Nach bisherigem Erkenntnisstand tötete Hitler sich selbst am 30. April 1945 – eine Woche vor dem Zusammenbruch des Nationalsozialismus in Deutschland – in seinem Berliner Bunker.

Die Bajonette der Befreier haben das von Schrunden gezeichnete Land dann folgerichtig zerschnitten. Das brachte uns im Osten, geschützt schließlich durch Minen und Stacheldraht, dem ‚Morgenlande' ein Stück näher, den Westen dafür jenen ‚unbegrenzten Möglichkeiten'. An den Rändern der historischen Verhöhnung keimten rasch die Fragen: BLEIBEN? – GEHEN?

Wir in der Oberlausitz bekamen zur Tschechoslowakei wieder eine Grenze und sollten darüber hinaus lernen, dass die Anrede weniger Herr, als nun vielmehr „Towarischtsch" und zu deutsch „Genosse" hieß. Großmutter Auguste hat die royal-herrschaftlichen Porträts in der Stube noch eigenhändig von der Wand genommen. Da blieben helle, leere Stellen, die die Zeit hat nicht mehr füllen wollen.

Nach Abschluss des Hitler-Stalin-Paktes, am 23. August 1939, seinerzeit, hatte man auf die Melodie des Berliner Gassenhauers „Siehste wohl, da kimmt er ..." vertraulich gesungen:

Habter schon e' Hitlerbild,
habter schon e' Hitlerbild.
Nee, nee, wir ham noch keens,
Molotow besorgt erscht eens.

---

[2] Am Abend des 9. November 1989 verlas der Erste Sekretär der SED-Bezirksleitung Berlin und Mitglied des Politbüros, Günter Schabowski, öffentlich über die Medien der DDR eine Information, nach der die Bürger der DDR und „Ost"-Berlins bei Vorlage ihres Personalausweises ungehindert die Grenze zu Westberlin und zur Bundesrepublik überschreiten dürften. Dieses offensichtlich politisch nicht abgesicherte Vorkommnis führte zum historischen Fall der Mauer in Berlin und gilt als Auslöser der „Wende".

Aber dann, als die Sowjets ans Tor pochten und der Muschik staunend im WC gestand, „was ist, Strick, Scheiße weg?" – da war das alles Geschichte. Die Lieder färbten sich rot. Einige aus dem Steinbruch trugen nun Jackett und Schlips, hatten gar den Mut, zum Volk zu sprechen. Die Mutter goss ihre Hände voll Tränen – und suchte nach einem Grund zu leben, den es über die Sorge für ihre drei Kinder hinaus noch geben konnte. Wir jedoch spürten kaum jemals einen Mangel, der über den des eiligen, wirren Tags hinausging. Die Bewahrung des Hauses, die gesamte Landwirtschaft und die Pflege der Großeltern lag auf meiner Mutter Schultern. Die beiden Alten hatten den Zusammenbruch des Nazi-Reiches wohl ersehnt, aber nicht mehr tragen können. Guste, starr und gebrochen, ging bald hin und legte sich für immer. Sie ist nach großem, lautem, äußeren und inneren Leiden im Frühjahr '46 eingeschlafen, nachdem Karl, ihr Mann, ihr schon vorausgegangen war.

In Berlin gingen unterdessen die moskaugetreuen Parteikader daran, die Einheitspartei zu schmieden. Der Schwarze Markt spie Kaugummi, Präservative und die ersten Naht-Nylons für *die* Damen aus, die ‚an sich' etwas ‚aus sich' zu machen gedachten. Die Schieber hatten die wirkliche Macht.

Mich traf es als großes Glück, diese verworfene Zeit, in die meine Kindheit eingekeilt war, auf dem Lande verleben zu können. Was mir daran besonders wichtig erscheint, ist nicht so sehr das ländliche Leben und die damit verbundene Entfernung von den Brennpunkten des Hungerns und Sterbens. Als das Prägende und Bleibende hat sich die kindliche Erfahrung von *Heimat* erwiesen.

Irrfahrt im Mai

Die Sirenen hatten schon ihren gierigen Betrieb eingestellt. Geblieben war, dass niemand etwas wusste. Dessen ungeachtet stört ein kleiner Wind, wie es ihn immer nur morgens gab, die unerwartete Sonne. Woher nahm sie den Mut, das Normale zu tun, wenn alles aufhörte? Das, was wie eine kränkliche Stille zwischen uns saß, teilte den Platz. Unordnung hantiert. Ich seh' es der Mutter an. Was könnte sie auch tun in dieser garstigen Einsamkeit: GEHEN? – BLEIBEN?

„Sollte nicht doch noch ein Wunder geschehen?" Dr. T. (was nützt der Name noch?), ein Vorsatz-Nazi, steht gänzlich aufgewühlt, auf unser Klavier gestützt, vor dem Braun-Volksempfänger, verfolgt die *Acht-Uhr-Nachrichten des Siebenten Mai Neunzehnhundertfünfundvierzig* und wiederholt wie ein kranker Clown immer wieder diesen bieder-hohlen Satz, der Adolf Hitlers V-Wunderwaffen beschwören will, endlich noch dem Orkus zu entschweben. Und ...? Was sollten diese Waffen noch an- oder ausrichten unter denen, die noch nicht tot sind? Er könnte es sicher nicht beantworten. Dieser Dr. T. ahnt nicht, dass der Waffenbesitzer selbst in den Orkus gefahren ist und hier nur sein erbärmlicher Lakai noch steht und schwätzt und schwitzt und kränkelnd hofft: auf ein Wunder.
    Er ist der „Kreisbauernführer", SA-Mann der ersten Stunde, mit 300prozentiger Familienoption auf das bereits geborstene, braune Brachial-Imperium. Er, der mit Sparbuch, Mann und Maus und Tross und Wagen geflüchtet war aus der Gegend von Bautzen – wo man ihn kannte samt seinen seit Dreiunddreißig zusammengeramschten Liegenschaften – kam zufällig unter Großmutters Dach, 650 Meter vor der alten tschechischen Grenze. Er stand nun da in Gustes Stube mit dem Schweiß ringend und beschwor die letzte unzerstörbare Macht des Führers und seiner Wunderwaffen. Ein

25

Wrack aus Fett und Furcht, zerpflückte es mit nassen Augen die letzten chaotischen Depeschen des plärrenden Reichssenders wie sein schweißnasses Taschentuch.

Ich stand - knirpsenhaft gebannt - inmitten dieser obskuren Szenerie, so angewidert ratlos und doch tief betroffen.

Kein Zweifel, meine Lebenszeichnung ist in der Zeit des Nationalsozialismus entscheidend grundiert worden. Nicht einmal sieben Jahre bewusst rekonstruierbaren Lebens habe ich für das Vollenden dieses schaurigen Werkes zur Verfügung stellen können. Das hat ausgereicht, auch wenn die Farben da wohl noch changierten, mich als Kind so zuzurichten, dass ich gegen alle Anfechtungen und Angriffe der nachfolgenden Diktatur unzugänglich geblieben bin.

Karl, vor allem wenn er vom Korn, dem trinkbaren, kam, doch auch sonst offen und unverblümt, hielt sich mit abschätzigen Äußerungen über „diesen Hitler", wie er ihn distanzierte, nicht zurück. Den Gruß, da bin ich sicher, hat Karl nicht benutzt. Welcher Engel ihn vor allen denk- und erfahrbaren Konsequenzen bewahrt hatte, wird mir ebenso verhangen bleiben wie die Antwort auf meine lebenslange Frage: Wie war es möglich, als Kind derart nachhaltig gezeichnet worden zu sein von den menschlichen und politischen Verheerungen dieser historisch letztendlich makaber kurzen Zeit? Welche Mechanismen haben es bewerkstelligen können, die kindliche Aufmerksamkeit und Sensorik derart zu fesseln und in Beschlag zu nehmen? Flugzeuggeräusche mobilisierten die während des Krieges angelegten Angstpotentiale noch, solange die Sowjets mit ihren alten MIGs über uns flogen. Und anders: Der erste Vopo (Volkspolizist), mit dem ich in Berührung kam, ist von mir seiner Uniformierung wegen derart belegt und attackiert worden, dass nur die Unvollkommenheit der neuen ‚Schutz'-Maschinerie, die wahrlich sichtbare mentale Bescheidenheit des erdgrünen Beschützers und andererseits mein ihm gegenüber jugendliches Alter mich vor den Mauern bewahrt haben, hinter denen dann bald viele - auch Jugendliche - verschwanden. Der Übergang der Systeme gestaltete sich fließend.

Mitte Juli des Jahres 1952 hörte ich in einer der politischen Abendsendungen des RIAS Berlin, den wir seinerzeit trotz bereits einsetzender Frequenzstörungen noch einigermaßen deutlich empfangen konnten, dass Walter Ulbricht - nach Bestätigung seiner

Führerschaft auf der 2. Parteikonferenz der SED, 9. bis 12. Juli 1952 – Vorbereitungen zur Installierung bewaffneter Einheiten in der DDR abgeschlossen habe. In der Parteichronik liest sich das später so:

Juli/August 1952. Zur Verstärkung der bewaffneten Organe der DDR wird auf der Grundlage der bestehenden Polizeibereitschaften und Volkspolizeischulen die Kasernierte Volkspolizei geschaffen. Sie dient dem Schutz der DDR gegen konterrevolutionäre Anschläge.

Mit Deckung durch die Sowjets hatte Ulbricht unter Umgehung der völkerrechtlichen Vorgaben der Sieger-Koalition auf dem Gebiet der vormaligen Sowjetischen Besatzungszone militärische Vorauskonditionen geschaffen. Allein der Viermächte-Status von Groß-Berlin verhinderte dort, im Sowjetischen Sektor, die kasernenmäßige Einrichtung militärischen Potentials der DDR.

Wir mussten als Oberschüler nicht selten an Agitationsveranstaltungen in Betrieben teilnehmen. „Schwerpunktmäßig" lautete an uns Schüler gerichtet dafür die Wortprägung in der Parteisprache. *Schwerpunkt* bedeutete dann soviel wie, dass die Partei wusste, es handle sich um einen rechtswidrigen Vorgang, der ideologisch verbrämt und agitatorisch festgeklopft werden sollte. *Mäßig*, das kann ich bezeugen, waren solche Veranstaltungen immer.

Von Beginn der kommunistischen Machtinstallation an galt eine offene Primitivität der Verlautbarung sichtbar als strategisches Prinzip und wurde entsprechend unverblümt vorgetragen. Kommunikation fand ja ohnehin nicht statt. Konnte das in der Umbruchzeit noch als „revolutionäres Potential der Klasse" annonciert werden, so zeichnete sich zu Beginn der fünfziger Jahre bereits deutlich ab, dass die Monopolpartei diese ideologische Fessel nicht abzustreifen imstande war. Die Führung erkannte, dass ein umfassender Machtanspruch ohne Bildung – auch im parteieigenen Kader-Betrieb – nicht haltbar war. Das ermöglichte zum Beispiel den bemerkenswerten Aufstieg des jungen Technokraten Werner Lamberz[1], der

---

[1] W. Lamberz (1929–1978) war von 1967 bis 1978 Sekretär für Agitation und Propaganda im ZK der SED und von 1971 bis 1978 Mitglied des Politbüros; er starb 1978 bei einem „Unfall".

schließlich einer der Prominentesten auf Walter Ulbrichts Mordliste wurde, als er sich an die Spitze der Aktivitäten um Erich Honecker gestellt hatte, die den „Leipziger Dachdecker" mit dem Einverständnis Moskaus vom First stürzen wollte. Dazu wurde ein Brief von Mitgliedern und Kandidaten des Politbüros der SED an das Politbüro des ZK der KPdSU bekannt (Ausschnitt):

21. Januar 1971
Teure Genossen!
Wie Ihnen bekannt ist, kam es bei uns in den letzten Monaten in wachsendem Maße zu einer außerordentlich schwierigen Lage im Politbüro (...)
Nachdem die 14. Tagung des ZK (Dezember 1970) eine realistische Einschätzung der inneren, insbesondere der wirtschaftlichen Entwicklung und eine entsprechende Zielstellung erarbeitet und gebilligt hatte, hielt Genosse Walter Ulbricht ein Schlußwort, das in seiner Grundtendenz nicht mit dem, was auf der Tagung gesagt wurde, und unserer gemeinsamen Linie übereinstimmte. (...)
Deshalb wäre es sehr wichtig für uns und eine unschätzbare Hilfe, wenn Genosse Leonid Iljitsch Breschnew in den nächsten Tagen mit Genossen Walter Ulbricht ein Gespräch führt, in dessen Ergebnis Genosse Walter Ulbricht von sich aus das Zentralkomitee (der SED) ersucht, ihn auf Grund seines hohen Alters und seines Gesundheitszustandes von der Funktion des Ersten Sekretärs des ZK zu entbinden. (...) Diese Frage sollte möglichst bald gelöst werden, das heißt unbedingt noch vor dem VIII. Parteitag der SED. (...) Wir erwarten Ihre Antwort und Hilfe.
Mit kommunistischem Gruß
(Unterschriften von Hermann Axen, Gerhard Grüneberg, Kurt Hager, Erich Honecker, Günter Mittag, Horst Sindermann, Willi Stoph, Paul Verner, Erich Mückenberger, Herbert Warnke, Werner Jarowinsky, Werner Lamberz, Günter Kleiber.)

Als Überbringer der Botschaft tat sich Lamberz für den Apparat hervor. Ulbrichts Kraft, ihn von dieser Mission aus Moskau nicht zurückkehren zu lassen, erwies sich als nicht mehr stark genug. Breshnew ‚segnete' das Vorhaben der Berliner Genossen ab – das hieß, Moskau erkannte in Ulbricht indessen eine unkalkulierbare

Gefahr -; Lamberz kehrte lebend nach Berlin zurück und Ulbricht fiel. Das Leben des Werner Lamberz wurde 1978 schließlich unter Erich Honecker ‚vollendet'. Lamberz gehörte zu denen, die zu klug waren und darüber hinaus Macht suchten. Darin bestand für den Apparat eine zu gefährliche Kennung.

Die Ideologie der „Macht der Arbeiterklasse" – wie sehr daran auch gebastelt wurde – verstellte dem System, das sich wissenschaftlich definierte, den Weg zu einer gebildeten Führung. Die Furcht vor *Abweichungen* nagte permanent am Zentralismus. Erst recht konnte sich da, wo bereits im Ansatz das Denken als feindliche Handlung denunziert wurde, eine Kultur der Sprache nicht entfalten. Daran erkrankten die Wurzeln. ‚Das' jedoch hielt sich noch 37 Jahre und 3 Monate nach Gestellung der ersten sozialistischen *Bewaffneten Organe*. Erst ganz zum Schluss, als das WIR sich versichert hatte, nicht mehr die einzelne graue Furcht zu sein, sondern DAS VOLK, da zählten auch Tage. Und als die Knüppel im Oktober '89 vortraten ans Licht, verfielen sie zu alten morschen Zeigern, die ihre letzten, klammen Stunden zählten.

Alles in mir schämt sich, dies doch ertragen, das Dasein mitten in dieser Unsprache durchgehalten zu haben und diesen Geist, aus dem sie kroch. Und doch: Das bleibt vor mir liegen als Widerspruch, kritisch und tragisch. Und immer, immer wieder: GEHEN? – BLEIBEN? Der Ansatz zu diesem vierzig Jahre lang unterschwellig lauernden Frage-Druck liegt für mich aber in jenem Maimorgen, als der Krieg verstummte.

Dr. T. also, SA-Bauer in Angstzivil, zertritt Gustes Stube in aufgeblasener Hektik. Altgewohnt, das Sagen zu haben, trat er linkisch auf dem verrotteten Privileg herum. Die Bediensteten, die deutlich Veränderungen spürten, hatten schon getuschelt. In diesem Moment jedoch war meine Mutter das Krisenopfer. Niemand sonst war zugegen; in mir war nur Staunen, denn der Schlachtplan war: *die Flucht.*

Zwei Traktoren standen bereit für je zwei riesige Planwagen; Speck, Schnaps, Brot und Pökelfleisch für Wochen, Frau, Töchter, Magd, Knechte und die Köchin, all das klebte am Schweiß des ehedem Mächtigen, wie noch ein weiterer Tross mit Pferden. Die Lage war verworren, aber das Ziel klar: Zu den Amerikanern! Die Russen waren angeblich in der Nähe von Görlitz, wo der Viadukt zerstört worden war, über die Neiße gekommen. Von Kodersdorf her rückten sie auf Löbau vor, man hörte wenige mollige Schläge. Jeder im Neudorf wusste etwas anderes. Ein weiterer Keil richte sich von Radibor auf Bautzen aus, wo er nach Süden schwenke. Widerstand würde nicht mehr nennenswert geleistet. Das, mehr oder weniger, waren Bilder aus Luft und Furcht. Mein Bruder, Jahrgang 1930, hatte Glück, im letzten Moment, als 15-Jähriger, nicht doch noch Opfer irgend eines jener siegeseifrigen Chaoten geworden zu sein, die den „Totalen Krieg" ausübten wie einen Ausverkauf der letzten Zeit. Der *Volkssturm* hatte sich bereits auf den sarkastischen Refrain zurückgezogen: „... alte krumme Kerle, Beene wie de Querle. Asthma!" Aber Dr. T., am ganzen Körper flatternd, war gewiss, die Russen schlachteten und fräßen alles, was nur ein wenig Ähnlichkeit mit einem Deutschen habe. Herrschaft gar, finde allein noch schmale Chancen bei den Amerikanern.

Dieser, jeglichem rationalen Ernst nicht mehr zugänglichen Lebenssituation stand meine Mutter völlig schutzlos, in verzweifelter Not und großer Verantwortung für ihre drei Kinder, allein gegenüber. Guste war sich sicher, dass sie bliebe – „mir tutt kenner woas" – und sie hatte Karl angesehen wie lange Zeit nicht. (Wenn sie sich nicht bei der Hand hielten?) Mutter wird weniges gepackt und vieles als Ballast für den vielleicht letzten Weg verworfen haben. Am Morgen des 8. Mai, gegen Sieben, im Jahre Zwölf von Tausend, saßen wir auf und fuhren auf dem Speck des Nazis Dr. T. „zu den Amerikanern".

Dr. T. brabbelt. Die Luft aus seinem Mund entfährt ihm ohne Sinn. Es hört niemand. Ein Fremder. Sein Leben wird vorerst dadurch geschont, dass man ihn ignoriert. Das Personal tut seine Arbeit aufmerksam; der Zug kriegt dadurch eine Richtung. Es ist auch uns behilflich, denn die Planwagen, eineinhalb Meter hoch, sind keine Limousinen. Ich tue so, als käme ich selbst zurecht. Mein Bruder Kurt, der fünfzehn geworden war und von kräftiger Statur, hebt unsere Sachen schon mit auf den Wagen. Oben am Haus, im Ausschnitt der Tür, steht Guste, die Großmutter, ernst und hoch. Ohne erkennbare Regung folgt sie dem Geschehen um die Flucht. Nicht, als gingen ihre Enkel auf die unbestimmte, vielleicht letzte Reise. Sie ist „leer und aus". Nichts würde mehr so sein, wie es war.

Nach und nach kommt über dem Tross so etwas wie Ruhe zu stehen. Die Nachbarn nehmen keine Notiz. An diesem Morgen, an dem scheinbar nichts mehr gilt, ist jeder mit sich selbst befasst. Wir hocken eng verkeilt oben auf dem Wagen. Regina, die Schwester, blond und winzig – es ist ihr Geburtstag, sie wird fünf – verschwindet fast in Mutters Schoß, als sei sie auf dem Weg dahin zurück. So fließt die letzte Kraft der Mutter in ihr Kind. Der Treck zieht mühsam an, und niemand weiß, was wird. So begeben wir uns auf die Flucht. Mit jedem Meter hinter uns bricht etwas ab und wird Vergangenheit.

Für mich und meine Entwicklung ist das Geschehen im großelterlichen Haus, bis hinein in die Beziehung der beiden alten Menschen, die mich sehr beschäftigt hat, eine wichtige Kindheitserfahrung, ohne die ich mich selbst nicht wahrzunehmen wüsste. Fiktive Verklammerungen von Bildern und Eindrücken sind mir für die ständige Bewahrung ebenso wichtig wie für die einmalige Aufzeichnung.

Am nächsten Tag, dem 9. Mai, erreichten wir Tetschen (tschechisch: Děčin). Da lag der Krieg noch auf der Straße, zerfetzte Tier- und Menschenleiber, und es roch nach Kampf und Rauch und Tod. Der letzte deutsche Widerstand war getötet worden oder geflüchtet, die Russen waren sicher schon in Prag, das an dem Tag fiel.

Der Treck, so eingeschrumpft er war, hatte Mühe, da hindurch zu finden. Flugzeuge kreisten noch im Sichtbereich. Wir hatten dennoch Glück; die Elbe-Brücke war teilweise heil geblieben. Linkselbisch, im Stadtteil Bodenbach, ging es außerhalb des Orts hinauf auf das Plateau der als Naturdenkmal bekannten Schäferwand (tschechisch Pastyrska stena), ein nach der Elbe hin angebrochener Fels, den die Nazis mit einer riesigen Hakenkreuzfahne verunziert hatten. Die Straße gesäumt mit Kriegsmüll. Mit einem Mal Schüsse, unmittelbar vor uns. Wir stoppten! Drei Russen waren damit beschäftigt, einen Haufen von vielleicht mehreren Hundert hingeworfenen deutschen Karabinern direkt an der Straße abzuarbeiten, indem sie wild drauflos verschossen, was es daraus noch zu schießen gab. Wir sprangen vom Wagen und suchten, so rasch es ging, Deckung im Straßengraben. Eines unserer Pferde wurde Opfer dieser „Schlacht", an der sich gar noch ein aufgescheuchter Jagdflieger beteiligte, der seinen Spaß darin fand, uns von einer Seite des Straßengrabens auf die andere zu scheuchen. Die wenig später eintreffende Militärstreife der Sowjets „erledigte" die Freischärler kurzerhand im nahen Wäldchen. Ein Protokoll darüber gab es sicher nicht. Von uns nahmen sie dann, was sie brauchen konnten. Ein Wagen war ja noch genug. Von da an bestimmten die Füße das Tempo. T., der nichts mehr zu melden hatte, sah, dass es wieder Richtung Heimat ging. Und irgendwann war er verschwunden!

Die im verbogenen Bewusstsein des Nazis Dr. T. entstandene dubiose Flucht-Aktion, auf die sich meine Mutter um der vermeintlichen Sicherheit willen für uns Kinder eingelassen hatte, verkam durch sich selbst zur Episode, verging kläglich, wie der ganze traurige Hitlerspuk. Ich erlebte ihn dadurch bis zur letzten dunklen Neige.

Nach zehn Tagen und elf Stunden kamen wir zu Fuß, müde, verdreckt, hungrig – ohne alles, aber mit einem bewahrten Leben – wieder zu Hause an, wie Karl es zu Guste gesagt hatte, „wenn's dor Herrgutt will". Dass es eine Ankunft in der zweiten Dimension deutscher Diktaturen war, die schleichend mein ganzes Leben an die Kandare nehmen würde, daran vermochte an diesem Abend noch niemand zu denken.

Von Deutschland ist diese Last nicht zu entfernen. Unter ihr ist Leben gelebt worden, an dem auch ich Anteil hatte, Anteil an Angst und an Schuld.

Übergänge

Politik lebt von Symbolen, und solche zeigen uns eine Richtung an. Im Mai 1945 war es die schmerzhafte Rückkehr eines jeden zu sich selbst.

Die meisten Frauen trugen Schwarz und würden weiterhin, auch nach dem ausgerufenen Ende dieser wahnsinnigen Menschenmahd, noch Gründe zugeschickt bekommen, dies auch künftig zu behalten. Für uns als Jungen war Pimpf- und Hitlerjugend-Uniform passé.

Ich kam als Pimpf im „Todesjahr" des Dritten Reiches noch aktiv zur HJ. Was hab ich mich gemüht, das Dreiecktuch zu binden und den Knoten in der Mitte auf dem Braunhemd zu platzieren, allein um den Anschluss zu gewinnen. Ich ging nun selbst zum ‚Dienst', wie sie es nannten. Und was der Fähnleinführer mit uns trieb, hieß alles „Kameradschaft" oder so. Der Schulterriemen war dem „Jungvolk" noch nicht zugestanden. Und allein das Fahrtenmesser zu berühren löste schon die Kampfbereitschaft meines Bruders aus. Ich durfte ihn bewundern, wenn er es nach dem Stamm des Apfelbaumes warf. Aber die Bundschuhe, die Kurt aus Wachtumsgründen ablegen musste, waren mir, wie andere Sachen auch, aus denen er herausgewachsen war, zur Nachnutzung zugedacht. Was an dieser Praxis einmal Sparsamkeit gewesen war, war nun ein bequemer Weg der Not. An den Zehen mussten sie noch mit feuchtem Zeitungspapier ausgestopft werden, um die Größe in etwa anzugleichen. Das allerdings lag dann doch in Mutters Hand. Die derben Schuhe taten lange einen guten Dienst, als andere Kinder schon die in einem Stück gegossenen Igelit-Schuhe[1] trugen, in denen sich der Schweiß in Pfützen sammelte. Der restliche braune Plunder der Uniform war nur noch gut für den Lumpensack.

---

[1] Igelit = polymeres Venylchlorid, PVC, ein Weichkunststoff.

Ich kann nicht mit Bestimmtheit sagen, wie es mir gelungen ist, einen so perfekt zugeschnittenen, scheinbar wichtigen Baustein persönlich kindlicher Identität, wie sie die Goebbels-Strategie mit der HJ fabriziert hatte, zu verlieren. Sie war flächendeckend installiert, seit 1939 NS-Pflichtorganisation der arischen Jugend zur *totalen Ausrichtung* bis hin zum bewaffneten Einsatz.

Geradezu sublim waren die Methoden, die Kinder mit den Begriffen Spiel und Mut und Selbstbehauptung zu ködern, mit Liedern zumal, die schneidig oder schmeichlerisch in Text- und Melodiegebaren in genau die rechte Gefühlsecke zielten und auch trafen, wie zum Beispiel:

Ein Hitlerjunge hält treu die Lagerwacht,
das Feuer knistert und dunkel ist die Nacht.
Im Zelt da schlafen schon all' die Braven,
und mit dem Wimpel spielt der kühle Wind.

Schon die erste Zeile ist ein Gemenge aus Ehrhaftigkeit, Stärke, Sicherheit und Macht. Die Melodie beginnt nach der Wiederholung des Grundtones mit einem steigenden Dur-Dreiklang, dem traditionell tonalen Symbol für Größe und Beständigkeit. Wer hätte sich dem ohne starke, gezielte Hilfe entziehen können? Auf dem Lande, wo alle Haltungen und Beziehungen überschaubar offen lagen, gab es die in dieser Weise nicht. Das öffentliche Leben war gleichgeschaltet. Es wimmelte von Kampf und Ehre. In den Augen aller sorgenvollen Mütter hieß die Übersetzung dazu „Furcht". Was hätte Widerstand bewirken können? Nichts! Ich fürchte, allein der Versuch wäre an der kindlichen Begeisterung *dabei zu sein*, gescheitert. Im Gegensatz zu anderen Erscheinungen oder Zeitkriterien ist für mich das Ende der Symbole nicht in greifbarer Erinnerung geblieben. Vielleicht war ich noch zu jung, um diese Gefühlsbezogenheit zu entwirren. Was ich für überzeugender halte: Auch die Göbbelssche Technik der Beeinflussung war äußerlich und fiel ab wie trockener Dreck, als der Apparat zum Stehen kam. Von Bedauern weiß ich nichts. Ähnlich haben wir es 1989 noch einmal erlebt, *nur,* dass es *da* eine voraufgehende Begeisterungswelle *nicht* gegeben hat – schließe ich wenige Vorteilsnehmer aus. Ein FDJ-Hemd habe ich nach der Wende nicht einmal mehr bei einem

Arbeitseinsatz gesehen. Auch das taugte nur noch für den Lumpensack.

Andererseits ist die Annahme leichtfertig, dass Diktaturen – gleich welcher Couleur – wenn sie geschlagen werden, ohne Rückstand gingen. Wie in einem Schmutzkanal verbleibt eine Lache als Bodensatz, der nur zu leicht zurückfließt in Amtsstuben, Gerichtssäle und sonstige Schaltstellen.

Das Problem der Verstrickungen und der Schuld, ihr Bekennen und ihre Bewältigung kennzeichnen gesellschaftliche Umbrüche in charakteristischer Weise. Aber nie zuvor und nirgendwo in der Geschichte der Menschheit hatte es eine solche monumentale Kollektivschuld, aufgeschichtet aus Begeisterung, Duldung und Wegsehen gegeben, wie im Sog des Dritten Reiches, und noch nie ein solches Unmaß abgründiger Verstrickung von hunderttausenden Einzelnen. Im notwendigen Prozess des Bekennens trat nach 1945 sofort der Umkehrschluss in die Rekollektivierung der Einzelverantwortung ein:

Herunterspielen, ich war nur ein Teilchen und habe natürlich nur Befehle ausgeführt,

Abschieben, ja und Stalins Terror und die Vertreibung der unschuldigen Landsleute?,

Verleugnen, ich war ja nur ein kleiner PG und habe mir nichts zuschulden kommen lassen.

„Die Verleugnungsarbeit setzte 1945 sofort ein und trat überall mit den gleichen Artikulationen auf. Millionen, die sich nie begegnet waren und einander nicht kennen konnten (...), fanden bis auf den Buchstaben genau die gleichen Entlastungsformulierungen. Sie waren so elementar, daß sie sich damals nicht nur epidemisch verbreiteten, sondern sich bis in unsere Zeit so gut wie unversehrt erhalten haben.

Ich habe das ‚kollektive Affekte' genannt. ‚Kollektiv', weil die Uniformität dieser Affekte einem massenhaften, ja nationalen Grundgefühl entsprach, dem dann auch sogleich die historische Fehlentscheidung entwuchs, nicht aufzuarbeiten, sondern zu verdrängen. (...)

Die kollektiven Affekte sind der unverfälschte Ausdruck eines ‚Verlustes an humaner Orientierung' (M. Mitscherlich, d. A.), wie ihn in solch inflationärem Ausmaß kein anderes Volk je erlitten hat."

Diese ungeschminkte Feststellung trifft *Ralph Giordano* in seinem Buch „*Die zweite Schuld oder von der Last Deutscher zu sein*". Und in die öffentliche Entrüstung über aktuelle beschämende Schmieriereien, Schändungen, Drohungen, Aufmärsche und Ausschreitungen mischen sich die Zeitgenossen mit dem Schleier der Heuchelei, die Gaffer und Applaudierer.

In meinem eigenen Lebensumfeld und im weiteren Kreis von Bekannten erfuhr ich in der Zeit 1945/46 von einer gravierenden Zahl von Selbstmorden. Die ausweglos Verblendeten folgten ihrem Führer in makaberer Konsequenz auch körperlich. Darüber blieb die Erregung verhalten. Wirkliche NS-Größen hatte ich persönlich nicht gekannt. Das Bild bleibt grob gerastert. Ich beschränke mich auf meine Erfahrungen. Der berechtigten Erwartung nach Offenlegung und Sühne stand aber bald eine Welle von Denunziationen „kleiner PGs", wie Mitläufer – abhängig Beschäftigte, Beamte, Lehrer –, bezeichnet wurden, gegenüber. Kommunisten, die ihre neuen Verbindungen zu den Besatzern nutzten, verrieten ihre Kenntnisse an die Russen. Ich wurde selbst Zeuge des Zugriffs bei der Verhaftung eines unserer Lehrer. Darauf komme ich zurück. Zunächst führten die Spuren nach Buchenwald, das Weimarer Konzentrazionslager, das die „Befreier" nahezu ohne Unterbrechung weiterbetrieben. 1945 kamen bald weitere Lager und Haftanstalten, u.a. Bautzen, hinzu. (Die Stadt Bautzen sollte ja in den Folgejahren – bis einschließlich zur Wende – mit dem berüchtigten *Gelben Elend* als Haft- und Mordanstalt der DDR-Kommunisten noch unrühmlich Bedeutung erlangen.) Schließlich führte die Spur nach Sibirien. Davon, dass aus dieser Zeit jemand nach Hause zurückgekommen wäre, ist mir nichts bekannt. Erst 1950 löste die UdSSR ihre Internierungslager auf dem Territorium der SBZ/DDR auf, in denen nach Schätzungen bis zu 150 000 Gefangene festgehalten wurden, die niemals rechtskräftig verurteilt worden waren. Nach Berichten und Beobachtungen kam davon die Hälfte ums Leben, ein weiterer Teil wurde nach Sibirien verschleppt. Gesicherte belegte Zahlen dafür gibt es bis heute nicht.

Im Jahr 1990 veröffentlichte das sowjetische Innenministerium Material, in dem die Existenz von zehn (ab 1948 bis 1950 noch drei) *Speziallagern* bestätigt wird, in denen fast 43 000 Personen ums Leben kamen, 13 000 wurden in die UdSSR gebracht und 14 000 dem Ministerium des Innern der DDR übergeben. Neben NS-Verbrechern befanden sich unter den Gefangenen eine Vielzahl Denunzierter und unschuldig Verhafteter. Nach 1946 vornehmlich Sozialdemokraten und auch oppositionelle Kommunisten. Das macht erdrückend und ernüchternd die Abgründigkeit deutlich, welche die Verflechtung der Diktaturen zeitigt. Und es sollte ausreichen, Verniedlicher und Verklärer des DDR-Systems, die zu Tausenden ihr „warmes Bett" in der PDS aufgeschlagen haben, zu demaskieren. Bautzen war nicht Auswuchs oder Panne des Systems, sondern Basis. Die Beseitigung unliebsamer Sozialdemokraten im Zuge der Zwangsvereinigung von KPD und SPD, am 22. April 1946, war noch gemeinsam mit den Sowjets organisiert und durchgeführt worden. Mit dem Beschluss des PV der SED, vom 16. September 1948, die *Zentrale Parteikontrollkommission* einzurichten, korrekter, ihre Existenz offen zu bestätigen, wird die institutionelle Voraussetzung für den politisch-zentralistischen Staatsterrorismus als parteistrategisches Ziel der SED geschaffen. Von da an adressierte sie als *Leninistische Partei neuen Typus*, deren *Einheit und Reinheit* über der Existenz und dem Leben von Menschen stand.

Ich hatte das Glück, in einem antinazistischen Umfeld aufzuwachsen, wie vielschichtig die ideelle Konsistenz, die familiär teils noch dem Kaiserreich entstammte, insgesamt auch war. In meinen Großvätern hatte ich Beschützer. Sie wiederum sind durch die kurze, ihnen verbliebene Lebenszeit davor verschont worden, miterleben zu müssen, wie bald Beschneidung, Bespitzelung, Ausgrenzung und Verfolgung unter den Sowjets und der SED erneut zur Existenzform auflebten. – Die Geschichte macht mich zum Transfer-Exemplar. Ich kam vom Unland der Nazi-Diktatur in das Sumpfland der kommunistischen Zwangsherrschaft.

Ich hatte ein braunes Hemd getragen und einen schwarzen Knoten, und ich hatte die Hand ausgestreckt erhoben, wie alle, in der Schule und als Pimpf ‚im Dienst'. Damit gehöre ich zu den Belasteten. Schuldig fühle ich mich ob meiner Kindlichkeit nicht. Befreit von alledem bis heute auch nicht. Da das alles vorbei war und ich allein auf mich gestellt, musste ich mich künftig selbst entscheiden: MIT oder GEGEN? – GEHEN oder BLEIBEN?

Nach und nach, im Buchstabieren über die Jahre, verschob die Formel sich zum BLEIBEN GEGEN, einen Rest Arbeit damit zu überlassen – keinen geringen – der „Späten Freiheit".

Du gehst und gehst und hörst, es gäbe Ankunft nicht.
Das Haus, der Ort, in dem Warten wohnte, noch zuletzt,
sei auf und dann wie Rauch.

Nicht denkbar ist es, die mit der lebendigen Zeit gewachsene Religiosität der lutherisch geprägten Oberlausitz zu übergehen, wollte ich nicht Fragen an mich selbst ungestellt lassen. Schon die ersten Lehns-Herren einst kamen mit der Reformation in den Satteltaschen ihrer Pferde und prüften das Land für ihre ausgreifenden Interessen. Aber es fand sich in ihren Absichten beides: Strenge und Einfachheit, die einmal einmündeten in einen von der mundartlichen Sprache ausgeformten feinherben Humor und eine im Heimat gewordenen Boden wurzelnde Verlässlichkeit, Merkzeichen, von denen auch ich umgeben wurde. Es sind Prägesiegel, wunderbar ziselierte Lebensinsignien eines ethnografischen Kleinods, einer Landschaft samt der darin verwachsenen Menschen.

Das Jahr lebte mit dem Wetter. Davon, von dieser Ob-Acht, zehrten Tiere und Menschen, aber darüber und doch daraus gewachsen stand die Ordnung der christlichen Feste. Neben den großen, Weihnachten, Ostern, Pfingsten, auch Kirchweih und Konfirmation. Darin zeigte und erfüllte sich ein von der Mehrzahl der heimischen Bewohner akzeptiertes und praktiziertes Lebensregime.

Mit der Einführung der allgemeinen Schulpflicht, nach 1800, fiel der Zeitpunkt der Konfirmation praktischerweise mit dem Schulabschluss zusammen, in der Oberlausitz bis Ende der 1940er Jahre. Palmarum wurde konfirmiert. Ostern endete das Schuljahr. Ich habe das zu meiner Konfirmation, Palmarum 1949, trotz SED-Herrschaft noch so erleben können. Das machte offiziell erwachsen und ehemals tauglich für den eigenen Brotverdienst. Schulträger waren vom 16. bis Anfang des 20. Jahrhunderts primär die Kirchen. So galt der Segen, die „confirmatio", allen und traf sie geradezu als Pflicht.

Kind einer solchen erdverbundenen Tradition zu sein, färbt ab. Man bleibt es. Die Großmutter, ein atmender Teil davon, war dabei jedem Anschein nach alles andere als fromm und hätte das als Charakteristikum wohl auch erstaunt zurückgewiesen. Meine Darstellung hält sich an ihr auf, weil sie als Person insgesamt exemplarisch war. Es gibt sie nicht mehr, diese Menschen, ihre Sprache nicht und ihre Art zu sein. Diese Frau war ein Element Oberlausitzer zeitgeschichtlicher Personalität am Schnittpunkt der bis zum Ende des 19. Jahrhunderts gültigen sozial-ökonomischen Übereinkunft dieser Landschaft, seit der Formierung der Dorfstrukturen im 13./14. Jahrhundert. Leibeigenschaft und Fron scheinen im Kalkül der einstigen Landnehmer und Lehnsherren eine wesentlich geringere Rolle gespielt zu haben, als vielmehr gezielte Besiedelung und Ausbildung der Dorfstrukturen, die gleichzeitig soziale Stabilität und Schutz bedeuteten. Vergleichbare Landerhebungen wie in Mittel- und Südfranken, Ende des 15./Anfang des 16. Jahrhunderts und damit verbundene soziale Unruhen (Götz v. Berlichingen, Florian Geyer, Thomas Müntzer) gab es vielleicht gerade dadurch in der Oberlausitz nicht. Auffallend gering ausgebaut, im Vergleich auch zum nordböhmischen Nachbarland, ist ein System von militärstrategischen Anlagen. Es fehlen weithin die Burgen. 1346 nennt die Meißener Bistumsmatrikel den Ort *Sohlant* als größte Kirchgemeinde der Umgebung bei 6 Mark Bischofszins. 1691 entsteht unter der Herrschaft Christoph Abrahams von der Sahla der Ortsteil *Neudorf,* der an die böhmische Grenze stößt. An die 20 Grundstücke für den Hausbau, dazu je einige Morgen Land. Hier wurde das Haus gebaut, in dem ich zu atmen, zu laufen und zu sprechen begann. Im Ort, der seinen Ursprung im 15./16. Jahrhundert an der sich im Tal hindurchschlängelnden Spree hatte, zählte man bereits 1790 348 Häuser zu Sohland. 1824 hatte Sohland an der Spree 3000 Einwohner, 1938 fast 6000 auf einer Fläche von 23 Quadratkilometern. Meine Heimat ist ein großes Dorf, „'s gruße Durf", wie es in der mundartlichen Verständigung heißt.

Es ging das Jahr 1888. Gründerzeit, das heißt, die mit Hilfe der mobilen Energieträger Dampf und Elektrizität nach dem englischen Vorbild an jeden beliebigen Ort verbringbare industrielle Fertigung: anywho of anything.

Die damit auch in der Oberlausitz einhergehende soziale Neuorientierung – und wie sich bald zeigte, Klassifizierung – in *erstens* wenige Arbeit bietende und *zweitens* viele zusehends davon Abhängige, griff nachhaltig ein in das soziale Gefüge ländlicher Prägung. Nicht mehr nach Herkommen und Besitz, sondern nach „Mut und Geschick" würde es künftig gehen. Daraus folgte, dass die Differenz zwischen *erstens* und *zweitens* mancher Leute Häuser rasch wachsen ließ, die von anderen eher verfallen. Dafür gab es andererseits die Eisenbahn und bald schon einen Telegraphen. Das war der Fortschritt. Man erkannte ihn am vielen schwarzen Rauch. Dieser störte Guste, die Großmutter, vorerst nicht. Sie blieb im Neudorf, wo man noch webte, wie eh und je. Dazwischen, zum Unterdorf hin, lag der „Schwarze Busch", der immer schon so hieß und dunkel gegen Abend stand. Das, was geschah, geschah im Unterdorf. Dort, wo am Wasser sich die Mühlräder gedreht und Arbeit gebracht hatten, so lange sich denken ließ, für den Müller und seinen Gehilfen, da wurden jetzt, sogar von Fremden, Fabriken gebaut. *Investieren* hießen sie das, und viele bekamen dort Arbeit, die bis dahin ihr Auskommen im Haus und auf dem Feld gehabt hatten, wenn sie sich nur regten. „Ora et labora" – bete und arbeite – lautet die Inschrift im granitenen Schlussstein der Himmelsbrücke über die Spree, dem alten steinernen Wahrzeichen des Dorfes, unweit der ‚Weißen Mühle', die eine Maschinenfabrik geworden war. Der Boden, auf dem Guste stand, schien nicht mehr fest, und was gegolten hatte, zählte so nicht mehr.

Die Industrialisierung drang in die Dorfstruktur wie ein Wellenbrecher. Es war weniger die veränderte Art von Produktion, die auch Neuerungen und Bequemlichkeiten für viele mit sich brachte: Straßen, Wasserleitungen, Strom- und Telegrafenanschluss, und zweimal am Tag fuhr der Zug. Was Großmutter Auguste beunruhigte, war die Erschütterung des Gleichgewichtes, das ungezügelte Aufbrechen eines nicht gekannten sozialen Gefälles. Und sie wusste nicht, wo sie darin Halt finden würde.

Sie wäre aber weder die von mir erlebte Frau, ohne die ich nicht denkbar bin, noch die von mir gezeichnete, die aktiv ist, bis ihre Kräfte vergehen, hätte sie nicht eben da begonnen zu handeln. Als sie Karl heiratete, war sie ihm bereits voraus und legte zurecht, was sie tun wollte, bevor die Zeit über sie hinwegging. Karl hatte einen Beruf, für den er, wie die Männer in fast allen Häusern, seine Kräfte mit der Landwirtschaft teilte. Guste drängte Karl, sich als Backofenbauer selbständig zu machen. Sie blieb am Haus, entfernte die Webstühle, schuf den Platz für Gäste und verkaufte an diese den Sommer. Als Max geboren war, tat sie alles auf die Zukunft ihres Sohnes hin. Sie baute, geizte – und sie trotzte der Zeit. Darüber verlor sie Karl, der ging zum Korn, und der Krieg nahm ihr Max – meinen Vater – ihr einziges Kind.

In dieses Spinnennetz über einer klaffenden Leere, in dem sie die Fäden zog, bis sie sich selbst gefangen fand, bin ich hineingeboren. Und ich konnte mich gehalten fühlen und geborgen. Doch schließlich zerstörte auch das alles der Totale Krieg.

Chronik

Achter Mai Neunzehnhundertfünfundvierzig abends: Im Sowjetischen Hauptquartier, Berlin-Karlshorst, unterzeichnen deutsche Offiziere vor den Vertretern der Anti-Hitler-Koalition die bedingungslose Kapitulation Hitlerdeutschlands.
Um 23.01 Uhr tritt die Kapitulation in Kraft.
Am 9. Mai befreien sowjetische Truppen Prag.
Der Krieg der Kriege ist vorbei.

9. Mai 1945
Die Gruppe der Beauftragten des ZK der KPD unter Leitung von W. Ulbricht verlegt ihren Standort von Bruchmühle bei Straußberg nach Berlin-Friedrichsfelde.
Der Stellvertreter des Vorsitzenden des Rates der Volkskommissare der UdSSR, A.I. Mikojan, trifft in Berlin ein. Er informiert sich über die Lage und berät mit Offizieren der sowjetischen Kommandanturen und deutschen Antifaschisten „Sofortmaßnahmen zur Rettung der deutschen Bevölkerung vor dem Untergang".

Unheimliche Entdeckungen

Zwischen den Zeiten, mitten, liegengeblieben die verkohlte Stille. Unter all dem Geborstenen eine Entdeckung: Noch Atem. Zwischen stumpfen Wänden, hinter denen der kriechende Tod die Schreie verschlang, nistet und brütet Feigheit. Seltsame Verwandlung hin zu den Opfern. Aus Löchern schon Denunziation. Aber die Antworten. Bald?

Diese Stille ist nicht zu beschreiben. Sie ist nicht, wörtlich und wirklich. Nach diesem maßlosen Krieg ist buchstäblich *nichts*. Tagelang hatte ich das Gefühl, dass die Leute nicht auftraten, dass sie gingen, ohne zu laufen. Diese verwirrte Lautlosigkeit trichterte sich ein wie ein Unmaß. Das Fühlen war ausgehöhlt, so tief, wie die verweinten Augen der Frauen und Mütter. Sie standen am Ende der Zeilen der Geschichte.

„Wie konnte GOTT DAS zulassen?" Immer wieder hörte ich diese Frage – unendlich oft und voll bitterster Anklage. Viele Dresdner waren darunter, die das Inferno überlebt hatten. Zorn, was sonst hätte sich artikulieren können, um zu beschreiben, das, wofür die Begriffe nicht beizubringen waren? In mir hauste Chaos. Ich hatte niemanden, der mir geholfen hätte, Worte zu finden, einen Sprach-Weg, heraus aus der unnennbaren Einöde von Einschüchterung, Bedrohung und Einsamkeit. Es sollte Jahre dauern. Und es wurde mühsam und konfliktreich. Die Verwüstung der Sprache ist das eigentliche Ergebnis jener brutalen Verheerungen durch Macht, die länger wirkt als die Vernichtung des Lebens selbst. Wo Sprache zur Sache verkommt, sich auskaufen lässt zum herabgeschächerten Kurswert des Vermittelns von Un-Dingen, wird sie zur zerstörerischen Kraft. Als Essenz daraus fließt Veródung, Verrohung, Verachtung. Dies zu erahnen, half mir ein einfacher Oberlausitzer Dorfschullehrer. Geschehen in der Lessingschule im Oberdorf zu Sohland an der Spree.

Gegen Ende Mai des Jahres Null nach dem brutal-kümmerlichen Jahrtausendverschnitt begann in dieser, meiner Schule wieder der Unterricht. Das war ein Ausblick. Niemals sonst waren wir so bereitwillig auf die Schule zugelaufen, wie in dieser marodierten Enklave Frühling des Jahres 1945.

Neben den mutigen Versuchen von ein paar alten Sozialdemokraten und Kommunisten, mit Hilfe von einigen Verwaltungsfachleuten, die sich in der NSDAP nicht besonders hervorgetan hatten, eine bescheidene Gemeindeorganisation in Gang zu bringen, war der Unterrichtsbeginn in der Schule eine der wesentlichsten Entscheidungen, die in irgend einer Form während dieser ersten Tage angeregt und getroffen wurden. Voraussetzungen waren dafür im Grunde nicht gegeben, außer den in unserer Gegend gottlob heil gebliebenen Schulgebäuden und der Tatsache, dass es Sommer wurde in der leidlich befriedeten Landschaft. Heizung und Beleuchtung waren demzufolge entbehrlich. N., der SA-konfektionierte Schulleiter und Rohrstockschläger, hatte sich aus dem Staub gemacht. Ein Verlust war das nicht. Durch die provisorische Gemeindeverwaltung wurde in unserer Schule ein Lehrer eingesetzt, der von den Nazis gemaßregelt und entlassen worden war. Er wurde nun mit dieser Aufgabe betraut. Dazu suchte er sich zwei vertraute Kollegen als Mitstreiter. Infolge der nahezu vollkommenen NSDAP-Unterwanderung der Lehrerschaft war das ein bemerkenswerter Vertrauensbonus. Durch Mund-zu-Mund-Vermittlung fanden wir uns tatsächlich in erheblicher Anzahl in der Schule ein, und es kam zu einer Portionszuteilung von unterrichtlicher Organisation. Ähnlich und nicht minder schwierig vollzog sich der Ansatz der Erneuerung des Lebens im schulischen Bereich auch andernorts. Kinder und Jugendliche waren in der überkommenen dörflichen Gemeinschaft eine stabile, zahlenmäßig starke Gruppe, die durch die von der HJ aufgebaute Organisation nun de facto leicht zu erreichen war. Die Jugendlichen unter den allgemein herrschenden chaotischen Bedingungen sich selbst zu überlassen, hätte zu recht turbulenten Erscheinungen führen können, wie in den zerstörten Städten, wo es zu Bandenbildungen gekommen war. Immerhin gab es auch noch einen vielfältigen, faktisch unkontrollierbaren Zugriff auf unterschiedlichste Arten von Waffen, in Häusern, in Gärten, in den Wäldern. Männer waren im sozialen Umfeld der Dorfstrukturen weitestgehend verschwunden, sie waren entweder tot, vermisst oder irgendwo in Gefangenschaft. Kurzum, die Bereitschaft von Lehrern, ohne Verwaltungsvoraussetzung und dienstrechtliche Sicherung in die Schulen zu gehen, um mitzuhelfen, die Jugend in das ihr notwendige Ordnungsgefüge zurückzuholen, war eine wirkliche Erneuerungstat.

Aber sie konnte nur kurz wirken. Nach nur wenigen Tagen holte uns die Realität in Form der SMA (Sowjetische Militäradministration) ein, die inzwischen – für die Oberlausitz in Bautzen – Fuß gefasst und sich eingerichtet hatte. Der Unterricht wurde vorerst verboten, alle Lehrer entlassen und für die Sowjetisch Besetzte Zone ein genereller Schulstart zum 1. Oktober 1945 verfügt.

Jene zwei Lehrer, die wir gemocht hatten und die die Mehrzahl der Eltern ihrer Zurückhaltung unter dem NS-Regime wegen geschätzt hatten, wurden von Kommunisten denunziert, als sie sich wieder für die Schule zur Verfügung gestellt hatten. G. H., so erlebte ich es mit, wurde noch im Mai, während dieser ersten Unterrichtstage, von drei sowjetischen Militärangehörigen mit der MPi aus dem Unterricht heraus verhaftet. Nach Wochen erreichte uns eine verdeckte Nachricht aus dem sowjetischen Lager im vormaligen KZ Buchenwald. Danach blieb es stumm um ihn. Schüler der oberen Klassen hatten ihm Jahre zuvor den Spitznamen „Neidler" gegeben, weil er den Hitler-Pflichtgruß im Verbund mit einem schludrigen Armschlenkern so dahin nuschelte, dass es eigentlich niemand verstand. Eine Art Übereinkunft, niemand verriet ihn.

Die Verhaftung dieses Mannes löste bei mir ein gerüttelt Maß an Betroffenheit aus, die doch gar zu leicht hätte untergehen können im gewaltigen Sog von Leid und Verlust im Gefolge des unmittelbar vergangenen Grauens. Es war der schamlose Zugriff von Denunziation und Gewalt als ein Signal für das, was uns übergangslos bevorstand unter den von Walter Ulbricht angeführten Kommunisten stalinscher Prägung im Verbund mit der sowjetischen Besatzungsmacht. Da konnten falsche Hoffnungen erst gar nicht aufleben. Die im sowjetischen Exil erworbene uneingeschränkte Stalin-Hörigkeit der Führungsschicht der KPD um Wilhelm Pieck und Walter Ulbricht schleuste den östlichen Teil

Deutschlands in den unausweichlichen politischen und wirtschaftlichen Exitus.

Die Vielschichtigkeit dieser über vierzig Jahre sich hinziehenden historischen Zwangsneurose in Gestalt einer Mauer-Kolonie, soll hier nicht analytisch-systematisch entfaltet, sondern nur aus meinem persönlichen Betroffensein punktuell beleuchtet werden. Die DDR war nicht faschistisch, nein, aber die erhoffte Demokratie wurde progammatisch erstickt, es gab die systematische Rechtsbeugung und politisch motivierten Mord. Die zentralistische Struktur führte zu Sprachregelung und Zensur. Dabei will ich nicht verschweigen, dass ich mir Werte bewahren konnte, die ich mir allerdings – wie manch anderer auch – ertrotzen musste, oder die herauszukratzen waren aus den Ritzen des Systems. Dies wird noch zur Sprache kommen. Der Staat aber war und blieb, bis an sein Ende unter den Füßen seiner Bürger, ein mieses, spießiges Unrechtsgebilde. Er basierte auf Verweigerung der Meinung, der Bewegung und des Eigentums seiner Bürger, und er entzog diesen in Gestalt der Einheitspartei die politischen Grundrechte. Das sind Vergehen gegen das Völkerrecht.

unsicherheit

weißt du vielleicht was
es heißt
kein vogel zu sein
wenn
sie dein gesicht erst
eingeebnet haben
und
deinen rumpf beugten so
wie sie dir die füße schlugen
und trampelten
auf deine gedanken dann
erklär' mir doch
wie du
es einst sagen wirst ohne ganz
ganz hoch da oben
zu singen

(Niedergeschrieben am 21.9.1978, nach dem „Gespräch" mit einem STASI-Vertreter, aufgrund meiner Wahl in die Landessynode der Evangelisch-lutherischen Landeskirche Sachsens.)

Ich war nicht nur mit dem Vorbehalt gegen den Hitlerstaat aufgewachsen, ich wurde auch durch eine handfeste antikommunistische Haltung geprägt. Meine Eltern hatten sich als Mitglieder der „Falken", der sozialdemokratischen Jugend, kennengelernt. Wie begründet die Warnungen und Befürchtungen meiner Mutter sich erweisen sollten, „Kommunisten bleiben Kommunisten", wurde durch die Ereignisse so unmittelbar deutlich, wie es sich schärfer nicht hätte einstellen können. Und ich finde das in der gelebten und geschriebenen Geschichte der Sozialdemokratie bestätigt, wie es z.B. Susanne Miller festhält:

„Nach Hitlers Überfall auf Rußland, als die Sowjetunion zum Bollwerk des mit ungeheueren Opfern bezahlten Abwehrkampfes wurde, konnte kaum jemand ihre entscheidende Rolle für die Niederringung der NS-Diktatur übersehen. (...) Die nahezu bedingungslose Loyalität der Exil-KPD zu Stalin, ihre Verteidigung von Annexionen und Vertreibungen durch die siegreich vordringenden sowjetischen Truppen und die Beschimpfung der Sozialdemokratie als Agenten des Hitlerismus im Ausland machte auch für die am linken Flügel angesiedelten demokratischen Sozialisten den Gedanken an eine Einheitsfront zunichte."

Für mich bedurfte es dieses beeindruckenden Schulerlebnisses, der Verhaftung unseres Lehrers, letztlich nicht, um zu erkennen, dass es auch jetzt ein Recht nicht gab und künftig nicht geben würde. Zur Nachhaltigkeit meiner persönlichen Prägung und der späteren Lebensentscheidungen hat es dennoch signifikant beigetragen.

Es waren die aus dem Steinbruch, in der alten, schmutzigen Kluft ihrer neuen, sauberen Verbindung zu den *historischen Siegern*, die ihn denunziert hatten. So hatte ich sie, diese Nachbarn, noch nicht zu sehen gelernt.

Wahrheit, nicht wahr genug?

Die Uhr zeigt Fünf an. Es ist noch dunkel und trocken kalt an diesem Morgen des 2. Oktober 1933, als der schwarze ‚ADLER' rechts einbiegt. Jetzt erst hört man das Fahrzeug, als seine schweren Reifen den lose aufliegenden Sand mahlen. Es sind nur wenige Meter in den kleinen Hof, der Wagen hält. Aus der schwarzen Limousine schälen sich geräuschlos zwei männliche Gestalten, vergewissern sich mit Hilfe der Taschenlampe auf etwas Papierenem und streben der Haustür zu: „Aufmachen! Geheime Staatspolizei. Machen Sie auf!" Die Tür war nicht verschlossen. Bis zu dieser Zeit fand man in der Oberlausitz die Häuser offen. Das sollte sich rasch ändern.

Die Männer mit den langen Ledermänteln und den Schlapphüten, wie sie auffälliger gar nicht hätten getarnt sein können, dringen in das Haus mit dem kleinen Laden der Konsum-Genossenschaft hinauf zur ersten Etage, wo an der Wohnungstür das Messingschild die Inschrift trägt: *Gustav Schmidt*. – „Aufmachen!"

Die Eheleute Meta und Gustav Schmidt, meine Großeltern mütterlicherseits, sind um diese Zeit schon auf den Beinen und damit beschäftigt, die wenigen notwendigen Handgriffe zu tun, bevor sie zur Arbeit gehen. Oma streicht die Brote. Gesprochen wird wenig. Nur ein paar Worte fallen wie abgekaute Knochen zu Boden. Dann hört man wieder nur Hantieren. Noch eine Tasse warmen Tee. Dabei bleibt es. Sie sagen sich den immer gleichbleibenden trockenen Gruß. Vertrauen ist unter ihnen. Berührung gibt es nicht. Jeder nimmt seinen Weg. „Aufmachen! Geheime Staatspolizei, wird's bald!"

Meta wird blass und kalt und muss sich Halt suchen. Gustav aber, seit 1903 Mitglied der Sozialdemokratischen Partei, hat schon viele Überraschungen erlebt, auch Überfälle und Festnahmen. Er war nicht zimperlich. Da kracht es schon wieder gegen die Tür. Er geht, um zu öffnen. Es wurde Zeit. Im Auftrag der beiden GESTAPO-Aktivisten ist Geduld nicht vermerkt. Gustav fliegt an die gegenüberliegende Korridorwand. „Sie sind verhaftet." Rasch und scharf wird nun deutlich: Bisherige Erfahrungen zählen nicht mehr. Hier herrscht eine neue ‚Kultur der Machtausübung'. In der Tat geht alles sehr schnell. Die Mütze, eine Jacke. Zu wählen bleibt nicht Zeit. Die Armknebel. Alles mit körperlichen Attacken verbunden, bis sie ihn ins Auto stoßen. „Pass gefälligst auf, dass du keine Blutflecken an die Polster bringst."

Das *Sie* kam nicht wieder vor während dieses Ausfluges, der zunächst in die GESTAPO-Zentrale der Amtshauptmannschaft, nach Bautzen, führte. Am gleichen Tage wurde mein Großvater, der Sozialdemokrat Gustav Schmidt, in das früh genug und zielbestimmt eingerichtete Konzentrationslager Burg Hohnstein/Sächsische Schweiz eingeliefert. Er gehörte dort mit zur Erstbelegung von Schweigehaft-Deportierten, die seit Beginn des Reichstagsbrand-Prozesses, am 21. September 1933, landesweit eingesperrt wurden. Seit dem 22. Juni 1933 war die SPD, die gewichtigste politisch-oppositionelle Organisation, verboten. Ihre Mitglieder waren seitdem illegal, das heißt straffällig, damit jederzeit polizeilich verwertbar.

Da die Nationalsozialisten sich bereits in ihrem ersten Wirkungsjahr hohe Ziele gesteckt und damit sehr viel Arbeit vorgenommen hatten, schufen sie sich ihrem Zweck entsprechende praxisfördernde Einrichtungen, nach außen teilweise noch bedeckt – sofern sie es taktisch für opportun hielten –, nach innen und dem Wesen wie der Funktion nach uneingeschränkt brutal und kriminell. Bei *Viktor Klemperer* findet sich unter dem 22. August 1933 der Tagebuch-Eintrag:

„(...) Kuske, der Gemüsehändler, berichtet das neueste Abendgebet: ‚Lieber Gott, mach mich stumm, daß ich nicht nach Hohnstein kumm.' ... (...)"

Am 1. Dezember 1933 tritt das „*Gesetz zur Sicherung der Einheit von Partei und Staat"* in Kraft. Es schafft die „Rechts"-Grundlagen – welch doppelte Verhöhnung – für den gesamten Terror- und Vernichtungsapparat, in erster Linie der GESTAPO und des Volksgerichtshofes. Und es diente dreizehn Jahre später noch als Strukturmodell für die Ausstattung der Zentralmacht der SED mit der Parteijustiz und der STASI.

Da sie aus Gustav Schmidt nichts herausprügeln können, was für sie weiter verwertungsfähig wäre, und der Reichstagsbrand-Prozess unterdessen bereits zum internationalen Fiasko aufgelaufen war, wurde mein Großvater nach Wochen schließlich freigelassen. Sie hatten ihn übel zugerichtet, und er verlor seine Arbeit. Als ich beginne, die Zusammenhänge aufzunehmen von dem, worüber Opa Gustav immer wieder einmal spricht, ist Oma Meta schon ein paar Jahre tot. Aber eigentlich erst daran ist Gustav zerbrochen.
Nachtrag: Die Unterlagen der im Lager Hohnstein festgehaltenen Sozialdemokraten sind nach 1945 nicht mehr auffindbar. Es existieren nur die der Kommunisten.

Was mir blieb, war eine natürliche, kindlich-emotional unterwanderte Hochachtung für einen nahe stehenden Menschen, der sich hatte einsperren und schlagen lassen für etwas, das keineswegs nur ihn anging, ihm darum auch keinen Vorteil brachte. Im Gegensatz zu Großmutter Auguste, die, wie ich fand, stets deutlich zu fragen wusste, was eine Sache *ihr* denn brächte. Gustav förderte in mir die bubenhafte Gewissheit, dass ich einmal Sozialdemokrat sein würde. Er hat mich hinüber- und hineingezogen in die Politik, bevor ich noch recht wissen konnte, was das ist. Ich denke aber, dass ich da schon von der allgemein kindlichen Option zu abstrahieren wusste, einmal Busfahrer oder Schornsteinfeger zu werden. Opa Gustav war schließlich auch Maurer und Sozialdemokrat. Man müsste aber nicht unbedingt Bauarbeiter sein, meinte er. Ich sollte nur möglichst viel lernen und in Büchern lesen. Das wüsste er aus der SPD, die sei aus einem Arbeiter-Bildungsverein entstanden. Überhaupt, das Wenige, das er verstünde, hätte er von seinen Genossen gelernt. Ich sollte es einmal besser machen als er. – Ich habe es ihm versprochen, ohne zu ahnen, dass darüber, nicht wortbrüchig zu werden, noch vierzig Jahre vergehen mussten. Eine Herausforderung, eine geziemende, für etwas, was ich ernst zu nehmen gedachte.

Als ich Vierzehn geworden war, verließ ich die heimatliche Umgebung, nicht um das Fürchten zu lernen, daran war bis dahin kein Mangel gewesen. Ich zog, da noch allenthalben Not war im Lande, aus, einem Metier entgegen, dem im Gefolge nicht nur das Hungern nachgesagt wurde, sondern darüber hinaus noch eine mangelnde Moral: Ich wollte Musiker werden. Dazu musste ich hinaus, zu geeigneten Lehrern, die es im Neudorf nicht gab, da ich denen inzwischen auf den Tasten einigermaßen vorausgewachsen war.

„Es ist nichts schrecklicher als ein Lehrer, der nicht mehr weiß, als die Schüler allenfalls wissen sollen. Wer andere lehren will, kann wohl das Beste verschweigen, was er weiß, aber er darf nicht halbwissend sein." – „Wo sind denn aber so vollkommene Lehrer zu finden?" – „Die triffst du sehr leicht", versetzte Montan. „Wo denn?", sagte Wilhelm mit einigem Unglauben. – „Da, wo die Sache zu Hause ist, die du lernen willst", versetzte Montan. „Den besten Unterricht zieht man aus vollständiger Umgebung" (Goethe, Wilhelm Meister).

Wie mir schien, war dieses Fazit noch immer gültig. So ließ ich, was mich bis dahin geborgen hatte und geformt und getragen: Die Hände, das Bett, die Bäume, der Tod, und so vieles darüber, das nur Gott und der Geschichte gehört, um in die „vollständige Umgebung" des musikalischen Lernens zu ziehen. Das lag weit gegenüber meiner bisherigen Welt. Ich reiste auf ganz kleinen Träumen. Und im Rücken verfielen die Farben. Wieder einmal war Herbst.

Als Gefährt Träume? „An der Wende, das hinzuschreiben, ins neue Jahrtausend, genierst du dich nicht?", sagten mir gute Freunde. Chronisten dürften, um der Wahrheit willen, nicht dichten.

„Ohne die Dichter, diese Chronisten", antworte ich, „hätten wir die ‚Wende' nicht. Im alten Jahrtausend. Sie begann anno '76 mit einem chronisch singenden Dichter. War das nicht wahr genug?"

Doch Neunzehnhundertfünfundvierzig, als die Uhren zum Stehen gekommen waren, galt als Wahrheit nur das Wort *Zusammenbruch*. Was sollte werden nach dem großen Krieg, mit seinen gemeinen Ausdünstungen, die über das Land gezogen worden waren wie ein Leichentuch, an dessen vier Zipfeln die Sieger zerrten? Wir Kinder, notgeübt, balgten uns darunter hervor in die makabere Freiheit des Ungehörigen. Ich lernte zu rauchen und zu schwimmen. Die Mutter aber suchte nach etwas, das taugte zu bestehen.

Neues, wiedergewonnenes Aufblicken, zu sagen, dass es schon begonnen hätte, wäre übertrieben. Noch sind wir im unsicheren

Übergang, in dem schlappen Netz des ganz, ganz gewöhnlichen Lebens, das darnieder liegt und versucht, auch auf zuweilen gauklerisch-komische Weise, den aufrechten Gang wiederzufinden. Das zog sich hin. Bis Anfang der fünfziger Jahre war es wie ein Leben aus dem Rucksack. Alles noch, glaube ich, recht unfertig in der Wahrnehmung auch der politischen Erscheinungen, ein wenig auf dem Sprung, ob nicht noch etwas, irgend etwas geschähe, vielleicht doch zu den Amerikanern, vielleicht auch sonst etwas. Man hatte ja von der „Erzgebirgsrepublik" munkeln gehört, jenem von allen Besatzungstruppen übersehenen Flecken Kammland an der tschechischen Grenze, in dem die Bewohner sich vier Wochen lang selbst verwalteten. Nur nicht der Gewissheit ausgeliefert bleiben: Stalin und Ulbricht, sie sind das Ergebnis, das Endgültige. Der Rucksack blieb leicht geöffnet und griffbereit. Nicht wenige auch schnürten ihn und gingen. Für immer. – Einzelne von diesen sah man später wieder, als sie kommen durften und zeigen, wozu sie es gebracht hatten, andere viel später, dann, als sie im Schutz der Freiheit kamen, zu sagen und zu zeigen und zu messen, was ihnen gehörte.

In der Oberlausitzer Ländlichkeit hatten wir es nach dem Zusammenbruch vergleichsweise gut. Es gab kaum Kriegszerstörungen und keine wirkliche, ausgedehnte Hungersnot. Sich einzuschränken hatte bereits der Krieg gelehrt. Die kleinen Reserven der letzten Ernte wurden gestreckt. Frauen und Mütter zeigten sich erfinderisch, der Not das Nötigste abzutrotzen. Man half sich gegenseitig, und jeder fand ein Fleckchen Boden, auf dem etwas wuchs. Ich habe die mit Stearin auf der Herdplatte gebackenen Buletten aus Kartoffelschalen, wie sie in den Städten gegessen wurden, nicht kennen lernen müssen. Ein Privileg des Lebens auf dem Lande.

Aber neue Worte gab es auch bei uns. Auf den vier nikotinfingerfarbenen Seiten der Zeitung, täglich fielen sie durch Wiederholung auf: *Reparationen und Demontage.* Wirkliche Novitäten, die, als sollten sie möglichst nicht beginnen, sich heimisch zu fühlen, keinen rechten Zugang zur Mundart fanden. Vielleicht brachte sie die *„Lausitzer Rundschau"* , die unter SMAD-Lizenz erschien, deshalb immer wieder. Aber sie standen auch da steif und grätschig, als seien sie vom Krieg vergessen worden. Schnell genug wurde dennoch verstanden, und ich konnte dies Gesprächen entnehmen, die die Mutter führte, dass die Sieger, von dem, was sie an

Gangbarem in Betrieben noch vorfanden, nehmen konnten, worauf sie mit dem Finger zeigten. Jede alte Drehbank deutscher Herkunft war ja auch mit Sicherheit denen überlegen, die die Russen zu Hause stehen hatten – ausgenommen diejenigen, die Churchill im Gau mit Stalin für die Waffenproduktion gegen Hitler in die Sowjetunion liefern ließ.

Wiedergutmachung. Die Eindeutschung verhalf der Angelegenheit letztlich nicht zum Konsens. Die Nazi-Kriegsberichterstattung hatte über ihre dubiosen Erfolgsmeldungen hinaus natürlich kein Bild der dramatischen Verheerungen vermittelt, die der von Deutschland ausgegangene Krieg in Russland hinterlassen hatte. Ganz allgemein gab es gegenüber den Russen keine Reue. Dafür hatte die Nazi-Propaganda massiv gesorgt. Dass sich aber ein differenzierteres Verhältnis denen gegenüber, die als *Befreier vom Faschismus* auftraten, nicht einstellte, dazu trug die Stalinsche Säuberungs- und Gulag-Praxis, der zunehmend verschleppte Deutsche, auch gefangene deutsche Soldaten, zum Opfer fielen, entscheidend selbst bei. Ein Weiteres leistete die undifferenzierte öffentliche Bejubelung der Sowjets als Befreier. Die Demontagen in den Betrieben wurden als Erniedrigung empfunden.

Wie zur Bestätigung der in meinem Erfahrungsradius ohnehin tiefsitzenden Haltung gegen die Russen trug bei, dass der sowjetische Kriegsgefangene, der Ukrainer Andrej Biljuk, uns durch die Nazis zur Arbeit in der Landwirtschaft der Großeltern zugewiesen, auf dessen Knien ich oft gesessen hatte, sagte: „Njet!" (Nein!) „Ich nicht zuruck, ich bei euch bleiben. Stalin sagt, alles Gefangene ist Verrater und muss Sibir' oder macht tot. Ich Angst." Und sagte weinend immer wieder: Njet.

Sein Zimmer hatte er geräumt und sich auf dem Heuboden ein Versteck eingerichtet. Mutter versuchte händeringend wiederholte Erklärungen, weshalb das sinnlos sei, und dass wir dadurch alle in Gefahr gerieten. Die Großeltern hatten nicht mehr die Kraft, noch einzugreifen. Seine Furcht aber war stärker und auch begründet. Sie hatten den Rotarmisten vor ihrem Fronteinsatz eingeschärft: „Wer sich gefangen nehmen lässt von den deutschen Faschisten, kommt als Verräter in den Gulag oder wird sofort erschossen." Er blieb im Heu und verließ nur nachts das Versteck, wohin, das wussten wir nicht. Eines Morgens stand das Frühstück, das Mutter ihm machte, unberührt. Wir dachten an das ‚entschlossene Handeln' einer Militärstreife in einem Wäldchen nahe dem tschechischen Děčín. Der Krieg war aus, doch längst nicht überwunden. Die Verwaltung des Mangels war bereits seit dem Kriegswinter 1941/42 deutlich sichtbar geworden. Es war zu Stromabschaltungen, Kürzung der Kohlerationen gekommen, und die deutschen Soldaten vor Moskau erlitten auf Grund ihrer schlechten Ausrüstung zu Tausenden schwerste Erfrierungen. Göbbels hatte auch das propagandistisch zu nutzen gewusst und münzte die prekäre Situation um in heimatländische Erfolgs- und Durchhalte-Aktionen wie das „Winterhilfswerk"[1] und den „Kohlenklau"[2]. Diese, von der Nazi-Propaganda übernommene infame Tugend des Umlügens des Versagens in Erfolg wuchs nach dem Zusammenbruch bald zum System des fatalen Sozialismus heraus.

Empfindlich traf uns, als die Waffen ruhten und das Atmen wieder unbeschwerter ging, der vollständige Verlust an Mobilität. Man saß dort fest, wo man war. Krafträder und Autos waren ohnehin dem Totalen Krieg anheimgefallen. Nur wenige technisch Kundige hatten es geschafft, das Motorrad oder das Auto so gründlich und sicher zu zerlegen und zu verbergen – was weit schwieriger war –, dass es nun wieder funktionstüchtig gemacht werden konnte. Sofort nach dem Zusammenbruch an die Rekonstruktion zu denken, hätte wiederum ein Wagnis bedeutet. Eingestellt war aber auch der Busverkehr. Die Bahn verkehrte ab Mitte Mai 1945 wieder – sofern

---

[1] „Volksgemeinschafts"-Aktion des NS-Staates zum verpflichtenden Abgeben und Sammeln von warmer Kleidung und Schuhwerk, vordringlich für die schlecht ausgestatteten und von Kälte bedrohten Soldaten in Sowjet-Russland, die rücksichtslos in den russischen Winter gejagt worden waren.
[2] Durch das NS-Propagandaministerium verbreitete schwarze Comic-Vignette: Eine schofelig zur Seite äugende Ratte mit einem Sack auf dem Rücken, die fortwährend in allen Tageszeitungen erschien. Sie sollte zum schlechten Gewissen beim Energieverbrauch führen. Wir mussten sie als Schüler wiederholt zeichnen – für kleinere Schüler gab es Schablonen –, um sie auch intensiv genug zu verinnerlichen. Immer wieder nach dem Göbbels-Prinzip: Wiederholung. Und wir wurden dazu aufgefordert zu beobachten, ob zu Hause auch Kohlen und Licht gespart wurden, sonst waren die Eltern anzuzeigen.

es Kohle gab. Die Fahrräder, die kostbaren Fahrräder, wenn sie nicht wirklich sicher weggesperrt werden konnten, waren zu den Russen ‚übergelaufen'. Armbanduhren und Fahrräder galten bei den Muschiks als Hauptattraktionen der freien Beutekunst. Von zu Hause aus kannten sie weder dies noch das. Andrej, unser kriegsgefangener Gehilfe, als er Mutter das erste Mal bei der ‚großen Wäsche' zusah, erholte sich bei jedem neuen Stück, das auf die Leine kam, kaum von seinem Erstaunen. Mit dem kauderwelschen Ausdruck „nee, a eene", ging er von Handtuch zu Handtuch, von Laken zu Laken, und bedeutete damit, dass sie zu Hause davon jeweils nur eins besäßen. Was er gar nicht kannte, waren Taschentücher, und er führte vor, wie bequem sie dieses Problem natürlich lösten.

Das Wetter im Sommer 1945 war wunderschön, warm und angenehm. Doch die Ernte fiel bescheiden aus. Entsprechend schwierig wurde daraufhin der Winter. 1946 folgte gar ein extremer Sommer, brennend heiß und trocken. Die Wiesen verdorrten. Das Vieh darbte, die Ernte verdarb. Für das nötige Saatgut konnte wenig Getreide übrig behalten werden. 1946 und 1947 wurden die Jahre des Hungers und des Schwarzhandels.

Wirklich dramatisch entwickelte sich die Situation in den Städten. Die durch Bomben und Beschuss vielfach zerstörte Infrastruktur, teuflisch ergänzt durch den Mangel, boten den fetten Grund für die Schieber, auf Hausse zu spielen mit der Not. Geld als Gegenwert verlor an Gewicht. Dafür liefen sich als Kurs Zigaretten und Schmuck, aber auch Arzneimittel und Wäsche den Rang im heißen Tauschverkehr ab.

Gustes Dresdner Sommergäste kamen ins Neudorf, wie früher mit Koffern, aber jetzt voll mit Wäsche, Kleidung, Besteck, auch Schmuck, bereit dazulassen, was es auch sei, für ein paar Kartoffeln, etwas Getreide, ein Brot und ein Stück Butter. Ich stand bei den Gesprächen daneben und erlebte sie, die einmal so etwas wie bürgerliche Lebensart, Bildung und Sicherheit an Großmutters Tisch gebracht hatten, abgemagert, in ihrer verschlissenen Kleidung, um das Nötigste bittend. Die Großeltern waren im Frühjahr 1946 gestorben, und meine Mutter war erschöpft und der obskuren Handelssituation mit den im Grunde vertrauten Menschen nicht gewachsen. Sie teilte, was gerade auf dem Tisch stand, und bat die Verzweifelten, wieder abzufahren.

Im heißen Sommer 1946 verendeten zwei der drei Kühe in Gustes Stall – er hieß noch immer so – durch Unterernährung. Das Gras war ‚verbrannt' – ausgetrocknet die Wiesen – lavabraun. Ein schwerer, vernichtender Schlag. Die Rinder, zugleich Milch-, Mutter- und Zugtiere, waren die Existenzbasis. Meine Mutter verfiel der Verzweiflung. Die Soll-Ablieferungen, auch an Milch, wurden nach der zur Familien-Wirtschaft gehörenden Ackerfläche berechnet und waren restriktiv eintreibbar, auch mit Strafen. Tote Kühe aber geben keine Milch. Das Milchsoll musste in Getreide umgeschuldet werden – in Getreide, wovon nicht viel gewachsen war. Mutter musste Kontrollen erdulden, die ohne nennbares Ergebnis verliefen. Verletzungen blieben und die Not, und alles heilte nur mühsam. Bei mir werden die Kindheitsverhältnisse so liegen bleiben, wie sie auf mich kamen, auch, indem ich heute aktuelle Berichte, z. B. aus Eritrea, Afghanistan, Kosovo-Albanien oder sonstwo in der Welt mit anderem Augendruck lese, als dies meine Kinder tun.

Die Dichter, wer sonst?

Auf meinem Weg durch zwei machtzentrierte gesellschaftspolitische Formationen sind es betont Begebenheiten der Sprache, die meine Aufmerksamkeit gebunden haben, mich im Innersten alarmiert und letztlich auch zum politischen Handeln geführt haben. Und dies, obwohl ich zunächst recht früh bereits musikalisch ‚auffällig' war und darüber dann vierzig Jahre meines Lebens mit musikalischen oder musikrelevanten Tätigkeiten verbracht habe. Auch an der Nahtstelle der Systeme – am Übergang – sind es Sprachereignisse, die über Erlebtem liegen, schwer, wie erkalteter Guss.

Die psychotische Neigung der Nationalsozialisten zu Mystik und Gigantismus ließ sie in historisch einmaliger Weise in ihr Sprachgebäude die eigene Zerstörung installieren, dies zumindest mit den Unbildungen: Totaler Krieg, Endlösung und Endsieg. Das Hörabbild, jene akustischen Inszenierungen der NS-Spitzenvertreter im Rundfunk, hat sich mir tief eingeprägt. Was, muss man sich noch heute fragen, wäre nach einem so totalen Ende, wie sie es uns einhämmerten, noch denkbar gewesen? Was dachten sie überhaupt? Sie zerstörten vollkommen. Mit *Heil!* hatte es begonnen – mit *Unheil* fuhr es hinab.

Es ist der Vielfädigkeit eines gesellschaftlichen Kommunikationsgefüges zu danken, dass das totale Ende mit dem Zusammenbruch des Nationalsozialismus im Mai 1945 nicht eingetreten ist und nicht eintreten konnte. An erster Stelle, wie ich meine, ist die sowohl gewachsene wie die gesteuerte Bedeutung der Funkmedien zu nennen. Ein bis dahin nicht gekannter Umfang an Sprachverbreitung ging unmittelbar einher mit einer Beeinflussung, die unter dem faschistischen Zugriff sehr rasch zum gezielten Missbrauch führte. Doch auch die unterschiedlichen politischen Gegenkräfte bedienten sich dieses Mittels. Und es gab eine Reihe integrer, gebildeter Rundfunk-Mitarbeiter, denen es ein Anliegen war, mit den neuen Möglichkeiten zur Bildung und Sprachbewahrung beizutragen. Innerhalb weniger Jahre, bestimmt von der technischen Entwicklung, wurde so die Menge des Sprachangebotes der gesellschaftlichen Öffentlichkeit in einem Maß erweitert, dem die Aufnahmemöglichkeiten, vor allem die Kritikfähigkeit des Einzelnen, nicht gewachsen waren. Das öffnete weit die Tore der Beeinflussung und des infamen Missbrauchs.

Da die Nazis dies sehr genau zu kalkulieren wussten, annektierten sie die Rundfunksender, griffen rigide ein in die Personalstruktur und gaben den Auftrag zur Massenfertigung des Volksempfängers, im Land als ‚Goebbelsschnauze' bezeichnet. Für mich war das wiederum ein sehr wichtiges Sprachsignal, das mir half, alles mit Skepsis aufzunehmen, was aus dem kleinen braunen Kasten tönte, der, wie gesagt, seinen Platz bei uns auf dem Klavier hatte. Nach außen auf elegante, persönlich erscheinende Art, verschafften sie sich mit dem Radio einen Zugang, um jeden einzelnen *Volksgenossen mit Propaganda zu versorgen* und entwickelten dafür die Lingua Tertii Imperii: „Die Sprache des Dritten Reiches", wie Victor Klemperer sie bezeichnet.

Erinnern will ich an dieser Stelle, wie ungeheuer wichtig und lebensbestärkend für uns aushaltende DDR-Einwohner – will sagen Einsitzer – die Informationstätigkeit der deutschsprachigen westlichen Sender gewesen ist. Vor allem für den ostelbischen Raum, das „Tal der Ahnungslosen", in dem die Möglichkeit zum Fernsehempfang fehlte, gebührt den Mitarbeitern des *Deutschlandfunks* noch heute Dank. Ihnen gehört ein Denkmal gewidmet, nicht in Köln, sondern in der Mitte Berlins, am Ort der nationalen Verantwortung.

Das uneingeschränkt wichtigste Moment der Sprachbewahrung findet sich natürlich in der Literatur, deren Vertreter im Dritten Reich fast vollständig ins Exil getrieben wurden. Goethes ‚ex libris‘: „Wer den Dichter will verstehen, muß in Dichters Lande gehen", wird durch den Kultur-Terror der Nationalsozialisten mörderisch kolportiert. Und er fand in der Praxis der sozialistischen DDR, wie in allen kommunistischen Ländern, eine furchtbare Entsprechung. Nahezu vollständig betrieben die Nationalsozialisten die Selektion der Literatur in den Bibliotheken, den Verlagen und dem Buchhandel. Das hatte bereits unmittelbar nach der von Goebbels mit großem Propaganda-Aufwand inszenierten Scheiterhaufen-Aktion vom 10. Mai 1933 begonnen, die unangemessen verkleinert als ‚Bücherverbrennung‘ in der Erinnerung haften geblieben ist. In Wirklichkeit war es der, im vollen Bewusstsein des politischen Stellenwertes strategisch geplante Pogrom gegen die Sprache. Feige und infam, wie sie waren: erst die Bücher, dann die Menschen. Sie hatten im Wortsinn eine heidnische Furcht vor der literarischen Entlarvung ihrer Gemeinartikulationen, mithin ihrer zerstörenden Politik. Es folgten bald die systematischen Übergriffe gegen Autoren: Veröffentlichungsverbot, Schreibverbot, Verfolgung, Verhaftung, Ermordung, eine Klimax teuflischer Ausprägung. Nach und nach, abhängig von der realen Einschätzung der politischen Absichten Hitlers, verließen die deutschen Schriftsteller ihre Heimat – die sprachliche und die physische. Für Carl von Ossietzky und Erich Mühsam kam die mögliche Entscheidung zu spät. Sie wurden bereits nach wenigen Wochen der Herrschaft der Nationalsozialisten Opfer der GESTAPO. Da glimmte im Reichstag noch die Glut.

Wahnwitzig wie die schwarz-braune Realität selbst, die 1933 auf der Prachtstraße eines 71-Prozent-Wahlsieges daherprotzte, ist die anachronistische Feststellung vom ‚Glücksfall, dass die Dichter flohen‘: So retteten sie uns die Sprache.

Falsche Zungen

Über den seit 1942 in der Nähe von Moskau betriebenen Sender Radio „Freies Deutschland" verbreitete im sowjetischen Interesse eine ‚Vereinigung kommunistischer Emigranten‘ (Weinert, Pieck, Ulbricht u. a.) Aufrufe und Nachrichten an die deutschen Soldaten,

Verlautbarungen zur Demoralisierung der deutschen Truppen an der Ostfront, die zur Verkürzung des sinnlosen Krieges beitragen sollten. Die eingesetzte Sprachschicht war deutlich verschieden von der der Nationalsozialisten. Dennoch, die Wirkung unter den Soldaten war gering.

Ab 1943 wurde diese Gruppe im Interesse der Effizienz der Heereszersetzung mit dem Bund deutscher Offiziere (BDO) in der Sowjetunion, militärisches Führungspersonal in sowjetischer Gefangenschaft, zum Nationalkomitee „Freies Deutschland" - N.F.D./NKFD - zusammengeführt. Am 14. September 1943 fand die erste Vollsitzung des N.F.D. mit dem BDO statt. Präsident des NKFD wurde Erich Weinert. Zur Leitung der Gruppe gehörte eine Reihe humanistisch gebildeter Offiziere. Und es war Teil der Zielsetzung, über die Schwächung der Kampfmoral des deutschen Heeres hinaus potentielles Führungspersonal für den Neuaufbau der Gesellschaft nach dem Krieg anzuwerben. Zu dieser Zeit - noch mitten im Krieg - verfolgten die Sowjets noch ambivalente Ziele der Deutschlandpolitik. Nach den Texten der Verlautbarungen propagierten sie *die Umgestaltung Deutschlands in eine freie demokratische Republik.* Also hielten sich die beteiligten Kommunisten, unter der Leitung des sowjetischen Verbindungsoffiziers, General Melnikow, taktisch zurück. Noch war der Verlauf des Krieges im Westen offen. Später wird sich der politisch-demokratische und ebenso der sprachliche Anspruch des NKFD, in dem humanistisch gebildete Mitglieder aktiv waren, wiederfinden in den ersten Verlautbarungen der von den Sowjets im April 1945 in den östlichen Teil Deutschlands zurücklancierten Kommunisten. Zu dieser Zeit hatte Walter Ulbricht, der bereits vorher intrigierte und zur Vorbereitung seiner Nachkriegsposition viele Genossen aus der Emigration den Henkern Stalins verraten hatte und dessen Sprache fünfundzwanzig Jahre lang den deutschen Osten der Lächerlichkeit preisgeben konnte, noch nicht die Macht.

Im September 1943 bildeten sich auch in den westlichen Hauptstädten Paris und London die so genannten Bewegungen „Freies Deutschland", die durch Aufrufe, Verlautbarungen, Flugblätter und Zeitungen aktiv zum Widerstand gegen das Regime und zur Erneuerung des deutschen Volkes aufriefen und zum Neubeginn beigetragen haben. In den Gruppen engagierten sich neben antifaschistisch eingestellten Angehörigen des deutschen Militärs Kommunisten, Sozialdemokraten, Gewerkschafter, Christen, bürgerliche Intellektuelle und auch Jugendliche. Es war eine höchst unterschiedliche Zusammensetzung von Charakteren und Interessen, die unter größtenteils illegalen Voraussetzungen in verschiedenen Ländern sich zusammenfanden.

Wenn aber ein *Wort* sich herausfiltern lässt aus den Begriffen dieser Endzeit, auf das, nach dem dokumentarischen Befund alle Gruppierungen sich gründeten, dann ist es der Begriff *Zukunft*.

Entstanden noch unter den Zeichnungen der Emigration, wird dieses Wort von den Initiatoren mit der Kraft ausgestattet, die Schuttmauer des alphabetischen Endes des Nazi-Reiches in dem Begriff *Zusammenbruch* zu überwinden und anzukommen in der Erwartung eines neu zu benennenden Raumes: FRIEDEN.

Deutsche Volkszeitung, 13. Juni 1945
Aufruf des Zentralkomitees der Kommunistischen Partei Deutschlands an das deutsche Volk zum Aufbau eines antifaschistisch-demokratischen Deutschlands, vom 11. Juni 1945.

Schaffendes Volk in Stadt und Land! Männer und Frauen! Deutsche Jugend!
Wohin wir blicken Ruinen, Schutt und Asche. (...)
Nicht nur der Schutt der zerstörten Städte, auch der reaktionäre Schutt aus der Vergangenheit muß gründlich hinweggeräumt werden. Möge der Neubau Deutschlands auf solider Grundlage erfolgen, damit eine dritte Wiederholung der imperialistischen Katastrophenpolitik unmöglich wird.
Mit der Vernichtung des Hitlerismus gilt es gleichzeitig, die Sache der Demokratisierung Deutschlands, die Sache der bürgerlich-demokratischen Umbildung, die 1848 begonnen wurde, zu Ende zu führen, die feudalen Überreste völlig zu beseitigen und den reaktionären altpreußischen Militarismus mit allen seinen ökonomischen und politischen Ablegern zu vernichten.
Wir sind der Auffassung, daß der Weg, Deutschland das Sowjet-System aufzuzwingen, falsch wäre, denn dieser Weg entspricht nicht den gegenwärtigen Entwicklungsbedingungen in Deutschland.

Wir sind vielmehr der Auffassung, daß die entscheidenden Interessen des deutschen Volkes in der gegenwärtigen Lage für Deutschland einen anderen Weg vorschreiben, und zwar den Weg der Aufrichtung eines antifaschistischen, demokratischen Regimes, einer parlamentarisch-demokratischen Republik mit allen demokratischen Rechten und Freiheiten für das Volk ...

Gezielt, dennoch eher wie Schrot aus dem Arsenal des großen roten Gegners, einhergeeilt auf siegreichen Lafetten, kommt damit Sprache auf „das deutsche Volk" zu, die ein verändertes Gewand trägt und die vorgibt, einen anderen Kern zu haben. Es ist die Sprache der deutschen Kommunisten, der einzigen politischen Organisation, die gezielt vorbereitet und unterstützt durch die Siegermacht Sowjetunion die Szene betritt. Es ist die Sprache des Übergangs.

Neben Stalins Beauftragten und Walter Ulbricht, kommen Wilhelm Pieck, Erich Weinert und andere Kommunisten der Moskau/Krasnogorsker Gruppe des NKFD in Betracht, Einfluss auf den Text genommen zu haben. Mir liegen dafür Nachweise nicht vor. Zum anderen gab es weitere, gemäßigte, Mitstreiter wie General von Seydlitz-Kurzbach, der nach seiner Gefangennahme im Kessel von Stalingrad, wo er im Gegensatz zu General Paulus für die Beendigung der Kämpfe eingetreten war, aktiv im Bund Deutscher Offiziere (BDO) mitarbeitete. Im Bund Deutscher Offiziere und nach seiner Wahl zum Vizepräsidenten des Nationalkomitees Freies Deutschland setzte er sich für den Sturz Hitlers ein. Andererseits lehnte er bereits 1944 öffentlich das Ansinnen ab, der KPD beizutreten. Nach seiner Entlassung aus der Gefangenschaft in die Sowjetisch Besetzte Zone wies er auch konsequent Ulbrichts Angebot zurück, sich am Aufbau der ‚Zone' zu beteiligen. Daraufhin verurteilten ihn die Sowjets 1950 als „Schwerstkriegsverbrecher" zum Tode. Schließlich zu 25 Jahren Haft begnadigt, entließen sie ihn 1955 in die Bundesrepublik. Weinert dagegen blieb ein treuer Gehilfe Ulbrichts im Apparate-Gefüge der DDR.

Der Appell, der schließlich unter dem Signum der KPD an die deutsche Öffentlichkeit gebracht wurde, gehörte zu den offenen Deutschland-Ambitionen Stalins. Ein Dokument von außerordentlicher strategischer Bedeutung, dessen Vorgeschichte, wie die vorgeschobenen scheindemokratischen Enklaven ausweisen, deutlich auf die Moskau-Krasnogorsker Zeit um 1944/45 zurückgeht. Stalin, der seine direkten Möglichkeiten, in die Deutschland-Entwicklung einzuzugreifen, noch nicht sicher zu beurteilen wagte, suchte sich deutscher Adjunkten zu versichern, die für seine unsichere Position abhängig genug waren, dem Westen gegenüber aber vorzeigbar waren und gegebenenfalls hätten verhandeln können. Dafür schienen ihm deutsche Militärs, die ihren Läuterungsprozess bereits durchgemacht hatten, besonders geeignet.

Der rasche Zusammenbruch der deutschen Ostfront im April 1945 ermöglichte dann, früher als erwartet, am 30. April 1945 die Rückschleusung der Gruppe Ulbricht, deren Kopf anfangs Wilhelm Pieck war, nach Deutschland. Von Straußberg bei Berlin aus begannen sie sofort mit sowjetischer Unterstützung den illegalen Aufbau der Partei-Organisation. Am 10. Juni erlässt die Sowjetische Militär-Administration den Befehl Nr. 2, der die Tätigkeit von antifaschistisch-demokratischen Parteien erlaubt. Am 11. Juni erscheint gedruckt der Aufruf der KPD. Zufall???

Deutlich wird aus dem Zeitdokument vom Juni 1945 die Konfiguration der Machtentwicklung Ulbrichts aus der Antifa-Front des Exils heraus zum kommunistischen Kleindespoten der sozialistischen DDR. Er war ein Günstling Stalinscher Interessen und hat das zu nutzen gewusst, solange die Uhren für ihn tickten. Zu lange, eine Unzeit für uns, die wir sie zu ertragen hatten. Für all diejenigen Menschen, die zum Engagement im sowjetisch besetzten Osten Deutschlands bereit waren, die 1945 von einer vagen Hoffnung beseelt waren, eine antifaschistisch-demokratische Ordnung gestalten zu können, folgte sehr rasch Ernüchterung. Die Kommunisten waren sich treu geblieben: sie hatten gelogen. Ihr Aufruf war mit Kreidepfoten geschrieben. Nur, es wurde kein Märchen daraus, sondern harte, und an der Mauer tödliche Realität.

Lauter oder verhaltener, sie drang ein die Frage, und blieb, wie ein Schatten: GEHEN – GEHEN – GEHEN ?

Behausung, einen beschützenden Raum gegen vielerlei Widrigkeiten und Verunsicherungen bot mir da wieder die Sprache – auch und vor allem in der Literatur. Sie formt jene Räume, die man durch Übereinstimmung betritt, manchmal auch durch Überraschung, wie es mir mit Heinrich Heines „Wintermärchen" erging.

Bleib bei uns in Deutschland, es wird dir hier
Jetzt besser als ehmals munden;
Wir schreiten fort, du hast gewiß
Den Fortschritt selbst gefunden, (...)

Gedankenfreiheit genoß das Volk,
Sie war für die großen Massen,
Beschränkung traf nur die geringe Zahl
Derjen'gen, die drucken lassen.

„Diejenigen, die drucken lassen", sie sind es, die ihre ganz eigene, ihre ungeschützte Sicht aus der Wahrheit der Dinge zu veräußern bereit sind. Damit lassen sie sich darauf ein, in Widerspruch zu anderen Wahrheiten zu geraten, im günstigen Falle diese zu bereichern, vergessen oder widrigenfalls in Zucht genommen zu werden.

Der Ausschnitt aus Heines Gedicht legt fast ergötzlich sowohl die Parallelen wie die Linearität geschichtlicher Zustände und Betroffenheiten frei. Hatten wir doch in der DDR für eine heute belanglose Zeit einen „Minister für Kultur" namens Hofmann, wie er auch bei Heine vorkommt, zu dessen Obliegenheiten in Gestalt der ‚Hauptverwaltung Verlage/Buchhandel im Ministerium für Kultur' es gehörte, die dem Zentralkomitee der SED pflichtige Verantwortung gegenüber all denen, die drucken ließen, richtiger: die drucken lassen wollten, wachsam wahrzunehmen. Das galt ungeachtet aller Vorschleusen wie ZK-Plenums-Veröffentlichungen, Direktiven sowie Partei- und parteigesicherte Verbands- und Verlagsstrukturen, um nur wenige der destruktiven Instrumente des SED-Apparates zu nennen, die am historischen Befund unserer *Späten Freiheit* erprobt worden sind.

Den Text zum „Wintermärchen" fand ich eines Tages im kleinen, seit seinem Tod unberührten Bücherbord meines Vaters in einem Heine-Auswahlband. Neben den „Buddenbrocks", Gustav Freytags „Soll und Haben", Grillparzers „Der arme Spielmann", Kants „Ausgewählte Schriften" und einem kleinen Bändchen, in dem sich mehrere Gedichte des jungen, linken Dresdner Dichters Martin Raschke befanden, den die Nazis umgebracht hatten, hatte dies und manches mehr unbehelligt des Führers Reich überdauert. Meine Mutter sah es anfangs nicht gern, dass ich das darin gewahrte stille

Andenken an den Vater störte. Dass ich ein ‚Märchen' unter den Büchern fand, hat mich sicher bei ihnen verweilen lassen, immer wieder, immer. Heine verantwortet damit meinen Eintritt in den Bannkreis der Dichtung. Meinem Vater verdanke ich posthum die stille Begegnung mit der Literatur, in einem Oberlausitzer Haus, in dem das Lesen nach einem sechzehnstündigen Arbeitstag nicht zu den unbedingt nötigen Verrichtungen gehörte. Dazu, wie zu allem Sichtbaren, hatte die Großmutter eine eigene, gültige Meinung. Literatur fand für sie im „Christlichen Hausbuch" statt und im „Bauern-Kalender", allenfalls war da noch der „Pumphutt", eine mundartlich geschriebene Sammlung von Oberlausitzer Sagen. Das reichte für die feldarbeitsfreie Zeit des Jahres.

Dass ich den Dichter Martin Raschke hier erwähne, geht zurück auf die spätere angenehme Begegnung mit seiner Frau, einer Tänzerin, bei der ich während des Studiums am Dresdner Konservatorium Unterricht in „Rhythmischer Gymnastik" hatte. Ich schenkte ihr das Buch mit den Gedichten ihres Mannes, das sie selbst nicht mehr besaß. Bei mir hält sich seither nur noch die Erinnerung.

Für meinen Weg durch die Zeit der DDR, vor allem für meine Entscheidung, dort zu bleiben und dieses Sein als gestaltetes, nicht nur als erduldetes zu erleben, dazu war die Sprache und Literatur mir als Erfahrung und Gefährt überaus wichtig. Sie war mir immer wieder eine Hilfe, mich der gesellschaftlichen Realität nähern zu können, der künstlerischen und der politischen. An beiden Flanken gab es Mauern, an denen die Machthaber bauten. Mauern aus Sprache. Hausung bauen nur die Dichter.

Demütigungen und Ansätze

Du darfst nicht ...

Und es war schön finster
Reiner Kunze

Für die Entwicklung meiner persönlichen Haltung, die eisige Lebenssituation zu bewerten, Freunde zu finden und in dem eng beschnittenen Handlungskarree eine akzeptierbare Arbeitssituation aufzubauen, haben mir neben Vertrauten, Lehrern und Freunden, die Künste Halt und die Kirche den entscheidenden Aufenthaltsort gegeben. Ohne diese Beheimatung hätte ich nicht durchstehen können. Zu keiner Zeit war ich ernsthaft physisch bedroht und auch nie inhaftiert. Dieses zu provozieren, war ich wohl auch nicht mutig genug. Die physisch erlebte Bedrohung resultierte aus der Ohnmacht, der primitiven Dummheit ausgeliefert zu sein, die sich hatte zur politischen Macht formieren können. Schlimmer: Sie (die Machthaber) hatten sich, vor aller Welt, ungeschoren, ihr Denkmal bauen können, das schändlichste, das je geschaffen wurde. Das Symbol der scheinbaren Endgültigkeit: DIE MAUER.

Es war diese vorgeführte Endgültigkeit, die zum *Einrichten* drängte, zu jener fatalen Akzeptanz des Lebens in den Nischen des Antikonsens, in denen Literatur, Sprache – als verschlüsselte Parolen – die vitalisierende Kraft eines Vitaminpräparates erreichte. Das Erscheinen des Romans „Der König David Bericht" von Stefan Heym, 1973, löste eine wahre Volksbewegung aus, die in die Kirchen strömte. DDR-Flächen-deckend, von Stralsund bis Plauen und von Eisenach bis nach Frankfurt/Oder sind Hunderte von Gemeindeabenden gehalten worden, in denen kein Apfel zur Erde hätte fallen können und die Luft zum Schneiden war. Ein solches Buch, Donnerwetter, wie konnte das ...? Ein Buch voller offen verstellter

Anspielungen wider die Macht, das Verbiegen der Wahrheit und die Selbstverunsicherung der eben Mächtigen durch die eigene Dummheit. „Der König (...) stieg vom Thron (...), legte mir seine kurze, fette Hand auf die Schulter und fragte: ‚Nu?'" Oder: „Worte, (...)' was habe ich nicht schon alles für Worte gehört (...) und die sie sprachen, wo sind sie heute?"

Man kann es heute kaum noch zurückrufen, welchen Atemstau diese Sätze auslösten, als welche Unerhörtheit sich darstellte, dass sie gedruckt vorlagen. „Ja, wer weiß, Heym, er kam doch aus dem Westen?" Doch die Fragen verblassten, es blieb die motorisierende Wirkung der unerhörten Worte. Buchhändler, wenn sie denn ihre Ware nach dem Bedarf hätten einkaufen können, wären an der sprichwörtlichen „goldenen Nase" zu erkennen gewesen. Karin, meine Frau, hatte damals eine kleine ‚private' (das hieß: nicht dem „Volksbuchhandel" angeschlossene) Buchhandlung in unserer Stadt. Ihre Zuteilung (Kurztitel: Heym, König David) belief sich auf *drei* Exemplare. Kopiertechnik war unbekannt. So wurde abgeschrieben. Rotkarätiges Spätmittelalter. Heute, fünfundzwanzig Jahre danach, die Frage von damals gleichgesinnten ‚Betroffenen': „Liest du eigentlich noch?"

Wir waren ihrer viele, sehr viele, viel zu wenige, vor der Zeit der Füße, die sich fanden bei den Dichtern. Dort nahmen wir Teil an der Übung des Hörens, um die Ecke, über die Berge und durch die Mauern. Selbst so etwas wie das Erscheinen des Gedichtbandes „Brief mit blauem Siegel" von Reiner Kunze, Bergarbeitersohn aus Oelsnitz im Vogtland, mit der darin offen ‚versteckten' aktuellen Kunst-Depesche im Fabel-Code, löste Bewegung aus. Alles unbötig Wichtige war darin enthalten, was man zwar wusste, was aber um des nächsten Atemzuges, der erdrosselt werden sollte, unsagbar wichtig war: die Verständigung über eine nicht zu besprechende Übereinkunft. Bei Erscheinen solcher Veröffentlichungen funkte es im Land: *Auf Seite 114!* Durchzuorten die Zeichen bis dahin in einem geübten Zug, gelang schnell, um das Brisante in Druckbuchstaben zu finden. „Du darfst nicht", kolportiert die hämische Lüge, „es ist nicht wichtig", denn dieser unterwürfige Zynismus war in der Version: „darüber wird gegenwärtig nicht gesprochen", eine höchst offizielle Sprachregelung der Partei. War der Mensch endlich zerbrochen und seines Kerns beraubt, dann erreichte ihn der erteilte Passierschein, auf dem ‚Bitterfelder Weg' zum ‚Sozialistischen Realismus': Brav doch, „du bist ein Künstler". Kunze sezierte knapp und präzise: „und es war schön finster".

Dieser ‚Brief' war 1973 noch nicht blau, da kam er noch von Reclam, Leipzig, und hatte einen schwarzen Umschlag. Aber er trug im Vorwissen des Autors bereits das Stigma des Endlichen, des getöteten Mundes. Ich behielt bis heute, wie es mich damals traf. Nur der physische Schmerz ist geheilt, nein: vergessen.

Nicht zu vergessen ist, dass es heute hier in Deutschland eine organisierte Gruppe von Leuten gibt, denen der demokratische Staat erlaubt, ihre alte Sprache zu benutzen, um just damit öffentlich und ungeschoren von einer künftigen Rolle in Europa zu tönen. Unverkennbar gestrig und durchschaubar.

„Aus Wolfskehlen klingen auch feine Lieder rauh." Das sagte mir ein schreibender polnischer Freund. Das sei ein altes Wort, meinte er, doch die Wölfe lebten noch. Meinte er auch.

Es waren immer wieder die Dichter, die zu entlarven halfen.

Radikal verändernd wirkte ironischerweise erst der interne, im System wurzelnde Verfall. Aus diesem, nur aus diesem, führte für uns der Weg zum Plateau der *Späten Freiheit*. Wir haben ihn zu Fuß zurückgelegt, auf den maroden Straßen des Sozialismus. Da verbleibt ein gutes Gefühl. Bert Brecht vielleicht – ich traute es ihm zu –, hätte er seine Stimme noch, lobte das „Gedächtnis der Füße". In den Dreißigern hatte er geschrieben (Die Herrschenden, aus Svendborger Gedichte):

Warum
fürchten sie so sehr das offene Wort?
...

(es) erinnert
An den Bau des Assyrers Tar, jene gewaltige Festung,
Die, so lautet die Sage, von keinem Heer genommen
     werden konnte, die aber
Durch ein einziges lautes Wort, im Innern gesprochen,
In Staub zerfiel.

WIR, 1989 das Wort wider die Furcht, es ließ die Macht zu Staub zerfallen.

Am 15. Juni 1945 war, auf Flugblättern und Plakate verbreitet, ein Aufruf erschienen, der 14 Unterschriften trug von einem so bezeichneten ‚Zentralausschuß der Sozialdemokratischen Partei Deutschlands'.

Der Schule ledig, die ja, so rasch wie begonnen, am Ende des Monats Mai '45 wieder eingestellt werden musste, streifte ich, nach der schnauzziehenden Erledigung einiger Pflichten im Haus, durch die sommerliche Umgebung. Am Spritzenhaus der Feuerwehr entdeckte ich einige beiderseits bedruckte Blätter, auf denen ich die mir bereits vertrauten drei Buchstaben „SPD" erkannte. Flugblätter waren seit dem Krieg für mich nichts Neues. Die Briten und Amerikaner hatten damit lange Zeit ‚Hinterlandzersetzung' betrieben. Wir waren als Schüler verpflichtet, alle derartigen Funde in der Schule abzugeben. Das war vorüber. Regeln galten nicht mehr. Ich las:

Arbeiter, Bauern und Bürger! Männer und Frauen! Deutsche Jugend!
Der Nazifaschismus ist in einem grausigen Abgrund der Vernichtung versunken! Er hat das deutsche Volk in tiefster seelischer Qual, in einer unvorstellbaren Not zurückgelassen! Das Gefühl für Rechtlichkeit ist gelähmt! Die nackte Not grinst dem Volke aus den Ruinen vernichteter Wohnungen und geborstener Fabriken entgegen. Hitlers Cäsarenwahn ist durch die siegreichen verbündeten Armeen ausgemerzt und damit die militärische Raubgier des deutschen Imperialismus für alle Zeiten vernichtet. Das deutsche Volk muß die Kosten der faschistischen Hochstapelei bezahlen! Ehrlose Hasardeure und wahnwitzige Machtpolitikaster haben den Namen des deutschen Volkes in der ganzen Welt geschändet und entehrt. (...)
Niemals und von niemandem soll das deutsche Volk je wieder als vertrauensseliges Opfer mißbraucht werden. Der politische Weg des deutschen Volkes ist damit klar vorgezeichnet: Demokratie in Staat und Gemeinde, Sozialismus in Wirtschaft und Gesellschaft!

Was ich hier las, erschien mir dem sehr ähnlich, was wenige Tage davor in der Zeitung gestanden hatte, dort unter den Buchstaben „KPD", und Mutter hatte das kommentiert: „Die lügen, sie lügen, wie sie immer gelogen haben. Wenn sie Demokratie und Freiheit versprechen, lügen die Kommunisten." Log hier nun auch die SPD? Die Sprache ähnelte der der KPD, sie kam ausgesucht breitfüßig daher. Und die aufgemachten Forderungen waren umfangreicher, ‚linker', als die der Kommunisten. Was sollte ich davon halten? Mein Interesse aber war wach, und ich nahm alles begierig auf, was meiner kindlich-jugendlichen Erfahrung irgend zugänglich war. Nun, im Zeitpunkt der Selbstklärung, der Selbsterklärung, erkenne ich, dass es noch immer so schwer ist wie damals. Die Zeit hat ihre Gewichte darauf geworfen.

Es ist Anfang März im neunzehnhundertneunundneunzigsten Jahr, dem letzten dieses Jahrtausends. Ein freundlicher Tag. Ich sitze in einem der hellen Räume im Bibliotheksbereich der „Sächsischen Landeszentrale für Politische Bildung", einer frisch aufgeputzten Villa in der alten Trachauer Vorstadt von Dresden. Sichtbar am Hang gelegen, ausgesprochen ruhig, gerade deshalb wohl von nächtlichen Dieben heimgesucht und der wichtigen EDV-Anlage beraubt. Der böse Verlust wird durch geduldigste Freundlichkeit des Personals wettgemacht. Ich suche nach Material zur Politik der Nachkriegszeit. In wenigen Minuten habe ich drei Stapel von Büchern und Schriften vor mir, zehnmal so viel durchzusehen, als meine knappe Zeit es zulässt. Ich finde rasch etwas zum Aufruf der SPD vom 15. Juni 1945 in einem Vortragstext von Manfred Rexin, Mitarbeiter am Berliner Franz-Neumann-Archiv, gehalten zum 50. Jahrestag der Neugründung der SPD, am 24. Juni 1995 in Potsdam.

Der Autor entwickelt aus dem Wortlaut des Aufrufes und der vergleichenden Wertung zum vier Tage vorher veröffentlichten Aufruf der KPD ein Rasterbild der heterogenen Organisations- und Führungsstruktur der SPD nach zwölf Jahren Verbot und Diaspora. Weder stand der SPD 1945 eine gewählte Führung, noch ein programmatisches Instrument zur Verfügung, das auch nur entfernt geeignet gewesen wäre, der durch die Sowjets in der Ostzone gefestigten Organisation der KPD zu entsprechen oder gar zu widerstehen. Deren Strategie war von Stalin vorgegeben und war durch die Besatzung in Gestalt der SMAD bereits zementiert worden. Ungeschminkt gesprochen hieß das: Ausschalten der SPD, kaschiert öffentlichkeitsfähig: die Vereinigung der Arbeiterparteien.

Regelmäßig gab es bereits im Mai '45 Rapporte Ulbrichts bei Marschall Shukow und anderen Offizieren der SMAD-Zentrale in Berlin zum Fortgang der Parteienvereinigung. Belegt sind darüber hinaus Reisen Ulbrichts mit Vertretern der SMAD im Juni/Juli nach Neuruppin, Halle, Leipzig, Erfurt und Weimar, um sich bekannt zu machen als der künftig Tonangebende, obwohl er zu dieser Zeit kein anderes Mandat besaß, als das von Stalin verordnete: Kopf der ‚Gruppe Ulbricht' zu sein, jener Maulwurf-Brigade der KPD, die im Sog der Roten Armee bereits im April in die Nähe Berlins geschleust wurde und sofort mit ihrer Submission begann. Wilhelm Pieck wurde erst am 1. Juli 1945 von Moskau nach Berlin zurückgesandt, nachdem Ulbricht seine Pflöcke schon gesetzt hatte, an die seine Machtstellung gebunden werden sollte. Seine erste Aufgabe aber war die Zerschlagung der SPD per Assimilation. Aus zwei Gründen brauchten die Kommunisten für die Entwicklung ihrer Macht die Vereinigung mit der SPD: 1. durch Aufsaugen der Mitgliederzahlen der Sozialdemokraten, das eigene Manko zu kaschieren, und 2. an Hand der Listen eine rigide Säuberung durchzuführen, um den politischen Einfluss der SPD für immer auszuschalten. Fünftausend Mitglieder wurden von den Sowjets verhaftet, viele ermordet. Eine noch größere Zahl entzog sich dem Zugriff durch die Flucht.

Die Entscheidung Grotewohls zur Anbindung endete für ihn im September 1964, gesundheitlich und moralisch zerrieben, in einem „Sanatorium" in der UdSSR. In solchen ‚Kureinrichtungen' verschwanden auch unliebsame Angehörige des Sowjet-Apparates.

„Mancher Gutwillige und Redliche (in der SPD d. A.) *gab sich zunächst – und noch bis in den Herbst 1947 – der Hoffnung hin, die Ostern 1946 gegründete ‚Sozialistische Einheitspartei Deutschlands' werde eine demokratische Massenpartei sein – mehr im sozialdemokratischen Sinne, jedenfalls keine leninistische oder gar stalinistische Kaderorganisation: sie werde die Parität von Sozialdemokraten und Kommunisten bei der Besetzung ihrer Führungsorgane wahren, und sie werde ihren ‚eigenen deutschen Weg zum Sozialismus' suchen, jedenfalls nicht die nachgerade sklavische Nachahmung des sowjetischen Modells",* führte M. Rexin in seinem oben erwähnten Referat „Sozialdemokraten 1945: Aufbruch in Trümmern" weiter aus.

Zwei Vertreter der SPD, die aus dieser Haltung heraus und ganz gewiss nicht ohne Machtbewusstsein auf Verhandlungen mit den Kommunisten setzten und dadurch den Prozess der Selbstvernichtung beschleunigen halfen, waren Otto Grotewohl in Berlin und Otto Buchwitz in Dresden. Nicht dass sie gegen die intrigante Taktik der KPD im Verein mit der Macht der SMAD eine reale Chance gehabt hätten, grundsätzlich anders zu entscheiden, sie liefen mit Entschluss und gegen allen Vorbehalt und Widerstand aus den eigenen Reihen in das gewetzte Messer. Demgemäß war das Ergebnis und der Verlauf der nunmehr geschichtsfähigen Folgen, von denen wir dann ausreichend betroffen waren.

Hervorragende Persönlichkeiten der SPD haben sich für diese Ziele eingesetzt, gegen Widerstände, Bedrohung und Verfolgung. Im erklärten Einsatz für die sozialen Schwerpunkte der Gesellschaft, in der Betroffenheit hat sie ihre Aussagen fortgesetzt überprüft und sie neu an Zielen und Aufgaben gemessen.

Meine wechselnde politische Erfahrung zwischen 1939 und 1999 mag mich heute zum öffentlichen Gebrauch eines gewissen ungeschützten Idealismus befähigen. Ich finde mich selbst, als ein vom Nazi-Faschismus und vom DDR-Sozialismus Gezeichneter, im Gravitationsfeld zwischen meinem geschlagenen Großvater und dem im Getto von Warschau sich beugenden Willy Brandt und habe als Christ meinen einzig zutreffenden politischen Ort finden, wahren und wahrnehmen können. Eine Alternative erkenne ich bis heute nicht. 1990 galt für mich nicht als Entscheidung für irgendwelche Vorteile, sondern war der Aktiva-Nachtrag in der Bilanz meines Lebens.

Auf diesem Hintergrund ist die immer wiederkehrende Frage zum BLEIBEN oder GEHEN auch nach dem 21. April 1946, dem 7. Oktober 1949, dem 17. Juni 1953, dem 13. August 1961 und dem 21. August 1968 stets mit BLEIBEN beantwortet worden, in der untilgbaren Gewissheit, ein Deutscher zu sein.

Dass ich 1946 noch eine eingeschränkte Selbständigkeit besaß, beschneidet die Tatsache keineswegs, dass die langendliche Entscheidungsprozedur an diesem Tag begann, Ostern 1946. Gottes Uhren haben größere Zifferblätter.

Entscheidung am Rande des Zufalls

Meine Gedanken ‚ästeln'. Das meint, ich bin mir nicht sicher, wohinaus sie Gestalt finden. Es ist jetzt oft so am Ende der Klavierstunde, die meist zwei Stunden dauert. Meine Wahrnehmungen stehen irgendwo dahinter, ich finde sie noch nicht genau – womöglich hinter diesem kleinen Vorsprung aus Unmateriellem, dem Material, dem ich mich beginne, immer eifriger zuzuwenden. Etwas aus dem Inneren der Musik, „à la pointe aceree", einem winzigen Punkt, zu dem ich mit wenigen Schritten erst kam, tut sich mir als Baum auf, riesig mit feinem Astwerk, in dem ich ‚hausen' darf, wild, wie ein Junge das mag. Und wiederum ganz und gar anders. All das aus nichts, aus Gedanken. Meine Fragen haben noch keine Syntax. Klang, Zeit, Farbe, Raum, Lautgestalten, alles sind Punkte aus gleicher Wurzel, Ahnungen von irritierender Plastizität, die sich über mein Leben hermachen wollen, nicht ohne Anstrengungen.

Mein Klavierunterricht hatte im Frühling 1947 wieder begonnen, eigentlich erst jetzt richtig *begonnen*. Ein junger Mann aus dem Ort war aus französischer Gefangenschaft zurückgeworfen worden in seine alte Oberlausitzer Heimat, eine Art Strandgut der Flut des verlorenen Krieges. Er gehörte zu jenen der Generation, die am Ende ihrer Ausbildung sofort zum Kriegsdienst eingezogen wurden, eine Berufspraxis nicht erwerben und im Nachkriegsfiasko keine Anbindung, geschweige eine Anstellung finden konnten. Dieser Mann, Anfang dreißig, war Musiker, eigentlich Hornist, und zudem ein versierter Klavierpraktiker. Nur, im Hunger-Land, was konnte er damit erreichen? Aber Gott gab's; er war ein innerlich beglückter Musiker, der Krieg hatte es ihm nicht zu nehmen vermocht, und eines Tages erschien er dort, wo ich war! Er suchte Schüler, ich wurde einer, einer von wenigen natürlich. Wer wollte in dieser Zeit sich mit Musik beschäftigen? ‚Klimpern' nannten es die Leute. Ich wollte, kein Zweifel! Nur Großmutter Auguste hatte ihn, diesen Zweifel, ob mit mir alles so ganz „reene" (sauber), also in Ordnung, sei. Meine Mutter hat es mir wider alle Vernunft ermöglicht, dieser Berührung mit dem immer noch Seltsam-Fernen, das mich streifte, nachzugehen. Welch ungewöhnlicher Entschluss das für sie war, was für ein Bonus, wie ich heute weiß, an völlig ungedecktem mütterlichem Vorschussvertrauen, wage ich mit Worten nicht darzulegen.

Wir hatten Brot, ein wenig Butter und Zuckerrübensirup. Der Unterricht fand bei uns im Hause statt. Eine Brotzeit, die in der Oberlausitz *Vasper (Vesper)* heißt, teilte als Wichtigstes dann jeweils das Tastenmühen. Zeit gab es genug, und mir wurde zuteil, in die Musik zu schlüpfen wie in eine neue Häuslichkeit: Form, Ausdruck, Gestaltung, Geschichte, Anekdoten, Namen, Begriffe, vieles mehr wurde vor mir ausgebreitet ohne allen Vorbehalt, im Gegenwert von einem Sirupbrot. Und dann geschah dies:

Während der Lehrer am Ende der Stunde mit Mutter sprach, war ich mit meinen Utensilien befasst, ich glaube mich zu erinnern, mehr mechanisch. Ich ‚ästelte', ganz und gar beschäftigt, eingenommen von der Vorhalts- und Wechseltönigkeits-Melodik in Chopins populärem h-Moll-Walzer, op. 69,2. Eine Stunde lang hatten wir daran gearbeitet, zerpflückt, verglichen, verbunden – transponiert nach b-Moll (für den Lehrer, kein Problem), enharmonisch betrachtet: als ces-Moll, 10 b-Vorzeichen, vier davon doppelt, er schreibt es mir auf, Wahnsinn. Unsinn! Aber nein, das alles, der Blick auf das Sichtbare, erfasste mich in diesem Moment nicht so, wie die Frage nach dem Inwendigen: weshalb, woraus, warum so und nicht anders, als ganz anders gestalteter Zweig. Weshalb, aus Nichts, tat das jemand, wie dieser Chopin, und weshalb gerinnen Gedanken so unverwechselbar in einer Form? Ich stand und rüttelte am Baum der Ästhetik, und er rührte sich nicht, noch weniger, dass er mir, einem Zwölfjährigen, hätte etwas abwerfen mögen. Erlkönig hatte mir ein Leides getan, ich war angerührt und mit Unruhe verletzt, aber ich ahnte, Gott sei Dank, noch nicht, was mir einmal später, unter der Ägide des Sozialistischen Realismus, noch bevorstehen würde, da ich mich hatte anrühren lassen und nach Antwort ging.

Ich schloss gedankenbefangen den Klavierdeckel, hatte wenig

achtsam meinen Daumen dazwischen und sagte wie beiläufig: „Nanu, g'?"

Das hätte ich nicht tun dürfen. Dieses „g'" geriet mir in jenem Moment zum Ankerpflock aller meiner künftigen Lebensentscheidungen. Der Lehrer sprang auf, presto con strepito, auf mich zu, nein tatsächlich, wie von dieser banalen Tarantel gestochen: „Weshalb ist das g'?" „Na, weil ich's gehört hab', dass es eben g' is."
Er öffnete wieder den Deckel, hieß mich zur Zimmerecke gehen und schlug an: gis", f, es", c"', D, des-f-as' , was auch immer, ich nannte, was er spielte. Es war ganz einfach.

Ja nun, dieser Mann, er war keineswegs ein erfahrener Lehrer, aber er war Musiker genug, meiner armen Mutter beredt und gestenreich zu erklären, was geschehen war und was es bedeutet, das ‚absolute Gehör' (eine durchaus fragwürdige Begriffsbildung) zu haben. „Der Junge muss Musiker werden." Er zeigte sich derart angeregt, dass es ihm in Emphase entsprang wie ein aufgescheuchtes Kitz. Ich verfiel in diesem Augenblick zum Etwas, zum Objekt. Es ging über mich, und ich übersah nicht, was den Fremden so aus sich herausfahren ließ. Für mich war nichts Aufregendes geschehen, ich hörte immer Töne, auch nachts, sehr genau. Benennen konnte ich sie natürlich erst, seitdem ich ein wenig in die Konvention eingeführt war, in der mein Lehrer umherging, wie in einem Garten voller Kleinodien, die nur dem Vertrauten sich öffnen. Später, sehr viel später erkannte ich, welche hohen Mauern diesen Garten der Konventionen unsinnig umzingelten. Der Lehrer war darin sicher und um Feldgewinn bemüht, obwohl er keinen Gegner fand, es sei denn, sein eigenes, durchaus unbefriedigendes Schicksal. Mutter rang in der dünnen Luft ihrer Unsicherheit um etwas Halt. Für mich war eine Richtungsentscheidung gefallen, mit verdecktem Daumen, der einfachsten Ausführung eines Zufallsgenerators.

1949–1953, meine „Görlitzer Zeit"

Denn so kein Böses wäre, so würde das Gute nicht erkannt.

Jacob Böhme

Am Sonntag Palmarum 1949 bin ich ordentlich und fröhlich lutherisch konfirmiert worden. Mein Höhenwuchs netto belief sich auf einsdreiundfünfzig, ich hatte noch keinen Stimmbruch und an Bart war nicht zu denken. Doch ich trug, wie es der Brauch war noch aus geordneten Zeiten, einen auf mich geschneiderten dunkelblauen Anzug, geschnitten nach den Vorkriegsannalen, und, da meiner Patin Mann ein Schuster war, eigens nur mir handgemachte, schwarze Schuhe, etwas, das es streng genommen nur in Erinnerungen gab. Und in der Tat, an diesem denkwürdigen Tag meines Lebens war ich durch die Mühen der Mutter in einer Weise herausgehoben, wie es mir sobald nicht wieder zuteil geworden ist. Außerdem bekam ich ein Fest mit dem noch lebenden kleinen Rest der Familie, Regina und Kurt, die Geschwister, Mutter, die mir das alles ausgerichtet hatte, dazu die Paten mit ihren Ehepartnern, Frieda, die Schustersfrau, und Max, der Müllermeister, Besitzer der „Obermühle", von dessen noch am Wasser gehenden Steinen das Mehl war für die Kuchen.

Nichts von alledem, was die Mutter mir an Festlichkeit schenkte, hatte sie kaufen können. Die Mühen des Herrichtens sind heute, wenn überhaupt, nur noch ganz unscharf vorstellbar. Es ist nicht nur Dank, weshalb ich dies erzähle. Mir war eine Richtung gewiesen und bestätigt worden (confirmatio), wozu die Denkwürdigkeit des Tages in kleiner, aber wertbeständiger Münze beigetragen hat. Was mir weit wichtiger erscheint: Ich wurde in eine Gemeinschaft hineingenommen, die mich immer wieder in meinen Entschlüssen bestärkte und mir Mut zum Nein gegeben hat und mir schließlich das Überschreiten der geborstenen Mauer in aufrechtem Gang ermöglichte: die Gemeinde in meiner mit vielen Mühseligkeiten und Schwächen beladenen, zaghaft mutigen Kirche.

Im Fortgang der Geschichte, ein Leben zu beschreiben, das Voraussetzungen hatte, wie sie hoffentlich so nicht wieder gelebt werden müssen, führt mich die voraufgegangene Episode zu einem Begriff: *das Besorgen*. Seinen Ursprung hatte er noch unter den Nazis im Krieg, Anfang der vierziger Jahre, als die Versorgung spürbar zu versagen begann. Aber er behielt seine wirtschaftskeusche Gültigkeit über den Zusammenbruch des Dritten Reiches hinaus bis an das Ende des DDR-Sozialismus. Die einfache Beschreibung des multiplen Unfugs, wie ihn die von Ulbricht erfundene und von Honecker verschaukelte Behelfswirtschaft hervorgebracht hat, ist: Es gab weder wirtschaftlich produktive Leistung noch äquivalenten Handel. Über allem stand der von Ideologie und Unfähigkeit geplagte Dirigismus. Ein geflügeltes Wort wusste: „*Im Sozialismus geht es nicht nach Einnahmen und Ausgaben, sondern nach Eingaben und Ausnahmen.*"

Wie zur Erfüllung dieser Volksweisheit tagte jeden Dienstag das Politbüro, der Olymp der Parteihierarchie in der Vorstellung eines Überkabinetts, um das ureigenste Versagen durch Ausnahmen (*Weisungen*) jeweils neu zu organisieren. Sie, die alten Herren, fassten Beschlüsse zu Gegenständen, die sie nicht überblicken und zu denen sie stets – da es das von ihnen installierte System so wollte – nur frisierte Informationen bekamen. Daraus formten sie Weisungen, die auf ihrem eingefahrenen, dreispurigen Weg der Apparate parallel nach ‚unten' getreten wurden, von der Zentrale zu den Bezirken, Kreisen, Betrieben und Gemeinden, gleichzeitig über

- den Staatsaparat mit seinen Verzweigungen in nachgeordnete Einrichtungen und die Wirtschaft
- den Parteiapparat mit Bezirks-, Kreis- und Ortsparteileitungen sowie Kombinats- und Betriebsparteileitungen
- den Sicherheitsapparat der Stasi mit IM und Spitzeln flächendeckend.

Ständig wurde ein Heer von Nichts- und Wichtigtuern in Bewegung gehalten, in der Weise wie das alte Kugelspiel der Kinder, bei dem das Medium, solange es abwärts geht, eine Eigendynamik entwickelt, die auf der letzten Ebene erstarrt ohne einen Sinn über sich selbst hinaus, allein, um sich durch fremde Kraft zu wiederholen.

Aus dem Protokoll des SED-Politbüros vom 18. April 1978 (Ausschnitt):

Behandelt:
1. *Protokollbestätigung*
2. *Maßnahmen zur materiellen Sicherung des Wohnungsbauprogramms 1976 bis 1980 und seiner gezielten Überbietung, insbesondere zur Gewährleistung der stadttechnischen Erschließung*
3. *Maßnahmen zur Gewährleistung der planmäßigen Lieferung für das Bauwesen und ihre gezielte Überbietung sowie zur Qualität der Zulieferungen*
4. *Bericht über Ergebnisse bei der Steigerung der Produktion und Entwicklung neuer Sanitärporzellan- und Baukeramikerzeugnisse als wichtigste Zulieferungen zum Wohnungsbauprogramm durch Rationalisierung und Einführung neuer Technologien*
5. *Bericht über die Ergebnisse der Überprüfung von Investitionsvorhaben in Durchführung des Beschlusses des Politbüros des ZK der SED vom 31. 01. 1978*
6. *Maßnahmen zum sechsspurigen Ausbau des Autobahnabschnittes im Bereich der Grenzübergangsstelle Marienborn*
7. *Beschluß über die Versorgung mit Äpfeln, Orangen und Zwiebeln im 1. Halbjahr 1978*
... ff bis Punkt 15.

Wohlgeordnet und geheim, wie sie es einmal hielten, ist der Unfug nunmehr offen, wenn auch nicht weniger erschütternd beim heutigen Lesen.

Mir sage bitte niemand, ‚es' wäre gegangen'. Dieses ‚es' als Gesellschaftssystem konnte nicht funktionieren, physiologisch nicht, da, wie beim Kugelspiel, nur das Medium – das um sich selbst Drehende – in Bewegung gebracht wurde, nicht aber die Dinge als das Produktive. Das Wirkprinzip dieses DDR-Sozialismus lässt sich beschreiben als ideologische Selbsternährung. Deshalb hielt sich hartnäckig der Mangel und dessen Umverteilung, verbunden mit der für uns unsäglichen Jagd nach dem Notwendigsten, nach Toilettenpapier, Zahnbürsten, Reißverschlüssen, Kindersachen. Im Fall des Erfolges war als Zahlungsmittel jenes bedruckte Papier ohne Kurswert vorgesehen, das sie in eitler Verkennung ihrer Möglichkeiten DM-Ost und seit 1968 *Mark der DDR* nannten. So beschloss es die Partei, die Kraft ihrer selbstbesungenen Eigenüberschätzung „immer Recht" hatte.

Stellte sich etwa ein Bedarf ein außerhalb des Alltäglichen, dann begann der Übergang zur zweiten Ebene: zum *Besorgen*. Es setzte an bei Wasserhähnen, Klobecken und Fahrzeugersatzteilen, traf aber auch zu auf Luxusgüter wie Schinken, Radeberger Bier und Schnittblumen, um weniges zu nennen. Als Gegenwert kamen auf dieser Ebene in Frage, entweder Beziehungen oder eine Tätigkeit mit Zugang zu Dingen von Interesse. ‚Zugang' bedeutete die unmittelbar einfache Überführung von Volkseigentum in persönliche Verfügbarkeit. Von da an konnten die ‚Dinge von Interesse' bestimmt sein sowohl als Tauschwert oder zum alsbaldigen eigenen Verbrauch. Ich schütze mich mit Sarkasmus, denn in dieser Weise schamlos *überführt* wurde proportional zu den gedankenleeren Erfolgsmeldungen der Partei, das heißt, ohne jede moralische Fragestellung: *Geklaut*, würde man an der Basis sagen. Vom Dichtband bis zum Dimmer-Schalter, von der Fensterbank bis zum T-Träger, vom Kantholz bis zur Mischbatterie, halbe Datschen-Siedlungen wurden auf diese, aber keinesfalls den Seelenfrieden beeinträchtigende Art gebaut. Gegründet auf dem systemeigenen Verfall ehedem gültiger Wertvorstellungen.

Die langandauernde Wirklichkeit, vor dem fatalen Hintergrund der eingestandenen internationalen Übereinkunft, dass das ein ewiges „So-Sein" bleiben würde, zerlegte die gelebte Widerstandsfähigkeit nach und nach in viele kleine, beschämende Selbsterhaltungselemente, die vorgaben, mit dem Alltag fertig zu werden und mit dem *Besorgen* leben zu können. Aber auch Selbstbetrug ist eine Art Vergehen. 1949 war die Bereitschaft noch vorhanden gewesen zu glauben, die Mühsal sei dem Krieg geschuldet. Dann, noch vor dem ‚Staat', kam die HO, die als „Handelsorganisation" umschriebene, flächendeckende staatliche Mangelverteileinrichtung, mit der systematischen Zerstörung des privaten Handels und der damit verbundenen Initiative.

1971 beauftragte Honecker seinen Devisenbeschaffer Schalck-

Golodkowski mit der staatlichen Einrichtung der dritten Ebene: dem *Devisenhandel*. Anfangs schamvoll versteckt in Bahnhöfen und Hotels, später in nach außen unauffälligen Läden, den so genannten *Intershops*, in denen es roch wie im Westen, sollten im Land vorhandene konvertierbare Zahlungsmittel abgeschöpft werden. Neben dem untauglichen Versuch, den offen liegenden Bankrott zu vertuschen, spaltete die Partei damit die Gesellschaft in D-Mark Besitzer und ‚Nichtse'. Das traf ironischerweise frontal die Millionenschar der Genossen, denen die Partei *Westbeziehungen* untersagte. Doch der XI. Parteitag der SED, im April 1986, gipfelte über allem noch einmal im Rausch der leeren Phrasen. 1989 dann war alle Kraft verraucht.

Die Erinnerung an meine Konfirmation drängte das Gelebte wieder in den Vordergrund. Ich habe damals wenig von den tatsächlichen Schwierigkeiten mitbekommen. Mutter hat die Mühsal der Tage mich nicht spüren lassen. Und an die Zukunft trat ich heran mit lichten Erwartungen. Meine ganze Aufmerksamkeit und, das darf ich schon sagen, meine Anstrengungen brachte ich auf für mein musikalisches Vorhaben hinzukommen, „da, wo die Sache zu Hause ist". Um Goethes Rat weiter zu folgen: „Den besten Unterricht zieht man in vollständiger Umgebung." Ich musste hinaus.

Als einzige erreichbare Möglichkeit kam eine Ausbildung in Görlitz in Betracht. Mein Klavierlehrer, der meine Sache liebevoll am Köcheln hielt wie junges Sauerkraut, immer wieder aufgewärmt mit immer frischem Speck, hatte sich um Informationen bemüht, um meine Mutter bei dieser für sie abgelegenen Aufgabe zu unterstützen. Mir sah er im Unterricht keine Flausen nach, und er selbst sah nicht zur Uhr. Wir Vierzehnjährigen suchten nach der Konfirmation noch eine förmliche halbe Woche das alte Dorfschulhaus auf, bekamen unser letztes Zeugnisblatt mit den überraschenden Nennern und Zählern, so, wie sie mit auf die Lebensreise gehen sollten. Dann kam Ostern, wir waren frei.

Für mich war das eine eingeschränkte Freiheit. Seit jenem Zwischenfall, eineinhalb Jahre zurück, mit meinem ahnungslosen Daumen, ließ mein euphorischer Klavierlehrer mir keinen Raum für Langeweile. „Im Mai findet die Aufnahmeprüfung statt." Er wiederholte sich, schilderte mir dennoch eindringlich genug, worauf es bei einer musikalischen Prüfung ankommt. „Es ist sauschwer", das verstand ich, „und mit nichts zu vergleichen. Du musst dreifach sicher sein, im Kopf und in den Fingern." Das zu verinnerlichen, sollte ich viele Jahre brauchen. Zunächst ging es darum zu probieren, ob ‚das' überhaupt beginnen würde. Also die Prüfung: *Hauptfach:* Drei Werke unterschiedlicher Stilepochen, mindestens eins davon auswendig. Pflichtaufgabe: Bach.

Theorie: Quintenzirkel, Dreiklänge Dur/Moll mit Umkehrungen
Gehörbildung: Intervalle, Tonfolgen, Akkorde hören und notieren, Rhythmus-Diktat notieren, Melodietransposition.

Er zeigte mir ein Blatt, eine traurige Blaukopie, auf dem die ‚Aufnahmebedingungen für das Städtische Konservatorium zu Görlitz' eben noch zu entziffern waren. Es war der alte Zopf, an dem der junge Beethoven unter dem strengen Regiment seines älteren Bruders schon hatte ziehen und kauen müssen: Tonleitern, Dreiklänge, Intervalle und so fort. Das sei die Basis, sagte mir mein Lehrer, das Rüstzeug, ohne das es nicht ginge. Wir rüsteten also friedlich auf mit allen #- und b-Vorzeichen, in Dur und Moll und auf und ab. Bald fand ich mich in seinem heiligen Garten der strengen Regeln gut zurecht. Meine Ohren ließen mich nicht im Stich.

Das taten sie auch nicht an jenem für mich aufregenden Maitag 1949, dem Tag meiner Prüfung. Ich musste früh aufstehen. Der Weg zum Bahnhof ist lang, noch vor einhalb Fünf am Morgen fuhr der Zug. Von Mutter fürsorglich und gewiss unsicher begleitet, betrat ich schließlich das fremde, vierschrötige Schulhaus am alten „Fischmarkt Nr. 6" in Görlitz.

Die drei abgetretenen Außenstufen haben etwas unkompliziert Einladendes, das sich anfühlt wie die Begrüßung durch alte Bekannte. Die erste Last fällt ab. Ohne Umschweife kommt man im Flur vor der geschwätzigen dreibeinigen Staffeleitafel zu stehen, die bereit ist, nicht nur die Prüfungstermine samt Zimmerplan zu nennen. Wie die Hausmutter aus den frühen Tagen der vormaligen Mädchenschule, breit und beredt, steht sie da, ruht in sich und wünscht mir Glück. Das war ein Anfang, ich hatte später viel mit ihr, der alten Tafel, zu tun. Erst einmal ging es nur um die Auskunft:

10. 30 - 11. 00 Uhr Rösler, Fritz - Hauptfach Klavier
(Programm: J. S. Bach - Invention F-Dur
F. Schubert - Impromptu As-Dur
R. Schumann - Von fremden Ländern und
Menschen
J. Strauß - Frühlingsstimmen-Walzer);
anschließend Theorie/Gehörbildung mündlich/schriftlich.

Am 1. September 1949, jenem Jahr Null der künftigen, obgleich vorübergehenden Existenz zweier deutscher Staaten, begann ich damit, ‚meinen musikalischen Weg einzuschlagen'. Aus diesem Anlass war es notwendig, mich wieder im bereits räumlich vertrauten alten Schulhaus einzufinden, diesmal, wie die schriftliche Aufforderung im Zusammenhang mit der Bestätigung meiner bestandenen Aufnahmeprüfung lautete, im Sekretariat. Mutter begleitete mich wieder. Ich, erwartungsvoll, unbeschwert kindlich. Da ich bestanden hatte, was konnte mir schon passieren? Von der Länge des Weges, der für mich beginnen sollte, und von der Beschwernis, auch oder vor allem für meine Mutter, fehlte mir jede Vorstellung. Sie ließ ihre Augen in der Ferne einen Punkt suchen. Ab und an nahm sie das Taschentuch.

Vom kriegsversehrten Görlitzer Bahnhof aus kannten wir den Weg, die Berliner Straße hinunter der Stadtmitte zu, Postplatz, die Straßenbahn quängelt, es ist sehr eng am Durchgang zum Demiani-Platz, wo sich vor dem Stadttheater alle Linien treffen. Wir nahmen den Weg rechts unter den Arkaden des Karstadt-Kaufpalastes. Dort gab cs bereits Auslagen. Ein Jahr später war der Jugendstil-Bau, da er im Krieg unzerstört geblieben war, das erste HO-Kaufhaus in Sachsen: 1 Stück Butter 20,-Mark, ein Fondantriegel 5,-Mark, eine Käsestange 8,-Mark. Es war der ‚Schwarze Markt', eingefangen hinter einer repräsentativen Fassade und zur merkantilen Staatsdoktrin erhoben. Wir überquerten noch die breite Elisabeth-Straße mit der Allee-Bepflanzung. Es ist Markttag, wenn man für das Wenige auf den ärmlichen Ständen diese Bezeichnung gebrauchen darf. Dann gleich links der Schulbogen mit dem Durchgang, der sich schon nach ein paar Schritten zum alten Fischmarkt hin öffnet. Die Schule, abgebraucht in ihrem Äußeren und grau wie Großmutters Schürze in der Runkelrübenernte, ist mir schon angenehm vertraut. Für vier kostbare Jugendjahre wird sie meine Heimstatt.

Dahinter, so, dass sie sich nach der Neiße neigt, beginnt die ansehnliche Görlitzer Altstadt, die Heimat des Naturphilosophen Jacob Böhme (1575-1624). Über allem thront, auf der Klippe des Neiße-Steilufers nach Norden, die „Hauptstadtpfarrkirche" St. Peter und Paul, eine fünfschiffige spätgotische Hallenkirche, während der Untermarkt samt Rathaus und die nach dem Fluss hin fallende Brüdergasse ein schwelgerisches Renaissance-Areal anbietet, von seltener Geschlossenheit. Mir war geschenkt, da heimisch zu werden, und ich erlebte, in äußerlich großer Bescheidenheit, die wunderbar reiche Zeit des sachten Erwachsenwerdens. Der Steppke wuchs um 20 Zentimeter, kam schließlich in die Mutation und musste sich das erste Mal rasieren.

Die „Zone", im neunundvierziger Jahr, stand unter hoher Spannung. Als die Stalinisten einsehen mussten, dass ihre Einheitsfront-Pläne an der Haltung der Westallianz und vor allem an dem in Deutschland erwachten Demokratiebedürfnis scheiterten, arbeiteten sie mit großer Hektik, verbalem Aufwand und Aktionismus an der Sicherung ihres Machtbereiches.

Am 31. Juli 1949 besuchte auf Einladung Walter Ulbrichts Thomas Mann zum Goethe-Jahr die Stadt Weimar, erhielt den Ehrenbürgerbrief der Stadt und einen *Nationalpreis,* der keinerlei nationalstaatliche Legitimation besaß, da ein derartiger Preis erst nach der formalen Einsetzung der DDR-Volkskammer gestiftet werden konnte. Ulbricht agierte mit allen Mitteln um die Demonstration einer Staatlichkeit, über die er nicht verfügte. Dazu scheute er nicht zurück, auch Thomas Manns Bedeutung zu benutzen. In seiner Weimarer Rede zum 200. Geburtstag Goethes zog sich Thomas Mann auf humanistische Positionen zurück und bekannte sich allgemein zur deutschen Einheit, keinesfalls aber unter dem Vorzeichen der SED, die in seiner Rede auch keine Erwähnung fand. Er ließ Ulbricht stehen, in dem Regen, den dieser selbst angestellt hatte.

Meine Einschreibung als Schüler des Konservatoriums zu Görlitz vollzog sich unter aufmunterndem Zuspruch der, wie sich künftig erwies, auch in kritischen Situationen freundlichen Sekretärin, ganz problemlos. Wir schrieben Anfang September 1949, hatten also noch keine DDR. Das sollte dem Handstreich der SED an jenem 7. Oktober vorbehalten bleiben, an dem durch Wilhelm Pieck verkündet, „entsprechend dem Willen des deutschen Volkes" die Gründung der DDR ausgerufen wurde. Mit beiden Beinen stand sie bereits da tief im Schmutzwasser einer Lüge, diese scheinbare ostdeutsche Republik.

Unser Schulverkehr begann geordnet, verborgen blieb aber nicht, dass über dem gesamten, etwas altehrwürdigen Betrieb, in dem die SED nur durch einen einzigen Lehrer vertreten war, sich Unruhe verbreitete. Vom 23. bis 25. August 1949 hatte in Leipzig der IV. Pädagogische Kongress (der Ostzone) getagt. Das Hauptreferat hielt der ‚Präsident der Zentralverwaltung für Volksbildung', Paul Wandel, der nach dem Gründungseklat der bis dahin verdeckten Staatlichkeit Minister für Volksbildung der DDR wurde. Er definierte die von der Partei verordnete *„Rolle der Schule und des Lehrers im Kampf für die nationale Einheit und den Frieden"*. Das war der offene Beginn der staatlich organisierten Parteiindoktrination der sozialistischen Schule, die zum ideologisch sicher eingefassten Springquell einer sozialistischen Nation *umgeschmiedet* werden sollte. Um alle Eisen dafür rechtzeitig ins Feuer zu bekommen, war im Herbst 1948 die Pionierorganisation als Ableger der FDJ gegründet worden, in deren Auftrag bereits formuliert war, *„ein aktiver Helfer bei der sozialistischen Entwicklung der deutschen demokratischen Schule"* zu sein. Beschlossen wurden auf dem Kongress ebenfalls die ‚*Schulpolitischen Richtlinien für die deutsche demokratische Schule*'. Das hieß ohne Umschreibung: Es gibt nur noch einen schulischen Organisationstypus, den staatlichen. Und mit Hilfe der bereits ausgebauten Blockpolitik herrschte die Partei neuen Typs über alle bildungspolitischen Strukturen. Die Schulen und Bildungseinrichtungen galten den Kommunisten von Anbeginn als Hauptfeld der ideologischen Einsaat. Doch so viel ist sicher, das Vermehrungsgut taugte nichts. Die Keimrate ist gering geblieben. Dieses System wirtschaftete sich auch an der Jugend vorbei.

Das Städtische Konservatorium zu Görlitz wurde 1950 verstaatlicht, zur Musikfachschule und wenig später zur Musik-Oberschule.

Der Direktor und das Gros der hauptamtlichen Lehrer verschwanden über Nacht. Wir bekamen einen *Leiter* mit einem unübersehbaren Parteiabzeichen, der zum Antritt erklärte: Er müsse nicht ‚Direktor' sein, er vertrete die Interessen der Partei der Arbeiterklasse. Ein Direktor sei ein typisches, altes Klassenmerkmal der dekadenten ‚Burschassie', und sein Kehlkopf rasselte, wenn er das Wort aussprach. Er sei der Leiter, und damit der Chef, und nur seiner Partei, der SED, verpflichtet. Seine Sprachsignale waren gemeinklar und eindeutig, auf Macht abonniert. Wir sollten das zu spüren bekommen. Er, der SED-pflichtige, benutzte auch bald die gute alte, bereits erwähnte Staffelei-Tafel im Eingangsflur und führte sie einer zentralen Bedeutung zu. Unter dem stehenden Signum ‚z. Ch.' (zum Chef) fanden sich künftig täglich Namen von Schülern, die gegen eherne Regeln verstoßen hatten. Da die Möglichkeiten zum Verstoß gegen dieselben durch ihn sehr weit gefasst waren, fand ich mich oft genug unter den Deliquenten. Als ich mich während eines Pflichtbesuchs in dem entsetzlichen sowjetischen Film „Der Tanz der roten Fahne" *auffällig gefährlich* verhielt, wurde meine Mutter einbestellt und meine Relegierung angedroht.

Entsprechende Einträge begleiteten mich in meiner Kaderakte bis tief ins Berufsleben und hatten sicher ihren Anteil an vielen Be- und Verhinderungen. Erst 1990 war es dann möglich zu sehen, was immer als Vermutung bestand, und die personalen Dokumente von Schrott zu befreien. In meinem Erleben gilt das als die tiefe, notwendigste Erfahrung, den Raum der ‚späten Freiheit' in Würde zu betreten.

Zu den staatlichen Maßnahmen der jungen, revolutionären DDR-Schulpolitk gehörte für mich auch, das familiär gebundene Logis in der Görlitzer Parkstraße zu verlassen. Der Chef ordnete internatsmäßige Unterbringung an mit einer stabsartigen Ausrichtung. Als erstes traten wir an und fuhren nach außerhalb der Stadt zum Strohsackstopfen, danach verluden wir Bettgestelle von großer Vielgestaltigkeit zur Eigenmontage, an anderer Stelle buntgewürfelte Stühle und Tische. Mit diesen Ausstattungsgütern bezogen wir ein ehemaliges, enteignetes Hotel am Obermarkt. Gegen sechzig ambitionierte junge Menschen beider Geschlechter konzentriert unter einem Dach, das war wohl ein gewagtes Unterfangen. Ein besonders auffallender Respekt vor der frisch formierten Macht des

Staats zeichnete uns nicht aus. Wir wollten Musiker werden, sonst nichts. Und wir waren immer hungrig und zu jeder Art von „Flachs" und harmlosem Unfug bereit.

Wir waren Kinder des Krieges, mit Erfahrungen, die, Gott sei Dank, unsere Kinder nicht machen mussten. Und was wir um keinen Preis wollten, war die Fortsetzung von Gängelung, Bevormundung und Terror. Die Auseinandersetzung, die wir führten, war gefährlich politisch. Doch sie führte uns als Gruppe zu einer derart außergewöhnlichen selbstauferlegten Disziplin, durch die wir uns alle nur erträumbare Freiheit für das Ausgelassensein der Jugend schenkten. So lebten wir unter Ulbrichts Schergen wie in einer selbst ernannten freien Republik.

Nach und nach stabilisierte sich die Unterrichtssituation an unserer gänzlich umgestülpten Schule, und uns wurden die für das Abitur erforderlichen Fächer erteilt. Ausgenommen waren selbstverständlich Alte Sprachen, die systematisch aus allen Oberschulen verdrängt wurden, da sie für die ‚Errichtung der Macht der Arbeiterklasse und ihrer marxistisch-leninistischen Partei als Hauptkampfziel' keine Bedeutung haben würden. Außerdem ging die Partei davon aus, dass für Altsprachen nur ‚burschase' Lehrer, also feindliche Kräfte, wie der Chef erklärte, zur Verfügung stünden. Die Wahrheit war, sie fürchteten eine Bildung, zu der sie selbst keinen Zutritt hatten.

Sie zwangen uns, wie der ganzen Gesellschaft, schon da ihren gewöhnlichen, wenngleich umständlichen Macht-Jargon auf, quasi eine ‚Sprache des vierten Reiches'. Schulpraktisch ereignete sich das besonders intensiv in den Fächern *Geschichte der Arbeiterbewegung* und *Gegenwartskunde*. Mit fortschreitendem Ausbau des Systems wurde dann zielstrebig an der vollständigen Ideologisierung jeglicher pädagogischen Tätigkeit gearbeitet. Und wieder bedeutete das zu erleben, dass die Sprache zum zentralen Mittel der Machtausübung verbogen und missbraucht wurde.

Um der Sachlichkeit gerecht zu werden, will ich einräumen, dass die sprachliche Aufmerksamkeit unter der Mehrzahl der musikalisch interessierten Schüler unserer Schule weniger tief ausgeprägt war. Das Gros behalf sich mit Gleichgültigkeit. Unser übergreifendes Interesse konzentrierte sich auf die musikalische Ausbildung, die nicht für jeden mit einer Studienvorbereitung gleichzusetzen war. Die Älteren suchten bereits nach einem Weg in die Praxis. Für alle aber galt das instrumentale Hauptfach gleichermaßen als Mittelpunkt der Anstrengungen.

Die Einrichtung zählte etwa 120 Schüler im Alter von 14 bis 25 Jahren, darunter Flüchtlinge und Vertriebene mit allerlei abenteuerlichen Biografien. Mehr als die Hälfte kamen von zwei der alten privaten *Orchesterschulen* aus der Nähe Dresdens, die ebenfalls den revolutionären Anstrengungen der sozialistischen Umgestaltung zum Opfer gefallen waren. Historisch gesehen waren diese Orchesterschulen Nachfahren der in der frühbürgerlichen Stadtentwicklung aufgekommenen Stadtpfeifereien, in denen Ausbildung und Praxis eng und hart verbunden waren. Mit der Orchesterentwicklung des 19. Jahrhunderts entstand ein schubartiger Bedarf an qualifizierten Musikern, so dass große Klangkörper eigene Orchesterschulen zur Nachwuchsbildung betrieben, deren Lehrer geeignete Orchestermitglieder waren. Später übernahmen private Betreiber die aufwendige Ausbildungsorganisation. Die Verbindung zu den Orchestern blieb erhalten, ebenso die Nachwuchskontinuität und damit ein so genannter typischer ‚Orchesterklang', ein Leipziger, ein Dresdner, ein Münchener. Im Übrigen funktioniert das System der pädagogischen Tätigkeit von hervorragenden Orchestermusikern auf dem Weg des Dozenten oder Honorarprofessors „in der vollkommenen Umgebung" der akademischen Ausbildung an den Musikhochschulen auch heute noch.

Noch bemühte ich mich aber um die Meisterung der Anfangsgründe. Mir widerfuhr Glück. Durch die Bekanntschaft meiner Wirtsleute mit einer der Klavierlehrerinnen bekam ich am Ort den besten Unterricht. Dabei wurde rasch deutlich, dass meine Vorbereitung zu Hause über lediglich einundhalb Jahre zwar dank meines enthusiastischen Lehrers Erstaunliches gebracht hatte, für eine berufliche Entwicklung im pianistischen Hauptfach aber keinesfalls genügte. Außerdem waren meine Hände so klein, dass ich den Oktavraum nicht erreichte. Und niemand hätte zu sagen vermocht, wann und wie sie wachsen würden. Ich weiß nicht, war es wiederum Glück? An der Schule ruhte länger schon eine Oboe zum Verkauf, für die bis dahin kein Interessent gefunden worden war.

Zudem bestand dafür ein Bedarf: Nur zwei Schüler im Fach Oboe waren aus Dresden gekommen. Für das im Aufbau befindliche Orchester wurden aber bereits zwei Oboen benötigt. Mir war das eigentümliche Instrument fremd. Mutter, als ich damit nach Hause kam, erschrak und wusste natürlich nicht, woher sie das Geld für den Kauf des Instruments nehmen sollte. Zudem war sie nicht ohne Unruhe, wohin, auf welche Klippen ich ihre Verantwortung noch drängen würde, wenn ich mit immer weiteren solcher neuen Entscheidungen wie dieser aufwartete. In diese Bresche trat mein heimatlicher Förderer, der Klavierlehrer. Er riet mir zu und bestärkte meine Mutter in dem Willen, das Instrument für mich zu kaufen. So geschah es schließlich. In kleinen Raten wurde der Betrag abgezahlt. Und da ich begonnen hatte, Tanzmusik zu spielen – manchmal für etwas zum Essen, ein anderes Mal, wenn der Wirt Einnahmen hatte, für etwas Geld – konnte ich sogar ein wenig zur Abzahlung beitragen. Mein Hauptfach wurde die Oboe.

Glück? Glück, nein, das allein würde der von außen herangetragenen Entscheidung nicht gerecht. Sie hat meinen Weg bestimmt, das ist wahr. Sie hat mir Brüche auferlegt, die sonst nicht hätten geschehen können. Diese Entscheidung hat nicht mich, aber mein Leben reich werden lassen.

Begonnen hatte es mit dem Kauf, der, wie bald deutlich wurde, ein Fehlgriff war. Das Instrument, eine alte Military-Version aus dem nordböhmischen Graslitz (tschechisch Kraslice) mit weitem Konus und deutscher Griffweise, war schwer zu handhaben, klang unmäßig hart und ließ mich technisch nicht vorankommen. Die Anstrengung war dann entsprechend groß für mich, die durch hartnäckiges Üben stereotyp gefestigte Griffweise zu ändern und umzulernen in die französische, die sich seit den dreißiger Jahren in Deutschland allgemein durchgesetzt hatte. Am 5. März 1953 spielte ich zur Aufnahmeprüfung an der „Hochschule für Musik Dresden" und wusste nicht, dass zur gleichen Zeit der große Josef Wissarionowitsch Stalin, der eigentlich Dschugaschwili hieß, von hinnen gegangen war. Wir erfuhren es offiziell erst nach Tagen, nachdem RIAS und SFB die Meldung bereits in jeder Nachrichtensendung wiederholt hatten. Unsere im Februar geschriebene Abschlussarbeit im Fach ‚Gegenwartskunde' musste auf Anordnung der Schulbehörde unter neuer Themenstellung im Mai wiederholt werden.

Die Ideologie kollabierte. Gar vieles, wenn nicht alles, musste neu gedruckt werden. Die beim Dietz-Verlag, Berlin 1967, neu erschienene „Geschichte der deutschen Arbeiterbewegung" erwähnt nicht einmal den Termin des Todestages. Die „Weltgeschichte in Daten" vom VEB-Verlag der Wissenschaften, Berlin 1973, widmet dem vormaligen Übermenschen unter dem 5. März 1953 eine halbe Spaltenzeile: *Tod J. W. Stalins*. Ungeachtet dessen wurde ich vom 1. September 1953 ab Student des Konservatoriums und ab 1954 der Hochschule für Musik in Dresden.

1952/53 stolperte die SED-Führung aufgrund der verheerenden wirtschaftlichen Lage von einer kopflosen Entscheidung zur nächsten. Auf Drängen der Moskauer Führung, die für sich eine abschöpfende Partizipation erhoffte, schwenkte die SED ihren schwerfällig dirigistischen Apparat gänzlich auf den Ausbau der Schwerindustrie ein. Teils auf der grünen Aue, wie das Eisen-Hütten-Kombinat J. W. Stalin bei Frankfurt/Oder, die Flugzeugindustrie in Pirna, später Strömungsmaschinenbau, zum anderen auf dem Grund enteigneter Betriebe, entstanden ohne ausreichenden Planungsvorlauf und entsprechenden Investitionsgüterfluss große Produktionsstätten. Planer ebenso wie Entwicklungs- und Fertigungstechniker vollbrachten teilweise Wunder, gegen eine Bezahlung in Krümeln, für die keine Krähe ein Ei legte. Doch der dilettantische Planungs-, Investitions- und Vermarktungsdirigismus der Parteiführung zerschlug auch Ergebnisse, die tatsächlich erreicht worden sind. Damit versetzten sie der durch Enteignung weitgehend am Busen der Staatsinvestitionen hängenden Konsumgüter- und Versorgungsindustrie den Stoß, der die Mangelwirtschaft zum Karzinom des zentralistischen Planungssozialismus ausreifen ließ. Die Versorgung verschlechterte sich rapide. Die Partei beschloss Preissteigerungen, beseitigte die noch bestehende Länderstruktur und bildete die Bezirksverwaltungen, dazu analog die Staatssicherheit. Verstärkt wurde der Druck auf Andersdenkende. Die Pressionen richteten sich von da an besonders gegen die Evangelische Kirche. Von Januar bis April 1953 verhaftete das MfS etwa 50 Geistliche, Diakone und Laienhelfer. Die Junge Gemeinde war heftigen Angriffen ausgesetzt. Das war die Realität.

Am 3. März 1953 tagte das Politbüro der SED zum Thema der

Arbeit der FDJ. Die Führer erkannten auf Versagen der Partei und fassten Beschlüsse zur Erhöhung der Verantwortung jedes einzelnen Genossen und der Parteileitungen bei der ideologischen Erziehung der Jugendlichen. Der Beschluss des ZK der SED vom 3. Februar 1953 über allgemeine Normerhöhungen in der Industrie – vor allem im Bau – hatte auch unter der Jugend erheblichen Unmut ausgelöst. Von der Normierung blieben wir als Schüler verschont. Die Nervosität und der Druck verstärkten sich aber auch in der Schule. Unser Chef ordnete FDJ-Appelle und Studienzirkel an, für die er einzelne Lehrer verantwortlich einsetzte. Im Speisesaal des Internates wurde ein ca. 50 x 80 cm großes FDJ-Emblem aus Wellkarton angebracht. Das war keine so gute Entscheidung. Durch einen Zufall entdeckte ich, dass sich das Material, das durch die herrlich leuchtenden FDJ-Farben Gelb und Blau verdeckt war, stechen ließ. Dieser Erkenntnis folgte im Internat ein ungewöhnlich stiller Sonntag. Ich fand dennoch, wie es unter uns Brauch war, für alle ‚außerordentlichen Belange', zwei Mitstreiter, dazu ausreichend Messer aus dem Besteckkasten. Als die Staatssicherheit am Montag den Bestand aufgenommen und die Reste des Emblems sichergestellt hatte, wurde das gesamte Haus auf den Kopf gestellt, tagelang, jedes Taschentuch gewendet, jeder einzeln oder in der Gruppe verhört, geschockt, ausgetauscht. Die mageren Rationen wurden gekürzt, der Ausgang selbstverständlich gesperrt und vieles mehr. Auch die Schule ist umgestülpt worden. Der Chef war ungewöhnlich blass und still. Die Führung oblag den Genossen von außen. Sie beantragten, die Schule zu schließen. Dazu ist es nicht gekommen. Es ist zu gar nichts gekommen. Wir haben dichtgehalten; gefunden wurde nichts. Es war nicht mehr als ein sehr unausgegorener Streich, über dessen Konsequenzen wir uns erst klar wurden, als wenig später die Panzer rollten und Schüsse fielen. Wären wir ermittelt worden, hätte das Maß bis zu „zehn Jahre" lauten können.

Die Oberen erkannten aber in diesen Tagen und Wochen Probleme weit größerer Dimension. Am 9. Juni 1953 fasste das Politbüro den Beschluss über den *Neuen Kurs*, der am 11. Juni vom Ministerrat *übernommen und konkretisiert* wurde. Repressalien gegen Teile der Bevölkerung wurden für falsch erklärt und die Preiserhöhungen zurückgenommen. Unangetastet ließ die Partei jedoch die Normerhöhungen. Das brachte die Berliner Arbeiter der Großbaustelle Stalin-Allee dazu, sich für den 16. Juni zum Streik zu verabreden, Kumpel und Kollegen in anderen Städten zu informieren und am 17. Juni auf die Straße zu gehen.

Einer der älteren Mitschüler, der als einziger im Internat ein Radio besaß, hörte in der Nacht sich verdichtende Meldungen über die verbotenen Sender und ‚schaltete' das hausinterne Informationssystem ‚scharf', das kaum langsamer war als ein Telefon. In wenigen Minuten waren wir jeweils im Stande, auf eine Situation zu reagieren. Als Grundlage der ordentlich unter uns gewählten Entscheidungshierarchie galten die Alterserfahrung und die fachliche Anerkennung des Kandidaten. Ich, inzwischen achtzehn geworden, Solo-Oboist im Schüler-Sinfonieorchester, gehörte der Crew an, die sich zur Lagebesprechung zusammenfand. Wir verfügten über ein unabhängiges ‚Betriebssystem', das gut organisiert und autark war gegen jede Störung von außen und unter uns für zuverlässige Disziplin sorgte. Es hatte sich entwickelt und gefestigt unter dem Versuch, uns kurzerhand unter politische Vormundschaft zu stellen. Wir hätten dem Feldwebel noch nachträglich dankbar sein sollen. Um sechs hörten wir noch einmal die Nachrichten, informierten die ‚nächste Ebene' im Haus und waren in wenigen Minuten, ohne gefrühstückt zu haben, auf der Straße. Vereinbart hatten wir, jeweils zu zweit zu gehen, unauffällig ruhig zu bleiben und im Fall der Kontrolle als Ziel den Bahnhof anzugeben. Ein Handlungsziel war nicht abgesprochen, wir wollten uns dem Protest anschließen. Es musste offen bleiben.

Sechsunddreißig Jahre später, am 8. Oktober 1989 in Dresden, als ich gegen 16.00 Uhr allein von der Brühlschen Terrasse aus über den Schlossplatz lief, um zum Dienst in die Semperoper zu gelangen, einer hermetischen Dreierformation bewaffneter Bereitschaftspolizei entgegen, die den Theaterplatz abriegelte, da hatte das Pflaster wieder diese Temperatur, wie an jenem Junimorgen anno Dreiundfünfzig. Doch es schwankte nicht mehr, wie damals. Es fühlte sich gut an unter dem Schritt, wie etwas, das einem nach langem Ringen rechtens zugesprochen werden soll. Der Wortaustausch, als wir uns gegenüber standen, fiel knapp aus mit dem Anführer in der Mitte, den rechts und links zwei Aufgepflanzte säumten. „Gehen

Sie zurück!" Ich blieb. Längere Zeit hielten wir uns in den Augen, still, dann öffnete der Kordon auf seinen Wink und ich durchschritt den zweckentfremdeten grünen Wall und ging der Semperoper zu. Die Bresche in der Dreierreihe schloss sich danach wieder. Im Kopf des missbrauchten Dieners, dieses jungen Mannes, der auf mich hätte schießen lassen müssen, da bin ich sicher, blieb sie offen. Meine Geschichte kommt noch darauf zurück.

Görlitz scheint noch zu ruhen. Als wir zu Sechst mit Vorsicht das Haus verlassen, ist es schon hell. Der frühe Junitag empfängt uns mit ganzer Aufmerksamkeit. Wir trennten uns sofort wie abgesprochen. Was geschehen wird, ist ungewiss. Nur, unter unseren Füßen „fühlen" wir das Pflaster heiß und schwankend wie ein Moorweg. Wir sind aber schon bald hineingenommen in einen Strom stummer Bewegung, in dem noch keiner wagt, den tastenden Tag zu stören. Um die Ecke am Reichenbacher Turm gehen wir zu zweit, K. und ich. Dann zum Theater hinunter teilen wir den Weg mit andern, die zur Arbeit gehen, den Kopf vielleicht voll von Sorgen. Eine hölzerne, klanglose Ruhe kommt mit ihnen aus der Vorstadt. Am Deminiani-Platz stauen die Straßenbahnen, und es hat sich schon ein Menschenpulk gebildet, hauptsächlich Frauen. Ein unbestimmter Drall, von dem wir aufgenommen werden, drängt rechts dem Postplatz zu. Von da, je näher wir kommen, hört man Stimmen. Wir hangeln nach vorn, als wir auf den offenen Platz einschwenken, wird es deutlicher, denn aus der Berliner Straße drängen die Arbeiter: „Nieder mit den Arbeitsnormen!" Wiederholt und wiederholt im gefundenen Rhythmus der Menge baut der Canto sich auf wie ein Unwetter. „Nieder mit den Ulbricht-Normen." Der Platz hat sich gefüllt. Der Lärm frisst die ‚Normen', komprimiert den Aufschrei: „Nieder mit Ulbricht." Wir kommen auf die Höhe des Gefängnisses. Plötzlich löst ein Mann in Arbeitskleidung sich aus der Menge mit dem Ausruf: „Hier haben sie meinen Bruder eingesperrt, hier haben sie meinen Bruder ..."

Danach ging alles, jedenfalls in meiner Erinnerung, sehr schnell. Die Menge der Arbeiter wendete sich gegen die Zugänge zum Gefängnis. Der Knast war berüchtigt als ‚Rote Knochenmühle', hauptsächlich für politische Gefangene, und wurde geleitet von einem verdienten Genossen, einem faschistoiden Überkommunisten der Gunst Ulbrichts. Als zwei Bewacher vor der Tür mit gezogener Pistole erschienen und ein Schuss fiel, wurden die beiden rasch überwältigt. Der Zugang war geschaffen, die Festung gebrochen. In kürzester Zeit waren die Schließtrakte geöffnet und die Eingesperrten frei. Ich erwischte einen siebzehnjährigen Jungen, der, wie alle andern auch, etwas zum Anziehen brauchte. Es galt, rasch zu handeln. Wir mussten weg. Meine Ortskenntnis war so sicher, dass wir es schafften, zum Internat und, bevor die Panzer alle strategisch wichtigen Punkte besetzt hatten, noch zum Bahnhof zu kommen. Dort ließ ich ihn mit einem Stückchen Brot allein. Ich fand danach ungesehen zurück. Seine Karte aus Hamburg, wohin seine Eltern nach Drangsalierung und der Enteignung ihres kleinen Betriebes geflüchtet waren, behielt ich lange zur Erinnerung an einen wichtigen Tag im Juni Dreiundfünfzig. Da meine Hoffnung aber nicht immer stark genug blieb, dass der 17. Juni der untrügliche Anfang vom sicheren Ende der DDR war, ging die Karte irgendwann verloren wie die Spuren der Panzer.

In diese, als sie ganz frisch noch waren und das Blut der Opfer nicht verwaschen, trat Walter Ulbricht und log uns und sich und der Welt den Rucksack voll vom *Tag X, dem konterrevolutionären Putschversuch der aggressiven Kreise Westdeutschlands und der USA*. Und es wimmelte in seinem Ländchen fortan von *Spionen, Saboteuren, Agenten und Diversanten*. Wilhelm Pieck weilte unmittelbar nach der Niederschlagung der Arbeitererhebung „zur Kur" in der Sowjetunion. Die drängende Selbstbefragung und die Bearbeitung der Kritik im Lande und in der Partei fanden niemals statt. Sie, die Führenden, setzten weiterhin – und nun erst recht – auf Phrasen, Loyalitätsfloskeln, den unersetzbaren Klassenfeind und bauten schließlich acht Jahre später eine Mauer gegen die, die ihrer Macht zu entkommen suchten.

Mir blieben noch zwei Wochen, die wahrhaft schlimmen, schönsten Jahre meines Lebens zu beschließen. „Zu den besten Lehrern" hatte Görlitz mich nicht hinbringen können, dem ‚ganzen Leben' aber und darin der für mich so wichtigen Musik ein ansehnliches Stück näher. Und so blieb es dabei, ich wurde studiosus musici dresdensis.

Falscher Friede

Sie hatten es also geschafft. Die Straßen, für einige Stunden das Feld des Aufbegehrens, waren geräumt. Mannschaftswagen kreisten. Noch zwei Tage blieben die Panzer, keusch zurückgezogen, wie Frösche im Tümpel. Dann eiferte geräuscharm die Staatssicherheit, kalt und gemein. Es war das Fanal ihres grausigen, lange währenden Aufschwungs.

Am Abend des 17., als wir, K. und ich, versuchten, noch einmal auf die Straße zu gelangen, zu sehen, nach einem Eindruck zu suchen, was geblieben war von dem Aufschrei, da standen die Panzer noch an den zentralen Punkten, stumm und drohend, ihre Schießwerkzeuge eingewinkelt auf Brusthöhe. Wir kamen trotz unserer Ortskenntnis, zu der Hausdurchgänge und Hinterhöfe gehörten, nicht sehr weit. Gruppen mit Schaufeln, Besen und Karren waren dabei, Spuren zu beseitigen. Darunter erkannten wir einen Mann aus der Schulverwaltung, der im Zusammenhang unserer ‚Messerwerferei auf die Freie Deutsche Jugend' mit der Stasi bei uns gewesen war. Eine für uns aufschlussreiche Erkenntnis. Dieser Begegnung wollten wir ausweichen. Als wir wenig später dann doch bemerkt wurden, sprangen vier Uniformierte, solide bewaffnet, von einem der in stattlicher Zahl postierten Mannschaftswagen und kreisten uns rasch und ohne Lärm ein. Das war taktisch korrekt, denn wir kamen immerhin zu zweit.

Natürlich sprach es nicht besonders für uns, diesen Landgang zu versuchen, solange die Wellen der Erregung noch ganz oben anschlugen. Sie, die *Organe*, befanden sich offensichtlich unter dem Befehl, nun, nachdem die Straßen geräumt worden waren, kein weiteres Aufsehen zu erzeugen. Das Verhör fand vor Ort statt, rüde, aber leise. Wir gewannen trotzdem rasch die Sicherheit, dass sie uns nicht kannten. Unsere Vorstellung reichte aus zu ahnen, was geschehen würde, brächten sie uns mit den ‚Messerwerfern' in Zusammenhang. In die Fänge derer zu geraten, die dort arbeiteten, wo die Machtfrage stand: *Wer wen?* konnte bedeuten, eine ‚chinesische Antwort' zu erhalten, in Bautzen, Brandenburg, Waldheim, Schwedt oder auch in sowjetischen ‚Kurorten'. Die nie genau bestätigte Zahl der Opfer des 17. Juni 1953 wird in der Literatur mit mindestens 50 Toten angegeben. Über 6000 Personen wurden inhaftiert.

Wir setzten also voll unser Unschuldstraining ein und gewannen diese Partie. Da fielen unvermittelt Schüsse, zwei, drei, aus Richtung Bahnhof. Zwei der Uniformierten sprangen auf den Wagen, das Gefährt, ein SIS[1], fuhr ächzend davon. Der Rest der Crew legte an ‚in Hüfthalte' und eskortierte uns zum Obermarkt zurück. An diesem Tag galt der Schießbefehl. Halb bedrückt, halb unsicher belustigt trotteten wir vor den Machtinhabern her. Der Aufstand war beendet. Wir konnten darüber keine Erleichterung zu empfinden.

Die SED-Führung, nachdem die Bestätigungen eingegangen waren, dass mit Hilfe der sowjetischen Genossen der Aufruhr in allen Landesteilen mit Sicherheit niedergeschlagen worden war, machte die Verhaftung der „Rädelsführer" bekannt und inszenierte mit Spektakel in allen Medien die Mär des *Faschistischen Aufstandes durch die aggressivsten Kreise des westdeutschen und US-amerikanischen Monopolkapitalismus*. Unter den verhafteten *Rädelsführern* fanden sich dagegen diese Kreise nicht. Vielmehr waren es Arbeiter, Jugendliche, Gewerkschafter und Genossen der Partei, die Walter Ulbricht, der nur Dank der Machtinteressen der Sowjets dem Zorn der Basis und seinem Sturz entging, einsperren und quälen ließ.

Das war die Grundlage, auf der Ulbricht die Konsolidierung seiner Macht einleiten konnte. Und er hielt sie trotz massiver Angriffe aus den eigenen Führungsreihen, von Ackermann, Herrnstadt, Jendretzky, über Elli Schmidt und Wollweber bis zu Wilhelm Zaisser, weitere achtzehn Jahre auf bemerkenswert gemeinem Niveau. Belacht von der Welt, gefürchtet von den Genossen und gehasst von den Menschen im Land, herrschte er über die als Deutsche Demokratische Republik getarnte Sowjet-Kolonie als getreuer, anpassungseifriger Auftragnehmer. Mir widerstrebt in dieser Plakativität

---

[1] „Sawod imini Stalina", ein sowjetisches Automobilwerk mit dem Namen „Stalin".

zu berichten, und ich täte es nicht, entspräche sie – wie der 17. Juni 1953 nachdrücklich bestätigt hat – nicht den Tatsachen. Dennoch wäre das Bild Walter Ulbrichts unvollständig, beschränkte man es lediglich auf die Perspektive des Erfüllers. Er war ein intriganter, eiskalter Machttyp, der denunzierte und vernichtete, wo immer es ihm für seine Karriere geraten schien. Der Tod Stalins, dessen teuflische Strategie Vorbild und Voraussetzung für Ulbrichts Aufstieg gewesen war, muss ihn schwer verunsichert haben. Offensichtlich aber nur für kurze Zeit, dann kam ihm der 17. Juni ‚zu Hilfe'. Nur der als *Faschistischer Putsch* verleumdete Unmut der Arbeiter, der Intelligenz und der Studenten, gestatteten ihm, in solcher Radikalität vorzugehen, zu der er sonst nicht den Mut gehabt hätte, und den Zugriff auf die sowjetischen Panzer zu erlangen. Ohne Frage kannte die SED-Führung die Stimmungslage, die, ausgelöst durch Normerhöhungen in der Bauindustrie, im Lande aufgebrochen war. Die Schnelligkeit, mit der die militärstrategischen Maßnahmen nicht nur in Berlin, sondern auch in anderen Städten abliefen, lässt auf eine ‚solide Vorbereitung und Planung' des *imperialistischen Angriffs „TAG X"* seitens der Partei schließen. Der Medienangriff gegen den Westen, die Verhaftungswelle im Osten und gleichzeitig die hastig proklamierten Verbesserungen und Entschärfungen im Ländchen entlarvten die Errungenschaft vom Arbeiter- und Bauernstaat DDR und seiner Arbeiterpartei SED als Legende und erschütterten die durch den Apparat beschworene Einheit grundlegend.

Der Historiker H. Weber fasst diesen Prozess zusammen:

„Der Aufstand und seine Niederlage führten zu einem Lernschock. Die SED bemühte sich nun mittelfristig um ein langsameres Transformationstempo, und die Bevölkerung mußte die bittere Erfahrung machen, daß der Versuch einer gewaltsamen Veränderung des stalinistischen Systems keinerlei Aussicht auf Erfolg hat, solange die UdSSR das bestehende Regime in der DDR garantierte."

Walter Ulbricht hatte sein Hauptziel erreicht: die Zementierung seiner Stellung als erster Mann. Der Preis von 50 Toten erschien ihm dafür offenbar keineswegs unangemessen. Er fügte dem noch die Eingekerkerten hinzu und füllte die Gefängnisse mit denjenigen seiner „Klassenbrüder", die er als Feinde seiner ‚Friedensordnung' ansah. Historisch weiterreichend erscheinen mir jedoch zwei Konsequenzen, die sich damals zeigten: Zum einen verdeckte die zur Ablenkung eingesetzte vulgäre Propaganda Ulbrichts den realen Blick auf die Politik des Westens mit den durch Adenauer vollzogenen Trennungsschritten (entstanden durch die Bündnisbindungen) bis hin zur Raketenstationierung; beides trug dazu bei, das Bewusstsein der *einen* Nation aufzugeben. Zum anderen ist mit dem 17. Juni 1953 in der DDR und den nachfolgenden, im Verbund mit den Sowjets niedergeschlagenen Erhebungen, 1956 in Ungarn, 1968 in der CSSR, die weltweite Hoffnung auf eine demokratisch gesicherte, politisch garantierte alternative Sozialordnung zerstört worden. Die Welt tanzte im ‚cakewalk' zwischen geiferndem Kolonialismus und eifernsem Kommunismus auf den Ruinen des Krieges. Im unmittelbar historischen Gegenüber zu den Kriegen in Korea (1950-53) und Vietnam (1957-72) waren die Geschehnisse des 17. Juni, aber auch die von Budapest und Prag, eher harmlose Zwischenspiele. Aber das hieße, Graupen mit Knochen vergleichen zu wollen. Vergleichbar aber bleiben das Unrecht und die Entwürdigung der Menschen.

Später, als auf der Abraumhalde deutsch-deutscher Beziehungen Kontakte als verletzliche Triebe neu zu wurzeln begannen, bin ich häufig gefragt worden:
„Wie war das denn damals eigentlich genau, wie habt ihr das erlebt? Haben sie dir was getan?"
Nein, sie haben mir nichts getan. Sie haben versucht, meinen Kern zu zerstören.
Wem hätte diese Antwort geholfen zu verstehen? Sie schlug hart auf gegen die empfindliche Fläche zerbrechlicher Näherungen von West nach Ost, fünfzehn, zwanzig Jahre danach. Und sie war auf meiner Seite von unachtsamer Bitternis. Allein die Bilder in ihrer notdürftigen Unvollkommenheit, die mit Worten hergestellt werden konnten, trugen nach und nach etwas zum Aufhellen und einem leichten Verständnis bei. Gelungen ist es wohl nur in ganz seltenen Momenten, zwischen vertrauten Gesprächspartnern, die wirklich zu verstehen suchten. Für die wenigen Tage, hinter denen das einseitig geöffnete Tor sich immer wieder schloss, blieb es dabei, sichtbar

wurde nur der Stacheldraht, die Minen lagen verborgen. Es waren die Fragen, die uns trennten.

Der Sommer, der dreiundfünfziger, lief als mageres Bächlein durch die Wochen, froh, der Zeit zu entkommen, ohne zu wissen, wohin. Über dem kleinen Land tobte das Unwetter der Gemeinsprache. Es troff und klatschte aus allen Blättern, es donnerte 24 Stunden täglich über alle gleichgeschalteten Sender.

23./24. Juni 1953
„Mitgl. der Parteiführung der SED führen mit Werktätigen der wichtigsten Großbetriebe der DDR Aussprachen über die Lage in Deutschland und über die neuen Aufgaben. (...) In den Veranstaltungen bekennen sich die Arbeiter zu Partei und Regierung und ihrer Politik (...)."

26. Juni 1953
„Rd. 70 000 Berliner bekunden in zwei Großkundgebungen vor dem Haus der Ministerien und auf dem Marktplatz in Berlin-Schöneweide ihr Vertrauen zur Politik der SED und der Regierung der DDR."

So dröhnte es auf allen Kanälen. Und es versickerten darin die Schreie aus den Zellen und Kerkern. Nur, an der Oberfläche der Tage lag breitbeinig die Normalität.

Mir war es vergönnt, die Ferien zu Hause im Neudorf zu verbringen. Weggenommen von allem Wichtigen, das hinter mir lag, mit Sack und Pack. Ich ließ mich voll in die Gunst der Familie fallen, half ein wenig im Haus und der Wirtschaft und entdeckte die Mangelstube, auch eine von Großmutter Augustes Innovationen, als Übungsraum. Für zwei bis drei Stunden am Morgen stand ich vor oder hinter dem Notenpult, aber stets neben dem gewaltigen Holzgestühl der Wäschemangel, und betrog meine Oboe und mich mit der leichtfertigen Überakustik des ansonsten kahlen Raumes. Mein Üben war ein Urlaubstraining, weniger zielorientiert, eine bereits erworbene Gewohnheit. Und, ich wollte zum Studium, davor hatte ich einen enormen Respekt. Auch war ich mir nicht sicher, ob der erworbene Vorlauf genügte.

Es gab wieder Sommergäste. Für sie und manch anderen Neugierigen geriet ich mit meiner Blaserei etwas in die ‚Weiße Grotte' des Schamanen: ein wenig verrückt, ein wenig interessant und auf Dauer störend. Die Nachbarn nahmen es hin, weil sie von ein paar Tanzvergnügen her wussten, dass ich am Klavier Foxtrott, Tango, Walzer und Rheinländer spielen konnte, auch die verbotenen Blues' und Ragtimes. Nur die Bäckersleute, das Ehepaar aus Dresden, die zum ersten Mal als Sommergäste nach Sohland gekommen waren, zeigten sich wirklich interessiert. In schwärmerische Sehnsucht gerieten sie beim Erzählen alter Dresdener Vorkriegs-Opernereignisse von Rang, die sie mit erlebt hatten, unter Karl Böhm und Fritz Busch, mit Sängerpersönlichkeiten wie Erna Berger, Robert Burg, „Dino Badschera" (sächsische Namens-Version des in Dresden einst vergötterten italienischen Tenors Tino Patiera) und einem Anhang weiterer klingender Namen, von denen ich noch kaum eine Ahnung hatte. Ich wurde aus verklärter, durch mich selbst neu angestifteter Begeisterung in einen entlegenen Raum entführt, in dem ich künftig meine neue Heimstatt finden sollte. Wiederum Glück!

Diese beiden liebevollen Menschen, die bedauerten, kinderlos geblieben zu sein, nahmen sich meiner wie eines eigenen Sohnes an. Im September sollte ich mein Studium in Dresden beginnen. Wieder benötigte ich ein Logis, dieses Mal in der schwer zerstörten Stadt Dresden. Das erwies sich als sehr schwierig. Der Staat hatte seit Beginn des ersten Fünfjahrplanes, am 1. Januar 1952, mit der Bewirtschaftung des Wohnraumes begonnen, die später zum nahezu vollständigen staatlichen Zugriff auf jegliche Behausung führte. Ab 1964 wurden die *staatlichen Sicherheitssysteme*, zu denen auch die Wohnungswirtschaft gehörte, ‚überarbeitet und ergänzt'. Im Bereich des Wohnens geschah das durch das von der Volkspolizei herausgegebene *Hausbuch*, in das sich alle gemeldeten Bürger, aber auch die privaten Besucher einzutragen hatten. In jedem Haus war der VP (Volkspolizei) ein Verantwortlicher für die Führung des Hausbuches zu benennen. Die Kontrolle oblag der VP und dem MfS (Ministerium für Staatssicherheit). Das sollte vor allem Bedeutung für die nach Honeckers Machtantritt im Deviseninteresse ausgeweiteten Besuchsmöglichkeiten aus dem Westen bekommen. Trotz der umfangreichen Einreiseformalitäten mussten die Besucher im Hausbuch erfasst werden, damit ihr Aufenthalt kontrolliert werden konnte. Nach meiner Erfahrung hat es nicht funktioniert, denn – ihren bis zur Unkenntlichkeit aufgeblähten Apparat unter Kontrolle zu halten, schafften sie nicht.

Meinen neu gewonnenen Dresdener Bekannten, die in ihrer Kundschaft eine *Mitarbeiterin des Sachgebietes Wohnungswesen* bei der zuständigen Stadtbezirksverwaltung hatten, gelang es tatsächlich, ein frei gewordenes Zimmer für mich zur Beantragung ‚rückstellen' zu lassen. Ich reiste nach Dresden, wohnte bei meinen Bekannten und erreichte es, binnen einer Woche die Zuweisung für ein Zimmer samt Kohlenkarte zu bekommen, und, durch die erfolgte Anmeldung, meine Lebensmittelkarte zu beantragen. Ein Husarenritt, eigentlich ein Unding. Es hatte etwas, das wurde mir klar, mit der fatalen zweiten Ebene zu tun, mit dem *Besorgen* oder der Inanspruchnahme von *Beziehungen*. Ich hatte ‚es', das fatale System im System, in Anspruch genommen. Mir machte das etwas aus. Andererseits war ich froh, meine Angelegenheiten geregelt zu haben und mich dem Studium widmen zu können. Dem deprimierenden moralischen Spagat im Gefolge systematischer Verweigerung des Notwendigen blieben wir bis zum ‚Ende der Epoche' ausgesetzt.

Als das Studienjahr begann, standen mir alle lebensnotwendigen Voraussetzungen zur Verfügung: Ein beheizbares Zimmer (Schrank, Tisch, Stuhl, Bett, Waschgestell) samt Kohlenkarte für die Zuteilung von zwölf Zentnern (600 kg) Braunkohlenbriketts. Die Briketts holte ich mit dem klapprigen Handwagen meiner Wirtin, der nur 25 kg trug, Zug um Zug beim drei Kilometer entfernt gelegenen Händler ab. Die Aushändigung der Lebensmittelkarte hing noch von der Einschreibbestätigung der Hochschule ab. Bei der Überbrückung dieser Zeit halfen mir wiederum meine Bekannten. Ich durfte schon sehr dankbar sein, dass ich das Abenteuer nicht völlig auf mich allein gestellt zu bestehen hatte. – Vielleicht war das, das Einrichten in dieser vorgeblichen Normalität, der Beginn dessen, was der große Generalsekretär der Partei der Arbeiterklasse und Vorsitzende des Staatsrates der DDR, Erich Honecker, später den „real-existierenden Sozialismus" nannte?

Kultur und Kunst –
Aushängeschild der Partei

(...) würde nicht jeder Schritt gegen eine ihrer Institutionen auch als ein Schritt gegen die Partei selbst ausgelegt werden? ...
(...) was nach außen als geeint erschien, war in Wirklichkeit aufgesplittert und mit dem Makel der Unzufriedenheit, des widerwilligen Gehorsams, der lähmenden Unlust und der offenen Verzweiflung versehen.
Ralph Giordano [1]

Am 4. Januar 1952 veröffentlichte der Kulturredakteur des Parteiorgans *Neues Deutschland*, Wilhelm Girnus, die Kritik zu einer Ausstellung Ernst Barlachs in der Akademie der Künste (Ostberlin). Unter anderem stand zu lesen, Barlach sei „ein Beispiel dafür, wie ein wirklich großes künstlerisches Talent infolge des Fehlens der Orientierung auf diejenige Klasse, der die Zukunft gehört, trotz der besten subjektiven Absichten in den Sumpf des Mystizismus gerät". Wir befanden uns, im Zuge der Ideologisierung und des forcierten Machtausbaues der Einheitspartei, mitten in der durch sie vom Zaun gebrochenen *Formalismus-Debatte*.

Im Stile der bolschewistischen Volkskommissare versuchte die Partei von der Warte der durch sie besetzten Schlüsselpositionen in Kultur und Medien her, jeglichen konzeptionellen und produktiven Bezug der DDR-Kunstpraxis zur historischen Entwicklung der (bürgerlichen) Ästhetik als *abartigen Formalismus* und *gefährliche Dekadenz* zu verketzern und zu bekämpfen. Dafür schirrten sie bereits in den frühen fünfziger Jahren an am dürftigen Karren voller Leninfäuste, Thälmann-Mützen, Brigade-Szenerien, Tonika-Kantaten und dienernden Knüppel-Strophen wie der des Louis Fürnberg, des Kurt Barthel oder des Johannes R. Becher, stets irgenwie „an-

---
[1] Die Partei, die Partei, die hat immer recht, HB-Taschenbuch 1413, Freiburg 1990, S. 147.

lässlich" nach dem Mengenprinzip hergestellt zu den zahllosen „Höhepunkten" mit konkreter „Zielstellung". Anerkannt und schließlich bezahlt wurde nicht das künstlerische, sondern das ideologische Ergebnis. Wer sich zur künstlerischen Preisgabe bereit fand, konnte mit Privilegien rechnen. Das haben sie, die Genossen, exerziert, den verordneten Erfolg in Quadratmetern und Tonnen. Seit 1990 schämt sich das in zahlreichen Depots. Zehntausende zogen in die Kunstausstellungen, hauptsächlich, um nach den verschlüsselten, ersehnten ‚Lebenszeichen' zu suchen. Das weitaus Wichtigste der respektablen DDR-Kunstproduktion aber verblieb in Schubladen und Atelierstuben. Der Maler Prof. W. Mattheuer trat in auswegloser Resignation 1988 aus der SED aus. Als Historiker stellt H. Weber zum Kunstalltag der DDR fest:

„*Gerade die Kulturpolitik der DDR ließ die ständigen Schwankungen zwischen ‚harter' und ‚liberaler' Haltung von Staat und Partei besonders klar erkennen, zeigte aber auch, wie die Kultur von den politischen Organen gegängelt und beherrscht wurde.*"

Bereits im März 1951 hatte die SED die Entwicklung der Kultur zum Thema ihrer 5. ZK-Tagung erhoben. Der Termin war gezielt gesetzt. Wenige Stunden nachdem der ZK-Sekretär Hans Lauter in seinem Grundsatzreferat zum „Kampf gegen den Formalismus in Kunst und Kultur" vor der „unharmonischen" und „Verwirrung des Geschmacks" stiftenden Oper ‚Das Verhör des Lukullus' von Brecht/Dessau gewarnt hatte, fand in der nur einige Schritte von diesem Tagungsort entfernten „Staatsoper unter den Linden" die Premiere statt. Die Partei sorgte in der Aufführung für Tumulte im Stile der Nazis. Danach wurde das Werk abgesetzt.

Was aber die Situation so kennzeichnend und gefährlich spannend machte, war, dass sich die Debatte im Apparat selbst und in seiner engsten Nähe abspielte und gerade dort ihren leidenschaftlichsten Riss erlitt, der nie heilte und mit der Ausbürgerung Wolf Biermanns seine vorläufig klaffendste, schmerzlichste Wunde erfuhr. In diesen Konflikt zwischen absolutem Machtanspruch und vorgeschobener, proletistischer Spießerei zog die SED selbst jene Künstler und Intellektuellen, die geglaubt hatten, in dieser Partei eine zukunftsfähige Kraft für die geistige und soziale Erneuerung Deutschlands sehen zu können und gefunden zu haben.

Arnold Zweig, Präsident der Akademie der Künste der DDR, der als „Gast" an jener ZK-Tagung teilzunehmen hatte, auf der die *Entschließung gegen den Formalismus und für eine fortschrittliche Kultur* verabschiedet wurde, verteidigte die Brecht/Dessau-Oper. Und Wilhelm Pieck, der im (bewussten) Gegensatz zu Ulbricht ein Interesse an Kultur anzeigte, erreichte durch Gespräche mit den Autoren einen inhaltlichen Kompromiss, der zur Wiederaufnahme des Werkes in den Spielplan führte. In jener Fassung, die im geänderten Titel „Die Verurteilung des Lukullus" erkennbar wurde, musste der Imperator durch die Autoren *historisch-dialektisch* neu bewertet werden. Ohne den musikalischen Gestus aufgegeben zu haben gehört das bemerkenswerte Werk noch heute zum Repertoire großer Bühnen. Im September 1968 sah ich die Oper zum ersten Mal im Großen Haus der Dresdner Staatstheater. Für mich war es der bleibende, ‚frühe' Eindruck zeitgenössischen Musiktheaters in der Nachfolge Schönbergs und Bergs, von denen ich – der ich Musiker bin – bis dahin nur eine vage, illegale Kenntnis hatte. Das erfasst mich noch heute mit unverhohlenem Zorn.

Der Schlüssel zum Verständnis dieser Situation und zum Gang des parteistrategischen Handelns der SED ist die Ausgangslage am Ende des Krieges. Die Sieger, wie sie von ihren strategischen Positionen auf den geographischen Kern des gemeinsam geschlagenen Feindes vorrückten, standen sich von da an als Kontrahenten um den Einfluss in Deutschland gegenüber: Der Westen, zunächst, um Deutschland endgültig militärisch und wirtschaftlich auszuschalten, die Sowjets, um Deutschland, wenn nicht ganz, dann doch den ihnen zugerechneten Teil, in ihren Einfluss- und Herrschaftsbereich einzubeziehen.

Das von der Roten Armee eroberte Berlin geriet zum Modell. Stalin hatte für die ‚rechtzeitige' Anwesenheit der deutschen Kommunisten gesorgt und durch den historischen SMA-Befehl Nr. 2 vom 10. Juni 1945, der die Gründung von Parteien erlaubte, ihre formelle Legalität installiert. Am 11. Juni veröffentlichte die KPD den in Moskau konzipierten Aufruf zur „Antifaschistisch-demokratischen Umgestaltung Deutschlands". Damit schuf Stalin mit Hilfe der deutschen Kommunisten die Voraussetzungen, die Berlin zur sowjetischen Bastion (und später zur „Hauptstadt der DDR") werden ließen, bevor die Westalliierten überhaupt in ihre in der „Potsdamer Konferenz" ausgehandelten Sektoren einrückten – die Briten und Amerikaner Ende Juli, die Franzosen am 12. August 1945. Die Vertreter des Westens, allen voran der erfahrene Winston Churchill, hatten zu spät erkannt, dass der mit ihnen im Kampf gegen Hitler Verbündete, ihnen strategisch rücksichtslos Überlegene, sich bereits ‚vor Ort' als der neue Gegner fest positioniert hatte. Als hätten sie nicht wissen können, welchem Regime Stalin seit 1924 vorstand. Die Spaltung Deutschlands war entschieden.

Zügig gingen die Kommunisten an die Organisation und den Aufbau ihrer Macht. Unter dem Eindruck der wahrhaft schrecklichen Bilanz von Opfern der nationalsozialistischen Verfolgung gelang es der KPD unmittelbar nach dem Kriegsende, einen ansehnlichen Mitgliederzuwachs zu schaffen. Sie erreichte jedoch trotz sowjetischer Unterstützung bei weitem nicht die Stärke der SPD. Deshalb forcierten sie gemeinsam mit den sowjetischen Besatzungsbehörden die Einverleibung der SPD zur Sozialistischen Einheitspartei. Neben der Bodenreform, der Beschlagnahme des Partei- und Staatsvermögens der Nationalsozialisten, der Verstaatlichung der Banken und Sparkassen, der Beschlagnahme und Enteignung der Schlüsselindustrie wie weiterer 7000 Betriebe und der Vollbelegung der Internierungslager und Gefängnisse wussten die ‚Berufsrevolutionäre', dass sie, um die Macht halten zu können, ihre ganze Aufmerksamkeit den Bereichen „Kultur, Bildung und Medien" widmen mussten. Zu oft wird auch heute noch übersehen, dass es ihnen dabei weniger um die „Entnazifizierung" als um die Grundlegung der kommunistischen Bewusstseinsoffensive ging.

Bereits am 4. Juli 1945 hatten der KPD angehörende Künstler und Intellektuelle den „Kulturbund zur demokratischen Erneuerung Deutschlands" gegründet. Präsident dieser, sich als fortschrittlich begreifenden, der Volksfrontstrategie verbundenen Vereinigung wurde mit ‚Gestattung' der SMA der Schriftsteller Johannes R. Becher, NKFD-Mitglied, ein schmeichlerischer Freund Walter Ulbrichts. Es war jener Becher, der sich unter kommunistischem Einfluss heruntterdiente von einem ‚Meister des deutschen Expressionismus' zum sprachlichen Hilfsarbeiter des Sozialistischen Realismus der DDR. Unter den ersten Künstlern, die sich der Bewegung anschlossen, fanden sich weitere Kommunisten – wie Willi Bredel, Fritz Erpenbeck und Friedrich Wolf. Ricarda Huch, zu dieser Zeit in Berlin, versagte sich den Werbungen. Sie ging wenig später in den Westen. Unterstellt man den Initiatoren der Gründungsphase noch, „alle (...) Deutschen ohne Unterschied der Herkunft, der Religion und der parteipolitischen Richtung zur Pflege der künstlerischen und wissenschaftlichen Tradition des deutschen Humanismus, zur Erneuerung seines Geistes und zur Verteidigung seines moralischen und politischen Gehalts gegen die nationalsozialistische Barbarei" zu vereinen, wie es im Januar 1944 im Aufruf der in Schweden lebenden deutschen Emigranten, zur Gründung des ‚Freien Deutschen Kulturbundes' hieß, wurde in Berlin und der Sowjetzone rasch deutlich, dass die Partei in dieser nach außen neutralen Organisation ihr wichtigstes Instrument der Überwachung und geistigen Regulierung der (noch) nicht der Partei zugeführten künstlerischen und wissenschaftlichen Intelligenz sah.

Bis 1958 duldet es die Partei, die Gründungsbezeichnung *Kulturbund zur demokratischen Erneuerung Deutschlands* beizubehalten. Auf der 35. Tagung des ZK der SED vom 3. bis 6. Februar 1958, auf der K. Schirdewan und E. Wollweber aus dem ZK ausgeschlossen werden und F. Oelsner seinen Posten im Politbüro verliert, fordert Ulbricht mit Härte und Deutlichkeit die Geschlossenheit der Partei ein und macht Kadern wie dienstbaren Organisationen die Auflagen, „die gesamte Arbeiterklasse wirksamer (...) einzubeziehen und die materiellen und kulturellen Interessen der Werktätigen entschiedener zu vertreten". Ulbricht ist mit seiner Geduld am Ende. Er fühlt sich mächtig genug, den Exodus seiner alten Kampfgefährten zu inszenieren und den kalkulierten Schrecken als Zukunftsinvestition einzusetzen. Der Schock des Aufstandes von 1953 gilt als überwunden.

Ulbricht verzichtete bei diesem Auftritt in aller Öffentlichkeit auf jede Zurückhaltung und ließ keinen Zweifel daran, dass dies auch künftig gelten werde. Die Sprache der Partei war ab jetzt an der des ‚Spitzbarts' (Volksjargon für Walter Ulbricht) zu messen. *Die gesamte Arbeiterklasse wirksamer einzubeziehen (...)* und *die materiellen und kulturellen Interessen der Werktätigen entschiedener zu vertreten,* hieß: die Partei ist der Arbeiterklasse als deren *bewusster Vortrupp* gleichzusetzen, und die Parteilinie ist gleichbedeutend mit den Interessen der Werktätigen und deshalb pur, „ohne Wasser und Bindemittel", wie ein Genosse Agitator es einmal anschaulich zu sagen wusste, durchzusetzen. Diese Globalformel galt konsequent bis zum Ende der Ulbricht-Ära. Wer nicht ‚Werktätiger' war, musste sich der Konsequenzen ohnehin bewusst sein.

Wie bald sich das deutlich machen konnte, erfuhr ich, als ich 1963 aus gesundheitlichen Gründen meine Arbeit als Orchestermusiker aufgeben musste und damit zunächst einmal ohne Beschäftigungsverhältnis – also heraus aus dem Kontrollgefüge – war. Sehr rasch interessierten sich die ‚Organe' für mich. Alle Verwaltungsstellen, die ich aufsuchte, wussten bereits ausführlich über mich Bescheid. Bei einem Besuch der Sozialversicherung schließlich erwartete mich abseits des Schalterraumes ein mir unbekanntes Gesicht, das mich auf meine bedauerlichen persönlichen Schwierigkeiten ansprach und aus dessen schlechten Zähnen endlich das Angebot kroch, ob ich, da ich mit Künstlern bekannt sei, ihm nicht berichten könnte über Meinungen, was sie so dächten und mit wem und wo sie sich träfen. „Es würde sich auch lohnen für Sie." Er war eine Niete. Ich erkannte das rasch und ließ ihn sitzen mit seinem ‚Lohn' und seinen miesen Zähnen, war aber doch in Not, dass sie mich aufgrund meiner Situation für angreifbar hielten. Doch von diesem hörte ich nichts mehr. Mein klares „Nein" muss ihn nachhaltig verunsichert haben. Der nächste, ebenso erfolglose Angriff fand erst ein Jahr später statt.

Eine Erkenntnis gewann ich doch durch meine ‚Arbeitslosigkeit', der ich mir zuvor so klar nicht gewesen war. Es gab ‚Vollbeschäftigung' in der DDR hauptsächlich aus zwei Gründen:
- die dürftige Produktivität und mangelhafte Arbeitsorganisation mit dem daraus resultierenden Verschleiß von Arbeitskraft
- und die auf Vollständigkeit ausgerichtete Überwachung und Beeinflussung der Menschen durch die Partei und ihre Organe, die gerade im Arbeitsprozess durchzusetzen war.

Außerhalb dieser durchgreifenden Erfassung zu stehen, bedeutete ein bemerkenswertes Risiko einzugehen. Mir hing zudem der Mangel an, dass ich nicht Arbeiter, sondern nur Musiker war. Abseits der Propaganda, im realen Kontakt mit dem Staat, erfuhr man mehr und deutlicher vom Klassencharakter der angehenden sozialistischen Gesellschaft. Das Wort „arbeitslos" war im Sprachschatz der Partei dem Klassenfeind vorbehalten. In diesem lichtlosen Korridor leben zu wollen oder zu müssen, war gefährlich. Das traf auch auf Künstler zu, die versuchten ohne oder gegen die Fesseln der Verbandszugehörigkeit, die ja auch ‚gleichgeschaltet' war, auszukommen, darum ausgeschlossen oder erst gar nicht aufgenommen wurden. Sie siedelten am Rand der willkürlich portionierten ‚Legalität'. Das wiederum lag sehr nahe an Mielkes Reich der STASI.

Gerichtsreport.

Sächsische Zeitung, Dresden, den 30. Juni 1999 (Ausschnitt)

Wie die STASI eine Dresdner Künstlergruppe mürbe machen wollte und gezielt ein Atelier verwüstete / Täter kommen glimpflich davon
Nach wochenlangen Vorbereitungen (in der Dresdner STASI-Zentrale) schlugen die Täter zu. Am Vormittag des 29. Oktober 1981, kurz nach neun Uhr, brachen sie das Schloß auf und verwüsteten das Künstleratelier von Helge Leiberg. Sie drückten Farbtuben aus, beschmierten Teppiche und Möbel. Sie begossen Wände und Betten mit Rotwein. Sie zerstörten ein Ölbild von Leiberg und schlugen ein Beil in eine Holzskulptur des Künstlers A. R. Penck. Der damals 26jährige Leiberg stellte Strafanzeige gegen Unbekannt. Doch die Täter konnten sich sicher fühlen. Bis zum Fall der Mauer.
Fast 18 Jahre nach der Tat sitzen zwei frühere Stasileute im stickigen Saal 120 des Dresdner Landgerichts auf der Anklagebank. (...) gleich neben der Richterbank, sitzt Ernst T. (...) Einer, der sich auch heute noch vor allem auf Direktiven, Befehle und Weisungen beruft. Der heute 69jährige stieg bis zum mächtigen Leiter der Abteilung XX der Stasibezirksverwaltung Dresden auf. Die hatte Künstler, Kirchenvertreter und Kulturleute im Visier. Der 50jährige Rolf K. neben T. auf der Anklagebank. (...) Mitarbeiter. Ein unscheinbarer Mann im grauen Anzug.
September 1981. Ein vertrauliches Papier liegt auf dem Schreibtisch von Abteilungsleiter T. Darin heißt es: „Es wird vorgeschlagen, im Rahmen der weiteren Maßnahmen gegen die bearbeiteten Personen ... eine operative Kombination durchzuführen." (...) Zersetzung

der Künstlergruppe um Leiberg nötig. (...) unsichere Kantonisten (...) nicht auf Parteilinie und haben zudem Westkontakte. (...) Der inzwischen verstorbene Stasi-Bezirks-Chef Böhm bestätigt (...) den Vorschlag und fügt handschriftlich hinzu: „... mit (Abteilung) VIII und eigenen Kräften machen!" Im Oktober erarbeitet Sachbearbeiter Rolf T. einen ‚Maßnahmeplan'.

Mit dem Einbruch wollte die Staatssicherheit Leiberg tief verunsichern. (...) einen Keil zwischen die Künstler treiben. Unter anderem wurde durch Spitzel das Gerücht in Umlauf gebracht, daß dieser oder jener für das MfS arbeitet.

Am 24. Oktober ist der Plan fertig. (...) Alle eingesetzten Genossen zur Maßnahme treffen sich am 29.10.1981 um 7.30 Uhr in der Fahrbereitschaft (...)

Die Staatssicherheit sorgte auch dafür, daß Helge Leiberg während der Zeit des Einbruchs weit weg vom Atelier war.

Das Gericht verurteilte in einem Berufungsprozeß den Ex-Abteilungsleiter T. wegen Anstiftung zur Sachbeschädigung zu einer Geldstrafe von 2400 DM und bestätigte damit die Entscheidung der Vorinstanz. Das Verfahren gegen (...) K. wurde wegen dessen, wie es hieß, geringeren Tatbeitrages eingestellt. Er muß allerdings zugunsten einer Einrichtung der Kinderhilfe 2400 DM Geldbuße zahlen.

Keine Bemerkung des Gerichtes zur systematischen Verleumdung, der vorsätzlichen Schädigung des Rufes, zum Einbruch, zu Hausfriedensbruch und Vandalismus ...

Ich kehre in die Finsternis der fünfziger Jahre zurück. Da in der Partei wohl von Anfang an, wenn auch uneingestanden, Klarheit darüber bestand, dass trotz aller Pressionen (*Maßnahmen*) nicht alle und alles im Lande ständig durch sie selbst erfasst werden könnte, wurden die *Massenorganisationen* geschaffen. Sie, mit Parteikadern durchwirkt, hatten nach den Vorstellungen der SED-Ideologen im getreuen Nachtrab die Weissagungen des ‚Großen Vorsitzenden' flächendeckend zu verbreiten, zu erklären und ebenso für deren Durchsetzung zu sorgen. Um dies zu veranschaulichen:

3. – 6. 2. 1958	35. Tagung des ZK der SED mit Bericht des Politbüros und Einberufung des V. Parteitages
7. – 9. 2. 1958	5. Bundestag des Kulturbundes. Er berät die Aufgaben beim weiteren Aufbau des Sozialismus (...) Mitglieder verpflichten sich, ihre ganze Kraft für die sozialistische Gesellschaft in der DDR einzusetzen.(...) gegen alle Erscheinungen der kapitalistischen Dekadenz zu kämpfen und das künstlerische Schaffen nach der Methode des sozialistischen Realismus zu fördern. Der Kongreß beschließt die Grundaufgaben (...) und die Umbenennung in „Deutscher Kulturbund".
10.–11. 2. 1958	Tagung der Volkskammer der DDR. Sie beschließt das Gesetz über die Vervollkommnung und Vereinfachung der Arbeit des Staatsapparates. „Das Gesetz beruht auf Vorschlägen der 32. und 33. Tagung des ZK der SED (...)"
15.–16. 2. 1958	Tagung des Nationalrates der Nationalen Front. (...) „für eine offensive und breite Massenarbeit der NF"
20.–21. 2. 1958	Zentrale Konferenz des Bundesvorstandes des FDGB. „(...) wie der Beschluß (...) des ZK der SED über die Aufgaben der Gewerkschaften am besten zu erfüllen ist".
24. 2. 1958	Aufruf des Zentralrates der FDJ „Aufgebot junger Sozialisten zu Ehren des V. Parteitages der SED".
28. 2.–3. 3. 1958	3. Hochschulkonferenz der SED in Berlin (...). K. Hager (Leiter der ideologischen Kommission beim Politbüro der SED) ... erläutert die Entwicklung der Universitäten und Hochschulen ... zu sozialistischen Bildungsstätten ...

Und so fort, und so fort...

So sah das Ritual aus, das mühlenartig ablief – immer wieder, Tausende von Menschen band, Unsummen verschlang und als monumentale Spiegelfechterei schließlich erschöpft in sich selbst zerbarst. Bis das unter unserer Beihilfe schließlich geschah, atmeten wir noch dreißig Jahre – dreißig Jahre der Mitte meines Lebens – den ideologischen Smog, den die SED-Maschinerie täglich in tödlichen Dosen ausstieß. Selbst, wenn es vielen von uns gelungen ist, dem unmittelbaren Zugriff der Partei bis zu deren argen Ende zu widerstehen, waren die Mengen des Unrats, die ausgeschüttet wurden, so unmäßig, dass der ‚gelernte DDR-Bürger' zum Amphibium mutierte. Man trainierte eine Atemtechnik, mit der das Anhalten der Luft bis zur nächsten ‚Austauschstelle' möglich war, die Familie, die Freunde, Bücher und Ausstellungen, die Gruppen in der Kirchgemeinde, um welch letztere die STASI sich besonders ‚sorgte'. Da fand sich eine Spezies von Überlebenssuchern bei unterschiedlichsten Ausprägungen zusammen: forsch, fromm, egoistisch, kämpferisch, ängstlich, listig, mutig, was weiß ich. Es gab keine Normierung. Die DDR war so vieles nicht, was sie durch ihre Politverweser vorgab zu sein. Aber sie war voll von unbenennbaren ‚Aushaltern' hinter dem gemauerten Verdikt einer verlogenen Ewigkeit. Und dann verließen diese gegen alle Voraussicht ihre Nischen und Bande, richteten sich auf, gingen und fanden ihre verlorenen Stimmen wieder und ihre einigende Sprache, einen historisch winzigen Monat lang: „Wir sind das Volk." Kein Zweifel, das *waren wir*, die Erich Honecker selbstbespieglerisch eitel „Das Staatsvolk der DDR" nannte, in vierzig Jahren irgendwie zugeschnitten, viele etwas aufmüpfig, wenige etwas mutig, einzelne kämpferisch, voll bewundernswerter Einsatzbereitschaft. Darunter Künstler als die Vorsänger der furchtsamen Wahrheit: „Wir sind *ein* Volk", nachdem sie zuvor ihre Stimme entscheidend gegen die bereitstehenden Waffen gerichtet hatten. Aus dem Ungeist Ulbrichts war ein spätes ‚endgültiges Recht' geworden: den Künstlern gehört unbedingte Aufmerksamkeit.

Die Sowjets, als sie 1945 in das Land des besiegten, verhassten Feindes einrückten, kamen nicht nur als Plünderer und Vergewaltiger, unter ihnen war eine bemerkenswerte Anzahl solcher, die eine fast schwärmerische Achtung vor der deutschen Sprache, der Musik und der Volkskultur in sich trugen, als wären sie just dafür in den Krieg gezogen.

Eines Abends, wenige Tage nach unserer Rückkehr von der versuchten Flucht, schlug es gegen unsere Haustür. Davor standen zwei Russen, gut bewaffnet. Großmutter ging, um zu öffnen. Sie, die späten Besucher, ließen sich nicht weiter bitten, schoben Guste beiseite: „Chleb i spatch!"[2] Das etwa ließ sich filtern aus dem Wortschwall, der auf Guste niederschwappte, unterstützt durch das mit den Händen Reden von Essen und Schlafen. Es wirkte nicht bösartig, aber nach Verhandeln stand ihnen der Sinn augenscheinlich auch nicht. Sie begannen sich im Hause umzusehen. Mutter war in den Stall gewichen. Als sie weitere Unruhe wahrnahm, begann sie zu singen. Vielleicht als Reflex: sie sang immer im Stall. Als die ‚Gäste' das hörten, schienen Hunger und Müdigkeit vergessen. Die Frauenstimme war unüberhörbar. Sie stürmten den Stall.

Stille! Angstvolle Stille. Wortbrocken. Großmutter in völliger Überspannung, die Hände in der Seite, wie zwei geschürzte Flügel, bereit, hinabzufahren auf das Unsichtbare. In diese Spannung hinein – ich registrierte es wohl zuerst – tropften Töne, unsicher wie auf Scherben. Noch einmal. Dann war es deutlich zu verstehen: „Am Brunnen vor dem Tore, da steht ein Lindenbaum ...", zweistimmig, in deutscher Sprache. Ich drücke die Stalltür auf, da stehen sie, Mutter zwischen den Kühen und die ‚Kalaschnikij' in voller Rüstung auf dem Stallgang, ein deutsches Volkslied auf den hungrigen Lippen. Sie fanden ein zweites – ich singe mit –, ein drittes, dazwischen ein russisches und noch eines. Großmutter ‚tritt auf' mit wiedergefundener Fassung und bedeutet ihnen, zu Tisch zu kommen. Am Morgen sind sie verschwunden, ohne dass auch nur eine Reißzwecke im Haus gefehlt hätte.

Die sowjetische Besatzung trat in ihren Administrationen (SMA) mit durchaus gebildetem Personal in Erscheinung. Das waren Offiziere, die in der Lunatscharski-Ära auf bemerkenswert gutem Niveau ausgebildet und mit dem revolutionären Elan der frühen Sowjetzeit angefüllt worden waren. Der Krieg hatte sie als Patrioten aus den wissenschaftlichen Instituten und aus Institutionen an die Front verschlagen. Bürgerlich von Geburt, trug der *Große vaterländische Krieg* sie als Sieger nach Deutschland. Mit dem Sieg gerieten sie in die Politik. Sie brachten für ihren politischen Auftrag Fähigkeiten, Motivation, den „Klassenstandpunkt" und teilweise erstaun-

---

[2] Brot – essen – und schlafen.

lich gute deutsche Sprachkenntnisse mit. Zu dieser ‚Ausstattung' gehörte die Überzeugung von einer *Proletarischen Kunst*, die als *Sozialistischer Realismus* das Produkt der klassenkämpferischen Auseinandersetzung mit der überholten bürgerlichen Ästhetik war und sieghaft durchzusetzen sei. Auf diese wenig originelle Weise kam das Prinzip von eitel-selbstgefälliger Repräsentanz und ordinärer Zucht zu uns mit den Besatzern. Diese richteten sich ein auf unbestimmte Zeit und halfen den deutschen Vasallen bei ihrem Einstieg in die von ihnen erträumte Ewigkeit. So entstand ein Eintopf von Interessen, Potenzen, Konflikten und mancherlei Benutzbarem. Die Augen der Erkenntnis, weshalb daran vierzig Jahre geköchelt und daraus gelöffelt werden konnte, schwammen eigentlich sichtbar obenauf. Doch die Realität ist kristallin, und sofern sie auch nur einen Span fixen Lichtes trifft, vagabundieren die Brechungen. Dazwischen lebten wir im wechselnd intensiven Rotspektrum von den unkalkulierbaren Schwächen des Systems. Darin finde ich den Grund zu glauben, dass dieses ausgeblichene Bild noch galt: Zuckerbrot und Peitsche.

Zunächst waren es die Sieger selbst, die einen Anspruch an kultureller Existenz als sowjetische Besatzungsmacht im Osten zu realisieren gedachten. Klubs, Theater, Kleinkunst, Konzert- und Tanzveranstaltungen, Museen, entsprechende „Befehle" der SMA – quasi als Verwaltungshandeln – wurden in rascher Folge erlassen und nach den Möglichkeiten materiell unterstützt. Die zum Bleiben in Deutschland genötigte Führungsschicht der Offiziere, die Ende der dreißiger Jahre das reiche Kulturleben der sowjetrussischen Großstädte verlassen hatten, suchte in Ruinen nach dem Anschluss und nach der deutschen Klassik. Als die Westalliierten in Berlin einrückten, gab es dort bereits eine funktionierende Kultur und so etwas wie eine ‚Szene'.

Ich begegnete während des Studiums Sowjetoffizieren, die bei Lessing, Heine, Herder und Kloppstock bewanderter waren als wir Studenten ganz allgemein, und, bar jeder Betonung, natürlich bei Goethe. „Uber ahlen Gipfeln ist Rjuh...", sie zitierten mit eitler Leidenschaft. Russen, wie ich sie hinreichend kennen lernen konnte, sind oft eitel und leidenschaftlich. Diese waren zudem Kommunisten, Genossen einer eisernen Schule. Und sie hatten einen präzisen Auftrag dessen mit dem Riesenschnauzer, der sich 1945 zum „Generalissimus" ernennen ließ und der nach Raum ausgesandt hatte, zur Ausbreitung der (seiner) kommunistischen Weltrevolution. So saßen in Berlin nun seine deutschen Spießgesellen, von ihm selbst geschliffen und scharf gemacht, scharf und eitel. Eitelkeit wurde schließlich auch zu einer der Haupttriebkräfte jener Führung um Ulbricht, die das Handwerk der Macht unter dem massiven Vordach der Klasseninstitution UdSSR auszuüben begannen. Je getreuer und widerstandsärmer sie sich, gemäß ihres eigenen, falschmünzerischen, scheindemokratischen Deutschland-Aufrufes, darin bewährten, desto sicherer erreichten sie nach und nach die Spielräume eigener Machtentfaltung. Am 10. Oktober 1949 wurden auf Beschluss der Sowjetregierung die Dienststellen der SMAD (Sowjetische Militäradministration in Deutschland) formal geschlossen und deren Aufgaben der Provisorischen Regierung der DDR übertragen. Die Figur Ulbricht mutierte zum Regime.

Nur wer bereit ist, diese Genese anzuerkennen, der durchaus Verfolgungs- und Leidenskeime seitens der Kommunisten zuzurechnen sind, wird nachvollziehen können, was geschehen und was gelebt wurde. Was schließlich die Bedingungen schuf zu bleiben, zu bleiben trotz sich weitender Deformation der Gesellschaft, trotz ausufernder Pressionen, begonnen mit anhaltenden Schikanen an den Schulkindern und fortgesetzt mit Bespitzelung allerorten, mit Ausgrenzung bis hin zu Folter und Mord. Die Kommunisten verfolgten ein Ideal, aber sie litten unter einem Machttrauma. Diese Spannung war verhängnisvoll. Sie war tödlich.

Ulbricht – ebenso Honecker, der ihn an Eitelkeit noch übertraf – erkannte, dass es nur zwei Aktionsfelder gab, die er so ausstatten konnte, dass sie ihn über seine selbst geschaffene Abgrenzung hinausheben konnten: Kultur, Wissenschaft und Sport. Damit, niemals aber wegen der Resultate der sozialistischen Produktion, würde man seine Eitelkeit hofieren oder er ihr auch nur eine Spur von Internationalität verschaffen können. Gleichzeitig fürchtete er mitsamt seiner Gefolgschaft die Unberechenbarkeit ideeller Potenzen der Kultur, die für die Partei das Kampffeld für das ‚Wüten des Klassenfeindes' darstellten. Die Partei richtete sich also auf einen permanenten ideologischen Kampf ein, rundum, bis hinein in die eigenen Reihen. Vielleicht – ich habe es Gott sei Dank nur von außen erleben müssen – war es gerade da, im inneren Bereich der

Partei, noch schrecklicher. „(...) *Wäre ich nicht zum Kommunisten erzogen worden, hätte ich diese Wirklichkeit gelassener hinnehmen können, (...)*" schreibt der Atomphysiker G. Berger in seinem Buch „Mir reicht's, ich gehe."
Als der Parteivorstand der SED auf seiner 25. und 26. Tagung, im Juni/Juli 1948, die Entwicklung der „Partei Neuen Typs" forderte, war der Weg frei für den Beschluss zur Einrichtung der *Parteikontrollkommission* (16. 9. 1948) und damit für ‚die Säuberung von *feindlichen* und *entarteten* Elementen'. Damit hatten sie sich auch der Mundart der Nazis angenommen.

Jemandem, der nicht unter den Verhältnissen der Totalität gelebt hat, mag das banal erscheinen und er mag fragen, wie relevant dies für meine eigene Geschichte ist. Doch es gibt unter solchen Verhältnissen den Spielraum der Entscheidung und den des Heraustretens nicht. Auch bei denen, die – wie ich – nicht geschlagen, gefoltert und eingesperrt wurden, sollte doch strategisch zielgerichtet das Bewusstsein verändert, eingegriffen werden in die innerste Beschaffenheit. Das und nicht weniger bezeichnete die ideologische Doktrin der neuen Macht, die sich „sozialistisch" zu nennen wagte und fortgesetzt von der „Herausbildung des neuen Menschen" faselte. Ich bleibe dabei und werte das konsequent als Vergehen. Darüber hinaus, allein die Kraftaufwendung, die Menge der üblen Verbalinterventionen des Einheitsapparates von Lehrern und Agitatoren aller nur denkbar möglichen Roteinfärbungen über Jahrzehnte hinaus abwehren zu müssen, sollte als Nötigung gelten.

Im Nachgang, in dem Versuch, die versunkenen Eindrücke an die Oberfläche der Erinnerung zurückzuholen, wirkt dies alles absurd. Doch es gab kein Entkommen, es sei denn, durch die Flucht. Deshalb kam die Waage, auf der BLEIBEN und GEHEN lagen, nie ganz zur Ruhe.

Aber, und das plausibel zu beschreiben, erscheint mir weitaus komplizierter: Es gab in diesem trüben Sud genießbare Substanzen, von denen zu leben ein Stück weit möglich war. Diese Winkel und Senken, in denen Schwächen und Nöte des Systems sich verbargen, aufzufinden, wurde von den Gleichgesinnten trainiert. Ein Quentchen Vabanquespiel gehörte dabei zum Einsatz. Wichtigere Positionen waren allerdings kaum zu erreichen, da solche ja nicht nach

Befähigung besetzt wurden. Steif und unerbittlich entschied die Nomenklatura, wie im bekannten Falle des Philosophen und Chemikers Robert Havemann. Völlig ohne jede Kompetenz ließ sich die zur Staatsdoktrin aufgeblasene Eitelkeit doch gerade im Bereich der Geisteswissenschaften nicht durchsetzen, mit deren Hilfe sich Ulbricht in ‚der Welt' vertreten lassen wollte, zu der ihm selbst der Zutritt versagt blieb. Dass auch die Zuchtruten des Staates sich gegen diesen selbst auswirken konnten, hatte der Schock des 17. Juni bloßgelegt. Infolgedessen blieb die von Krücken abhängige Gangart des experimentellen Sozialismus so, wie es der Volksmund erfand: „ein Schritt vor, zwei Schritt zurück". Walter Ulbricht selbst transponierte die realpolitische Peinlichkeit in seine Hochsprache, in der es dann hieß: „überholen ohne einzuholen".

Für die bis dahin unbekannte Art gesellschaftlicher Fortbewegung sprechen offen zwei im System eingelassene Gründe:
- die viel zu groß aufgeworfene, wirtschaftlich bankrotte DDR samt der Eitelkeit ihrer Führer und
- die faktische Unmöglichkeit der totalen Zucht trotz eines gigantischen Apparates.

Die DDR war ein Ländchen, in dem es fast 90 staatseigene Orchester in sinfonischer Besetzung gab und ebenso viele, wenn nicht eine größere Anzahl an Bühnen, bis hin zu Jugend- und Kindertheatern. Aufgebaut wurden Akademien, Universitäten und Hochschulen, Laboratorien und Institute. Durch Beschluss der alles regelnden Partei gab es flächendeckend Kindertagesstätten, kostenlose Gesundheitsdienste und äußerst niedrige Mieten, Leistungszentren für den Sport, Stadien sowie eine Hochschule für Körperkultur und Sport in Leipzig. Leipzig bekam auch eine im ‚Stalin-Barock' errichtete neue Oper und den ersten ‚Wolkenkratzer' der DDR, das Hochhaus der Karl-Marx-Universität, vom Volksmund als „Weisheitszahn" erkannt. Dafür hatte Walter Ulbricht die historische Universitätskirche sprengen lassen. Ein Kraftakt von kollabierender Energie. Wir haben die Brutalität des Geschehens geradezu wie eine körperliche Folter erlebt. Für die Staatspartei indes galt es, Zeichen zu setzen, Runen der Macht, gerade dort. Denn inzwischen gab es wieder die Leipziger Messe, die Millionen an Zuschüssen verschlang. Hier war aber auch der einzige Ort, an dem die Führung

113

der Partei der Arbeiterklasse sich offen mit dem „Klassenfeind", mit „echten Kapitalisten", treffen und zeigen konnte. Wirtschaftliche Erwägungen waren dem System fremd. Entscheidungen fielen ausschließlich parteistrategisch. Der Vollzug bestand aus *Planung* und *Leitung*, deutlicher: Kommando und Durchsetzung. Das ‚Eröffnungsguthaben' des Sowjetzonen-Staates bestand einst aus dem konfiszierten Eigentum und Vermögen der Besiegten. Die Sieger nahmen und überließen ganz nach ihrer Option, und Stalin dirigierte souverän die Ouvertüre von Einfluss und Abhängigkeit, in der die SED zunächst die zweite Geige spielte. Da Walter Ulbricht aber ans erste Pult aufzurücken gedachte, war er zum Einsatz und Eifer gezwungen. Dies im Bewusstsein seiner engen Spielräume: ökonomisch, politisch und territorial. Die Sowjets ließen jedoch in ihren Forderungen nie nach. Ulbricht aber hatte bei Stalin gelernt. Er verstand, aus Dreck Lehm zu machen und aus Lehm Geschirr. Dementsprechend sah seine Aussteuer aus. Es störte ihn nicht. Gegenüber den Siegermächten erzählte er weiterhin die verlogene Mär von der deutschen ‚Einheit in gerechtem Frieden', und gegenüber den Systemkritikern im Land und im Westen erfand er die Sprechblase vom „Volkseigentum", um aus der Rolle des rüden Enteigners heraus zu kommen. Als es in Stadt, Land und Industrie nichts mehr zu vervolkseignen gab, beschloss die Partei die *Überlegenheit des Sozialismus*. Doch die gewonnene Substanz war rasch verbraucht. Deshalb, so schlussfolgerte die Vorhut der Arbeiterklasse, galt es, den Kapitalisten so viel wie möglich von ihrem unrechtmäßigen Besitz abzunehmen, wo immer dies zu machen war. Die Strategie dazu beruhte auf äußerer wirtschaftlicher, vor allem aber kultureller Repräsentanz. Rücksicht zu nehmen auf die Kosten, hätte das Eingeständnis von Schwäche bedeutet. Die Stadt Leipzig zu stärken und die Messe wieder aufleben zu lassen, erwiesen sich durchaus als richtige Entscheidung, denn nun flossen Devisen. Erich Mielke, seit 1957 – nach dem Fall seines Vorgängers Ernst Wollweber – Chef der STASI, rekrutierte sogar staatssichere ‚offgirls', die fragen, hören, plauschen und ‚alles Schöne' durften, ausschließlich für ‚Harte Währung', die natürlich strengstens abzuführen war. Dafür gab es in den Hotels secret sections, allein im Dienste des siegreichen Sozialismus. Und es musizierte das weltberühmte Leipziger Gewandhausorchester. Die Welt schien in Ordnung.

Als wirtschaftliche Basis für diesen revolutionären Überbau, vor allem aber für die Ausgestaltung der Macht, stand darunter die auf Autarkie getrimmte, nach Ulbrichts Begriffserfindung vom Westen unabhängige, „störfreie" volkseigene Industrie ohne Wettbewerb, Investitionskapital und Grundstoffbasis. Bei einer ungeschönten Arbeitsproduktivität, die dem Antrieb für einen Hochgeschwindigkeitszug mit einer Kaffeemühle entsprach, erreichte die Industrie jenen Nutzfaktor, den die Partei auf das als internes Zahlungsmittel verwendete Papier drucken ließ. Der Warenabsatz in das, wie sich zeigte, unentbehrliche NSW (Nichtsozialistisches Wirtschaftssystem) wurde bei Realisierung von 40 Prozent der Stückkosten und einer Valuta-Verrechnung von 1 DDR-Mark : X noch als Erfolg gebucht. Ganz rasch avancierte da die D-Mark, als Jungfer verkleidet, zum Kielschwein auf Ulbrichts als Luxus-Liner ausgebauter Jolle DDR. Dort roch es bis hinunter in den tiefsten Kohlenbunker nach dem faulem Fisch: Sozialistische Planwirtschaft. Auf Dauer musste das zum Übel gereichen.

Die Ursache des Versagens und Scheiterns allein im Phänomen ‚Planwirtschaft' sehen zu wollen, erscheint mir dennoch zu einfach. Das vollkommen sowjethörige System DDR war eine Kompaktlösung aus Ideologie, Ignoranz, Zentralismus, Kompetenzmangel, Unwirtschaftlichkeit im Denken und Handeln, Verhinderung, Verbalaktionismus und Kapitalschwäche. Mancher gute Ansatz, wie vorhandener Leistungswille bei ganz unterschiedlich motivierten Menschen, angestrebte soziale Positionen ebenso wie verstärkte Bemühungen um Kulturelles, sind im System kalt und stupide verramscht worden. Den möglichen Rest, wo er auch herkommen mochte, nahmen die Russen in Form der Reparations-Milliarden und natürlich insgesamt vom großen Tisch des RGW (Rat für gegenseitige Wirtschafts*hilfe*), auf dem die ‚Bruderstaaten' unerbittlich alles auszubreiten hatten, Pläne, Unterlagen und Ergebnisse. „Da ili Njet" (Ja oder Nein). Dort fielen die Entscheidungen. Dort wurde kassiert.

Meine Existenz in dieser durch die Realität gespaltenen Einheitsgesellschaft, in die hineinzuwachsen ich mit achtzehn noch im Begriff war, entsprach ein Stück weit ihrer Erscheinung selbst. Betroffen war ich durch ihre vorgezeigte Macht und begünstigt durch ihre uneingestandene Schwäche. Vorerst sah ich mich eher begünstigt. Ich fand 1953, nur zwei Monate nach dem niedergeschlagenen Aufstand, eine Studieneinrichtung vor, die es mir ermöglichte, direkt auf mein gewünschtes Berufsziel hinzuarbeiten. An unmittelbare Störungen am Ort erinnere ich mich nicht. Der Studienbeginn wirkte im Rahmen gewohnt-bescheidener Verhältnisse geordnet. Die Hochschule für Musik gehörte zu den ersten Kulturneubauten im zerbombten Dresden. Damals schon zu klein, steht das Würfelchen noch heute am Straßburger Platz, der damals nach dem tschechischen Antifaschisten „Fucikplatz" hieß, und wird nach der Jahrtausendwende, wenn diagonal gegenüber der gläserne Koloss von VW fertiggestellt ist, kaum mehr wahrgenommen werden. Im internen Betrieb des Institutes waren die Spiegel der Zeit eher verhangen. Unsere Hauptfachlehrer als Honorardozenten waren in unbeschädigter Tradition die Solisten der Staatskapelle, bürgerlich geprägte, feinsinnige Musiker von hohem Anspruch und bemerkenswert bescheiden vorgetragenem Stolz, der „Wunderharfe" anzugehören, der am 22. September 1548 durch kurfürstliche Unterzeichnung der ersten sächsischen Kantoreiordnung gegründeten Dresdner Kapelle.

„Mag sich das äußere Bild auch gewandelt haben, geblieben ist die Tatsache, daß auch heute noch zahlreiche Mitglieder des Orchesters an diesem Institut unterrichten und so in lebendiger Weise mit der Jugend verbunden sind. Die vierhundertjährige Kapelle hält an einer nahezu hundert Jahre alten Tradition fest. Aber nicht diese Tatsache allein ist entscheidend für die künstlerische Arbeit, sondern vielmehr der Wille, aus den Erkenntnissen und Methoden der Gegenwart heraus den Weg zu finden, der eine möglichst umfassende und doch spezielle, eine möglichst weit gespannte und doch gediegene Ausbildung dem Studierenden sichert." – In solcher Bescheidenheit äußerte sich Prof. Fritz Rucker, langjähriger Soloflötist der Staatskapelle Dresden, über das Selbstverständnis pädagogischer Tätigkeit der Orchestermitglieder (Ausschnitt).

Als Studenten profitierten wir nicht nur von der fachlichen Erfahrung einer instrumental-pädagogischen Tradition, die aus der eigenen Orchesterschule der Kapelle über das Städtische Dresdener Konservatorium, die Staatliche Akademie für Musik und Theater zur Hochschule für Musik geführt hat, uns wurde auch Bewahrung zuteil. Bewahrung tradierter Formen von Sprache, künstlerischem Anspruch und sozialer Wertvorstellungen, die wir als Studenten bereitwillig übernahmen. Vielfach fand der Unterricht in den privaten Wohnungen der Lehrer statt, für die es schwierig war, Orchesterdienst, Unterrichtstätigkeit und eigene künstlerische Verpflichtungen zu koordinieren. Hauptgrund für den Hausunterricht war aber der Mangel an Räumen im viel zu kleinen Gebäude der Hochschule. Der regelmäßige Kontakt zur persönlichen Umgebung des Lehrers trug bei zu intensiver Bindung und zur natürlichen Akzeptanz der Lebensverhältnisse einer solchermaßen verantwortungsvoll tätigen Künstlerpersönlichkeit. Überzeugungen stellten sich dadurch selbst her, allerdings keine dieser ‚neuen', fälschlicherweise als Überzeugungen verteilten, ideologischen Versatzstücke der dialektisch-historischen Materialismusschlacht. Gegen die „Beeinflussung" der Studenten durch zu starke persönliche Kontakte zu den Lehrern, gab es allerdings hartnäckige Vorbehalte seitens der Hochschulleitung und ernsthafte Bemühungen, den Unterricht außerhalb des Hochschulbereichs zu verbieten. Das erwies sich als nicht durchsetzbar. Bestehen blieb das Misstrauen der Partei gegenüber der ideologischen Zuverlässigkeit der im Staatsdienst stehenden Instrumentallehrer. Ein einziger unter ihnen, ein Bayer, soviel war bekannt, gehörte der SED an. Ich wüsste aber nicht, dass er je davon ‚Gebrauch' gemacht hätte.

Die Hochschulleitung bestand selbstredend aus Genossen. Um Rektor Prof. L. ging in gemessenem Abstand, ma piano molto, das hartnäckige Gerücht, sein SED-Abzeichen gegen das der Nazipartei getauscht zu haben. Das wurde von Zeitzeugen belebt und durch einige seiner publizistischen Arbeiten der verflossenen Ära erhärtet. Für die Studierenden schien das nicht unmittelbar wichtig, belastete aber doch seine Akzeptanz. Dies wirft ein Licht auf die Situation in jener Zeit, die durch schmerzvolle Brüche gezeichnet war.

Mir wurde ein entsprechendes Lehrstück des Rektors Prof. L. noch als Student zuteil. 1955 bekam ich meine erste „Langspielplatte" geschenkt, die törichterweise, aber selbstverständlich qua System ihren verschlungenen Weg im Westen begonnen hatte. In der DDR gab es diese noch nicht. Eingespielt waren darauf Schlüsselwerke der Musik des 20. Jahrhunderts, die noch heute zu solchen gerechnet werden und für mich erhellend geblieben sind: Arthur Honegger (1892-1955) „Pacific 231",1924, Charles Ives (1874-1957) „An unanswered question", geschrieben 1908, 1941 für Orchester bearbeitet, und Alban Berg (1885-1935) „Violinkonzert", 1935. Eine Möglichkeit zum Abspielen der Platte besaß ich noch nicht. Ich fand sie in der Hochschule. Kein Wunder, das erregte natürlich die Aufmerksamkeit der Kommilitonen für das ‚Unerhörte', viel mehr aber noch die der Lauscher und Hüter. Irgendein Mensch hatte gepetzt: Audienz beim Rektor am Folgetag, unter Vorlegen der Platte, die damit erneut ihren Eigner wechselte. Mir wurde eine Lektion zuteil, dass ich mich der gefährlichen Unterwanderung und der Verhetzung von Studenten schuldig gemacht hatte. Durch die rechtzeitige Beschlagnahme habe er Schlimmeres verhüten können und lasse sich herbei, mir eine Bewährungsfrist einzuräumen, was bei einer weiteren Verletzung grundsätzlicher Normen die fristlose Exmatrikulation einschlösse. Ich sei doch aber sonst ein ... und es wäre doch schade. „Bedenken Sie, die Zukunft der Musik liegt nicht in dergleichen dumpfen Quälereien der versinkenden Welt der Bourgeoisie, sie liegt auf den überaus klaren Höhen der künftigen Welt des Sozialismus. Sie werden sich ihre Zukunft doch nicht verstellen wollen." Er beherrschte das Vokabular, das er benötigte, Zuchtrute und Aushängeschild der Partei zu sein. Diese konnte sich auf ihr nichtproletarisches Mitglied, Rektor Prof. K. L., verlassen. Aber was, frage ich mich, würde er sagen, wenn er heute noch lebte?

Ich beantragte, um der Situation zu entkommen, das vorgezogene Examen, schaffte es im folgenden Jahr, und war am 9. Juli 1956 im Besitz eines Hochschuldiploms. Das hatte ich gewollt. Ich war Musiker geworden. Zwölf Jahre lang hatte ich darauf zu gearbeitet, sicher nicht immer eifrig, aber gewiss ernsthaft. Bereits am 1. Juli 1956 trat ich meine erste Stelle als Solo-Oboist an. Was ich damals noch nicht wissen konnte: in weniger als sieben Jahren war dieser Weg für mich zu Ende. Ausgelöst durch eine gesundheitliche Störung, musste ich meinen über alles geschätzten Beruf als Orchestermusiker rascher aufgeben, als ich ihn erreicht hatte. In diesem Punkt hieß es, von vorn zu beginnen.

Jumping ohne Seil

BLEIBEN? GEHEN? Hinterrücks und heimtückisch tauchten sie wieder auf, diese Fratzen, die sich nur versteckt zu haben schienen hinter den Bastionen eines immerhin recht erfolgreichen Studiums und dem motivierenden Berufsstart. Eine kurze Lebensspanne lang ließ ich mich hinnehmen und ja sagen, einfach nur mir zu genügen und dem, was ich mir vorgenommen hatte: Musiker zu werden. Grund genug zu glauben, dass das richtig war. Und es fällt mir leicht, das noch immer so zu sehen. Ich hatte ein Medium, durch meine eigenen Bemühungen ein Mittel gewonnen, mich frei artikulieren zu können. Und in der Oboe meinte ich zudem ein recht anspruchsvolles Mittel gefunden zu haben, das ich sicher zu beherrschen gelernt hatte. Damit – das macht die nominelle „Gefährlichkeit" der Kunst im Totalitarismus aus – stand ich in gewisser, wenn auch schwer nachvollziehbarer Weise – über den Machthabern, die fortgesetzt dabei waren, jede Form freier Äußerung zu unterbinden. Aber kaum zu ermessen ist, welche Komplexe und Ängste sie darin umsetzten, in sowohl dümmliche wie auch abgefeimte Strategien. Ich glaube allerdings nicht, dass ich mir dessen bewusst war. Ich erspürte die Freiheit, die ich mir erarbeitet hatte, und nutzte sie. Die Zusammenhänge begannen mir erst später deutlich zu werden, als mir beispielsweise untersagt wurde, in der Kirche zu spielen. Das galt als *Diversation*, wie sie es nannten, stets ein wenig in Schwierigkeiten mit dem ‚russischen' Latein.

Musiker sind begeisterungsfähige Menschenkinder, und ich war darin weder eine Ausnahme noch ein Widerspruch. Sie erfahren *ihre Welt* emphatisch und begierig, und dies oft gleichzeitig. Das kann sich entfalten an der Wahrnehmung eines einzigen Klanges, eines Mahler-Adagio oder eines altburgundischen Rhythmus. Aber es schützt zum Beispiel einem Geiger in keiner Weise vor der zerstörerischen Erfahrung der falschen Wahl einer D-Saite, mit der sein Instrument einfach nicht klingt. Ganz zu schweigen von der ohnehin nicht vermittelbaren Not der Oboisten, für ihre höchst diffizile anspruchsvolle Aufgabe, je ein zufriedenstellendes Mundstück zu haben, dessen noch immer archaische Beschaffenheit aber auch nicht im geringsten den digital bestimmten Leistungs- und Hörerwartungen moderner Musikpraxis entspricht.

Auf die Blasinstrumente insgesamt trifft noch immer zu: Es gibt keine physikalisch begründete Voraussetzung, dass ein bezeichneter Ton zu einem vorgebenen Moment, in einer konkreten Artikulationsform bei einer vom Komponisten bezeichneten und durch den Dirigenten interpretierten Lautstärke und Charakter tatsächlich erklingt. Dieses ‚Manko' kompensiert allein der Musiker durch seine im langwierigen Übungsprozess erworbenen Erfahrungen und Fertigkeiten. Da geschehen Tag um Tag diese, für niemand sonst zu erkundenden, so ganz unscheinbaren Wunder, hinter denen für den Musiker die übrige Welt, kaum bemerkt, sich aufzuheben vermag. Wille und Herausforderung verschmelzen an einer gestalterischen Aufgabe wie Eis und Feuer zu mitreißenden Strömen, in denen das schließlich beteiligte Publikum als Partner eines Gesamtwerkes sich fort nehmen lässt von der Faszination des Unmittelbaren, in das sich Interpreten mit dem Komponisten und dem Hörer teilen. Wie anders sonst könnten sich denn Ereignisse einstellen wie der vierzigminütige Applaus am Schluss einer „Elektra"-Aufführung oder eine derart erfüllte Stille unter zweitausend Menschen wie nach den, aus der kalkulierten Obertonhierarchie entwickelten, tatsächlich zum ‚Himmel' aufsteigenden Akkorden des „Majeste du Christ" aus L'Ascension de Jesus-Christ für Orgel von Olivier Messiaen. Anders noch, um es den schwarzen Gitarristen und Sänger Big Bill Broonzy sagen zu lassen, der als Musiker auf und unter seiner Haut gefühlt und ertragen hat: „Blues ist das, was einer lebt." Es gibt kein anderes Metier, in dem Verzehren und Beglücken als wiederkehrende Willensentscheidung so eng aufeinander zu liegen kommen, dass ihre Reproduktion, deren Wurzeln in der Menschheitsgeschichte ruhen, sich immer neu vollziehen wird. Daran teilzuhaben, bewirkt bei aufgeschlossenen Musikern schon ein Gefühl befreiten Handelns. Daraus wiederum – aus der Summe der im kulturellen Prozess organisierten Einzelentscheidungen – wächst schließlich die gesellschaftliche Relevanz musikalisch-künstlerischer Kommunikation, auf die ich mich einließ und an der ich auf mehrere Weisen Teil hatte, als ausübender Musiker, als Lehrer, Autor, Organisator und Publizist. Es war ein reiches Leben voller Beschenkungen und zerstörerischer Spannungen. Wenn es aber ein ‚bemerkenswertes' Kriterium von Existenz unter den verengenden Bedingungen des DDR-Sozialismus gab, dann ist es so, dass dieses Leben nicht nur anders, sondern von einer großen Zahl der Menschen intensiver und kritischer gelebt worden ist als unter den Hervorbringungen des Wirtschaftswunders in der Bundesrepublik. Daran hatten die Künste Malerei, Dichtung, Theater, vor allem aber die Musik außerordentlichen, heute nicht mehr reproduzierbaren Anteil. Im gesellschaftlichen Rezeptionsprozess ging es in hohem Maß um existenzielle Sinnstiftung, um *Wert,* in ausdrücklich geringerem Maß um das effektvolle Erlebnis, um Show.

Gewiss gibt es heute Menschen, die sich für einen hohen Anspruch im Bereich der Kunst entscheiden, wenn sie lesen, hören, sehen. Aber sie wählen aus einem reichen Angebot. Sie können wählen, sie müssen nicht darben.

Alljährlich, wie zur weiteren Deckung meiner ‚schwärmerischen' Auslassungen, beteiligen sich zum Beispiel in West und Ost mehr als zehntausend Kinder und Jugendliche allein am dreistufigen Wettbewerb „Jugend musiziert" für Solisten und gemeinsam spielende Gruppen aller Genres. In der DDR gab es in dem „Junge Talente Vergleich" eine bescheidene ähnliche Einrichtung. Über Monate bereiten die Anwärter sich mit nicht nachvollziehbarem Aufwand vor und finden sich bereit zu einer derart komplexen physischen, psychischen und emotional-intellektuellen Herausforderung, die keinen Vergleich kennt. Weshalb? Welche Art gesellschaftlicher Wesen verkörpern diese jungen Menschen? Sind sie o.k.? Sie sind! Beinahe ausschließlich gehören sie zur ‚gemeinen Spezies' der einen Million deutscher Musikschüler. Trotz vielfacher Ablenkungen durch die scheinbar allmächtige Unterhaltungsindustrie finden sie sich täglich zu einer über Jahre dauernden Anstrengung bereit oder lassen sich durch ihre Eltern dazu motivieren. Wofür die Letzteren mit bundesweit jährlich rund einer Milliarde DM noch in respektablem Umfang materiell einstehen. Als soziologischen Nebeneffekt gewinnt die Gesellschaft dadurch junge Mitglieder, die systematisch aufbauend lernen, Erfolg und Versagen auszuhalten. Soziale Konfliktpotentiale sind im Kreis dieser Jugendlichen nahezu unbekannt. Um so beschämender bleibt, wie gering die Bereitschaft der demokratischen Gesellschaft ausgeprägt ist, dies sozial wertentsprechend zu fördern. Denn mit jenen, vom Kommerz lancierten Shows des Kultbusiness, in denen Bedürfnisse glashart kalkuliert, hergestellt und vermarktet werden, hat dieser Prozess nichts zu tun. Zur glücklichen Bilanz meines Lebens gehört, dass ich zwei Jahrzehnte lang, sowohl vor wie nach der Wende, Gelegenheit fand, an der musischen Förderung junger Menschen verantwortlich teilzuhaben. Nach 1990 gehörte dazu auch der Aufbau der Organisation zum Bundeswettbewerb „Jugend musiziert" im Bereich der neuen Länder. Das Konzept meines Seins ist nach dem Ausscheiden aus dem Orchesterdienst durch die Wahrnehmung von Haltungen gegenüber Jugendlichen grundhaft neu strukturiert worden, meine gesellschaftliche Stellung geschärfter zugeschnitten und meine politische Orientierung in einer ganz bewussten Rückversicherung der Kindheitserfahrungen gefestigt. Damit geriet ich zur DDR-Zeit folgerichtig in Konflikt mit dem ideologischen System. Pädagogische Ziele waren fixiert auf die Erziehung der Jugend zu *Jungen Sozialisten*. Künstlerischen Intentionen war Raum nur so weit ‚zugedacht', als sie der Stützung und Förderung der Macht der „Partei der Arbeiterklasse" dienten. Das hatten ihre getreuen Theoretiker zum „dialektisch-historischen Prozess" erklärt. In ihren Denkmodellen überwand die Partei niemals ihre revolutionär-pubertäre Phase.

„Die Pflege und Aneignung des fortschrittlichen künstlerischen Erbes der Geschichte ist eines der Wesensmerkmale der sozialistischen Kultur; in ihrem Zusammenhang gewinnt das sozialistische Geschichtsbewußtsein immer mehr Einfluß auf das Denken und Handeln, auf das gesamte gesellschaftliche Sein." Diese, nach der Wende offen wahrnehmbar, recht wohlfeile ‚Überzeugung' lässt sich nachlesen im ledergebundenen Mini-Prachtband zur Bach-Händel-Schütz-Ehrung der DDR 1985, zu deren Patron sich Erich Honecker selbst bestellt hatte.

Es sollte kein Entrinnen geben, keine Schlupfwinkel für Individualität. In diesem kleinen eitlen Geviert hatte ich dennoch die Möglichkeit meiner gewünschten beruflichen Ausbildung gefunden. Dafür wollten sie mich ganz. Das wiederum wollte ich ganz und gar nicht. So konnte es nicht ausbleiben, dass aus dieser Art steter Reibungen ‚Überwärmung' entstand. Vor allem von dem Zeitpunkt an, da ich durch die Einbindung in die Gemeinde und einen stabilen Freundeskreis den Mut gefunden hatte, zu bestimmten Dingen deutlich „nein" zu sagen. Ein Held bin ich darüber nicht geworden. Eher empfand ich das Leben in diesem Spagat als anhaltende Migräne, zuweilen mit krampfartigen Schmerzen. Aber der Mensch entwickelt und trainiert, wenn es sein muss, Strategien, notfalls mit Schmerzen zu leben? Natürlicher ist der Versuch, ihnen auszuweichen. Die DDR-Praxis hatte mit beidem zu tun.

Ausgelöst worden war die Kurve meiner Lebensdynamik durch einen eingeklemmten Daumen unter einem schwarzen Klavierdeckel. Zufall oder Schicksal, diese Banalität, ich lasse sie stehen. Es hatte mich festgehalten bei der Musik. Ohne den Musiker aber hätten die Erfahrungen sich so nicht zusammensetzen können, wie es schließlich geschehen ist. Ich bin dafür dankbar. Nur, der Einsatz, der Einsatz war, wie ich hinnehmen musste, sehr hoch.

Die fünfziger Jahre, meine Studienzeit, in denen die kindlichen Aufbrüche nach und nach zu Entscheidungen geronnen und Erwartung in Verantwortung umzuschlagen begann, ist in meiner Erinnerung eine unbeschwerte, fast glückliche Zeit gewesen. Auf der Grundlage einer radikalen äußeren Bescheidenheit regelte das tägliche Leben sich geradezu komfortabel.

Das gehobene Dresdner Kulturleben zeigte sich in den fünfziger Jahren noch weitgehend rückorientiert an alte Hoch-Zeiten. Unter räumlich und technisch bescheidenen Voraussetzungen erlebten wir ungeachtet dessen Konzerte und Theater von hohem Rang. Für uns legendäre Dirigenten leiteten Opernaufführungen und Konzerte der Dresdner Staatskapelle: Hans Knappertsbusch, Joseph Keilberth, Rudolf Kempe, Karl Böhm, Lovro von Matacic. 1953 übernahm Franz Konwitschny die Chefposition der Kapelle. 1950, ein Jahr nach der DDR-Gründung, ich lebte noch in Görlitz und sah die Inszenierung erst später, setzte mit der deutschen Erstaufführung von Carl Orffs „Antigonae" unter der Leitung von Joseph Keilberth, in der Titelrolle Christel Goltz, so etwas wie eine offene Auseinandersetzung um etwas Neues an. Aber so, wie es ein Jahr später geschah, als ‚sie' in Berlin die Brecht/Dessau-Oper „Das Verhör des Lukullus" verunglimpften, zog die SED in Dresden die „Antigonae"-Aufführung in die schändlich-blamable Formalismus-Kampagne hinein. Darin gestattete sich die Partei kein Versäumnis:

„... *das Ganze (wurde) vom Publikum verstanden als politisches Drama - (...) ringend um erste Begriffe unserer sozialistischen Kunst fällte man das Verdikt: Formalismus"* (F. Dieckmann).

Getragen wurde das tatsächliche künstlerische Interesse von einem Publikum, das sich in keiner Art und Weise um den von den Kommunisten verfemten Formalismus scherte, sondern ausschließlich die über Jahrzehnte in Dresden beheimateten Ereignisse von Rang wieder zu erleben hoffte. Traditionsverhaftet, dazu gehörte auch die Beachtung der Kreuzchor-Aufführungen unter Rudolf Mauersberger, blieb die ältere Generation. Eine rasch sich aufbauende junge bis sehr junge Klientel, zu der ich mich natürlich hingezogen fühlte, rekrutierte sich fast ausschließlich aus Studenten. Wir suchten Neues, womöglich Aufregendes. Der verbotene Jazz, nach Lesart der Partei die „amerikanische Unkultur", stieg fraglos je verleumdeter, desto höher in unserem, auch finderischen Interesse. Was wiederum zu einem überhöhten Zugangsbedürfnis zu den Westmedien führte, zu Platten, Tonbändern, Zeitschriften und Rundfunksendungen. Alles überaus ‚verwerflich' und deshalb durchaus gefährlich. Unser Leben in der DDR bestand unter diesen Voraussetzungen auf weitestgehender Ignoranz und geziemender studentischer Aufmüpfigkeit. Außerhalb der Hochschule boten sich dort, wohin ich ging, kaum Gelegenheiten für konstruktiven Widerspruch. Und ich habe sie nicht gesucht.

Die wirklichen Konflikte und Auseinandersetzungen in der Periode nach Stalins Tod vollzogen sich innerhalb der Partei selbst. Auf dem IV. Parteitag der SED, Anfang April 1954, versuchte Ulbricht mit allen Mitteln des öffentlichen Blabla (Bericht zur gegenwärtigen Lage, Bericht über Statutänderungen zur Präzisierung der Leninschen Normen und der innerparteilichen Demokratie), die notwendige, unterschwellig längst im Gange befindliche Diskussion über den stalinistischen Kurs der Führung zu unterbinden. Beschlossen wurde unter anderem: „*Nach dem Paragraphen 70 des Statuts erhalten die Parteiorganisationen der SED in den sozialistischen Betrieben der Industrie und der Landwirtschaft das Recht der Kontrolle über die Tätigkeit der Betriebsleitungen.*" Das ist nur ein Beispiel für das versteifte, parteizentristische Denken, dem auch die bescheidensten Ansätze wirtschaftlicher Vernunft zum Opfer fielen.

Zu welchen Nonsens-Spielen die obersten Führungskräfte sich regelmäßig wöchentlich trafen, um sich mit den Ergebnissen des eigenen Unfugs zu beschäftigen, illustriert der folgende Protokoll-Auszug. Schlaglichtartig erhellt er das Wesen der zentralistischen Mangelproduktion:

„*(Viele) Artikel, bei denen noch Fehlbedarf (...) besteht, hätten produziert werden können, (...) aber zu dem festgesetzten IAP-Industrieabgabepreis (ist) die Herstellung nicht möglich. (Freie)Kapazitäten (...) und Material (sind in einem Betrieb) vorrätig, um einen Teil des Fehlbedarfs (an) Eisensägen oder (bei Kohleeimern) der GHG (Haushaltwaren) abzudecken. Zum Preis von 1,89 DM für den Bügel und 3,20 DM für den Kohleeimer ist die (...) Produktion für diesen Betrieb unmöglich. Er brauchte etwa das 3-fache des festgesetzten Industrieabgabepreises. Dasselbe trifft auch für die (...) Produktion von Fußbänken zu.*"
(Protokollvermerk Staatliche Plankommission der DDR)

Die intellektuell profilierten Köpfe in der Partei hatten sich angesichts der von Dümmlichkeit und Verhärtung gezeichneten, gefährlichen Zentralmacht zusammengefunden, um über *Reformen* nachzudenken. Ein gefährlicherer Begriff war im tief ziehenden Dunstfeld des maroden Stalinismus aber nicht denkbar. Ulbricht befahl zu handeln. Der Verlagsleiter Walter Janka und der Philosoph und Publizist Wolfgang Harich wurden wegen „staatsfeindlicher Gruppenbildung" zu hohen Zuchthausstrafen verurteilt. Den Naturwissenschaftler und Philosophen Robert Havemann, der neben Ernst Bloch und dem Wirtschaftstheoretiker Rudolf Bahro zum Leitbild der „Reform des dritten Weges" wurde, zermürbten sie durch Isolation. Das, wie weithin bekannt ist, war nur die strategisch bewusst herausgehobene Spitze des tief unten aufsitzenden Massivs der Angst, die zur wirkungsvollen Abschreckung benutzt wurde. Hunderte von Wissenschaftlern fielen der Bespitzelung und Nötigung durch die STASI und der Ausschaltung durch die Partei *Neuen Typus'* zum Opfer. Weithin gellte durch die Flure die tönerne Glocke des Opportunismus, gezogen vom Ungeist der Angst. Walter Ulbricht begann aber auch, den Parteiapparat selbst von Widersachern zu säubern. In den Bezirks-Parteihäusern verloren Dutzende von ‚mittleren gehobenen' Funktionären ihre bereits warmgesessenen Stühle. Ein großer Teil der Ersten Bezirkssekretäre wurde ausgetauscht wie faule Pflaumen auf dem Wochenmarkt. Die ZK-Opposition gegen Ulbrichts Entstalinisierungsblockade, die sich unter Karl Schirdewan, Ernst Wollweber und Gerhart Ziller formiert hatte und die Ablösung Ulbrichts forderte, wurde schließlich auf der 35. ZK-Tagung im Februar 1958 verurteilt und exmittiert. Ziller hatte aber bereits vorgegriffen und den Freitod gewählt. Ulbricht fand sich da, wohin er immer gewollt hatte: auf der Zinne der Macht. Nur eben, die Fassade bröckelte. Die Zwangskollektivierung der Landwirtschaft, erhebliche Planrückstände und die Massenflucht der Bürger in den Westen führten zu einer nicht mehr zu vertuschenden allgemeinen Krise. Ulbricht plant sie und baut sie: *die Mauer.*

Am 12. August 1961 besuchte ich mit meiner Frau – wir hatten 1960 geheiratet – noch West-Berlin. Im Zoo-Palast sahen wir das Filmereignis „Das Wunder des Malachias" und liefen dann zu Fuß über den Großen Stern, vorbei an einer martialischen, versteinert wirkenden sowjetischen Bewachung durch das Brandenburger Tor. Nichts, aber auch gar nichts hätte uns glauben machen können, dass da etwas Fürchterliches im Gange war. Am nächsten Morgen hörten wir im Radio das Unfassbare: Ulbricht, dessen Stimme geigelte, nannte das historische Schandmal, die Mauer wider seine Bürger, einen *„Antifaschistischen Schutzwall".* Wie ein Stein schlug uns die Meldung gegen den Kopf. Ein dumpfer, mahlender Schmerz breitete sich über alle Sinne. Die Frage BLEIBEN oder GEHEN war scheinbar endgültig beantwortet.

In den Jahren zwischen 1955 und 1958 hatte ich mit respektierlichem Erfolg an zwei Wettbewerben für junge Instrumentalisten teilgenommen, dem „Carl Maria von Weber-Wettbewerb" in Dresden und am „Internationalen Instrumentalwettbewerb Prager Frühling" in der tschechoslowakischen Metropole. 1958 bewarb ich mich um die Position des Solo-Oboisten der Dresdner Staatskapelle. Unter den 52 teilnehmenden Bewerbern verfehlte ich dabei in der dritten Runde nur knapp den Erfolg. Im Gegenzug gewann ich dann zwei Wochen später die Stelle meines in Dresden siegreichen Kontrahenten als Solo-Oboist beim Orchester des Staatstheaters Cottbus. (Bis zur Wende städtisches Theater der im 19. Jahrhundert zu Vermögen gelangten Niederlausitzer Stadt der Textilindustrie.)

Mit Beginn der Spielzeit 1958/59 trat ich meinen Dienst in Cottbus an und begann mit naiver Unschuld einzutauchen in den Wirlpool eines Drei-Sparten-Theaters. Solcherart Erfahrungen zu sammeln war nicht ohne Nervenabnutzung möglich. Nur durch eine Eingabe an Staatspräsident Wilhelm Pieck war es mir in letzter Minute gelungen, ein Instrument aus der hohen staatlichen Exportauflage der Markneukirchener Werkstatt Gebr. Mönnig zum Kauf freigestellt zu bekommen. Mein eigenes. Für zwei Monatsgehälter. Die Umstellung während des bereits angelaufenen, neuen und unbekannten Dienstes war für mich äußerst kompliziert. Ein Nicht-Musiker wird mein Gefühl nur schwer nachvollziehen können, der Erlebenskern der Welt eines Musikers ist mikro-kosmisch, wie das Leben im Wassertropfen. Dass es Existenz außerhalb dieser Welt gibt, kann zeitweilig im Bewusstsein zurücktreten.

Ich ließ mich – ganz und gar mit mir befasst und vom Ehrgeiz beflügelt – über den Rand meiner Kräfte tragen. Während einer „Butterfly"-Aufführung im Februar 1962 versagte durch nervliche Überspannung die Lippenmuskulatur, die wichtigste physiologische Voraussetzung für die blastechnische Behandlung des Instrumentes. Aus! Die Lebens-Verbindung mit meiner Oboe war geplatzt. Alles, was ich bis dahin an Existenz erworben hatte, verfiel. Ich stürzte in einen unendlichen Raum. Jumping ohne Seil. Allein meine Frau hat mich gehalten.

Mitte des Lebens

Es gibt auch ein richtiges Leben im falschen System.

Wolfgang Thierse

Meine Verwirrung war groß und gewann Macht über mich. Ich hatte meine musikalische ‚Sprache' verloren, die in zähem Eifer erworbene Fähigkeit, mich mitzuteilen. Bis dahin war ich nur das Eine: Ich war Musiker und hatte mich ganz darauf eingelassen. Das verhalf mir zu neuer Identität, da ich die kindliche zurückgelassen hatte zwischen den Linien der Erinnerung an die alte Oberlausitzer Heimat. Etwas kaum Benennbares hatte mich gedrängt zu gehen. Darüber hinaus fand ich den mir mitgegebenen, fest verschnürten Willen, mich zu äußern. Und die Lust kam, und es blieb die Neugier, mich dafür mit allen Kräften einzusetzen. Vor allem war mir wichtig geworden, Phantasie und Intellekt in meiner eigenen Art, etwas mitzuteilen, zusammenfließen zu lassen. Nun, auch meine Art zu reden hatte sich verändert. Die schwertrittige Mundart schien mir nicht Schritt halten zu können mit dem, was ich mir vorgenommen hatte. Da hinein mischte sich junge Eitelkeit. Doch das lag am Rande. Was mich innerlich antrieb, womit ich mir einen gewissen Fleiß auferlegte, war das raumgreifende, von innen her gewachsene Bedürfnis nach der mir gemäßen Art, mich zu äußern. Dazu verhalfen mir fortschreitend die erworbenen musikalischen Fertigkeiten. Landauf und landab in den sächsischen Kirchen zwischen Görlitz und Plauen, Leipzig und Zittau fand ich Orte und Möglichkeiten, mich zu erproben, auszuloten auch die Beziehung zu einem, wie auch immer gearteten Publikum, einem Gegenüber. Ich hatte eine Botschaft! Das gab mir mehr und mehr Sicherheit, machte mich bekannt und dem Staat einigermaßen unliebsam. Allein schon, weil ich es außerhalb seiner Kontrolle und seines ‚legalen' Zugriffs tat. (Im Gegensatz zur Tschechoslowakei hat die

Parteiführung der SED bis zum Ende der DDR nicht die totale Vereinnahmung der Kirchen gewagt.) In meiner *Kaderakte* (deutsch: Personalunterlagen) fanden sich nach der Wende, als die Einsichtnahme erstmals möglich war, auch dafür Belege. Ich war ihnen ‚wichtig', denn ich konnte ‚Öffentlichkeit' erreichen, auf die sie keinen Einfluss hatten, und verwendete in der alten Musik Zeichen, mit denen sie nicht umgehen konnten. Dazu hatte mir die Arbeit mit meinem Instrument verholfen. Dann, in einem einzigen Moment, dieser nicht ohne Mühe erworbenen ‚Sprache' verlustig gegangen zu sein, überfiel es mich wie ein Angriff des Todes.

Dem abenddienstlichen ‚Bruch' im Theater folgte am nächsten Tag ein *Kadergespräch* (DDR-Unwort für Personalgespräch) beim Intendanten unter Hinzuziehung des Musikalischen Oberleiters und des Parteisekretärs. Der ‚Hausherr' stellte fest, das Vorkommnis sei schwerwiegend, er gehe jedoch bis zu einer Aufklärung davon aus, dass Vorsätzlichkeit nicht vorliege. Im Übrigen hätte ich entweder ein Attest beizubringen oder meinen Dienst gemäß meiner arbeitsvertraglichen Verpflichtungen wahrzunehmen. Es erübrigte sich, dem ‚Übrigen' zu widersprechen. Und der Parteisekretär wusste zu betonen, dass natürlich die Staatsorgane *entsprechend zu unterrichten* seien. Das sei aber nicht meine, sondern seine Aufgabe „im Zusammenwirken mit den betrieblichen Kräften" (Betriebsparteiorganisation – BPO, Betriebs-Gewerkschaftsleitung – BGL und die Betriebsleitung – BL, die zu entsprechenden Mitteilungen an die Staatssicherheit ohnehin verpflichtet waren). Ich entschloss mich nicht, für diese Art des Entgegenkommens zu danken. In weniger als zwanzig Minuten war die Angelegenheit erschöpfend behandelt. Der Orchester-Vorstand, als mein eigentlich zuständiger Vertreter, erhielt formell eine Nachricht vom „Gesprächsergebnis".

Mir blieb der glücklicherweise probenfreie Vormittag für meinen unvermeidlichen Gang zum Arzt. Wohin? Ich wusste es nicht. Eine Vertrauensbeziehung zu einem Hausarzt hatte ich noch nicht aufgebaut. Also Polyklinik, Schlachtschiff des DDR-*Gesundheitswesens*. Da würde sich jemand finden lassen, der sich meiner annähme. Kaum der nötigen Aufmerksamkeit fähig, schlurfte ich die landeinwärts zunehmend schmuddeliger werdende Bahnhofstraße hinauf, am noch immer zerbombten Bahnhof über die Gleisbrücke, der Polyklinik des Bezirkskrankenhauses zu. Mehr abwesend als gegenwärtig geriet ich an den Schalter der Anmeldung: „Wohin wollen Sie?" Mit der freien Hand, wie eine verstummte Frage, war ich an meinem Mund beschäftigt, ohne es zu merken. „Ach zum Zahnarzt. Ihren SVK-Ausweis!" „Nein, eigentlich nicht zum Zahnarzt. Es geht mehr um die Lippen. Aber das ist schwierig." „Sie müssen doch wissen, was ihnen fehlt. Lippen, das ist HNO! Oder?" „Vielleicht?" „Nein, besser Chirurgie. Damit Sie schneller drankommen, gehen Sie gleich erst zum Röntgen. Ganz hinten die Treppe runter. Dort heißt das dann Radiologie. Sie nehmen im Wartezimmer Platz." Die Irrfahrt hatte begonnen: Radiologe, Chirurg, Internist. Schließlich wurde ich, da mit meiner Problemdarstellung niemand etwas anfangen konnte oder mochte, doch Kunde der Abteilung Hals-Nasen-Ohren. Das vierte Wartezimmer. Es ging gegen 16.00 Uhr.

„Der Nächste bitte." Der die Sprechstunde führende Arzt hieß mich setzen. Seiner Sprechmelodie folgend schien Widerspruch nicht vorgesehen; eine Nachfrage erübrigte sich: ein Stuhl, blau, neben dem gelb-geblümten des Arztes, ein kleiner Schreibtisch, ein Halbschrank, Pritsche. „Wo liegen die Beschwerden?" „Mein Ansatz, ich meine, die Lippen. Ich bin Musiker, Solo-Oboist im Orchester." „Ach." „Ich habe mich nervlich überanstrengt, meine Lippenmuskeln sind stark angegriffen und funktionieren nicht mehr. Ich bin dadurch nicht in der Lage, meinem Dienst nachzukommen, und brauche eine ärztliche Bestätigung." „Zeigen Sie her. Machen Sie den Mund auf. Ja, kein Problem. Beidseitig etwas gerötet. Wir pinseln das ein, und Sie können bald wieder Ihren Dienst versehen. Bis morgen schreibe ich Sie krank. Sie kommen früh noch mal zum Pinseln." Das funktionierte alles sehr glatt, und ich ließ es geschehen, wie ein Schaf die Schur.

Die Krankschreibung musste zum Theater. Der Gedanke quälte mich, und der Weg schien wieder und wieder von vorn zu beginnen. Beim Pförtner schließlich, den ich sonst meist zu einem Schwätzchen bereit fand, ein betreten unsicheres „alles Gute, Herr Rösler". Was hätte er auch sagen sollen? Wohin dann die wie von mir selbst abwesende Bewegung meiner Beine mich trug, habe ich vergessen. Ich entdeckte mich wieder in der dunklen, letzten Bankreihe der Cottbuser Klosterkirche, am Ende einer Abendandacht. Ein „Vaterunser" sickerte bis zu mir durch. Bislang hatte ich vorn am Altarplatz gestanden oder an der Orgel und hatte mein Bekenntnis nicht gesprochen, sondern geblasen. An diesem Tag „erlitt" ich den liturgischen Segen sitzend. Des Lebens ganzer Jammer hatte sich über mich hergemacht. Jetzt erfuhr ich in dieser Kirche, in der ich Hunderten von Menschen etwas, wie es schien, für sie Wichtiges hatte musikalisch mitteilen können, ein in der Dunkelheit verkettetes, eisernes Ausgeschlossensein. Es war die Kirchnerin, die hinter mir, wohl zunehmend energischer, rumorte: „Ich wollte Sie im Gebet nicht stören, aber ich muss die Kirche jetzt schließen." Im Gebet? Das verstärkte meine Verwirrung. Aber von da an, vom ‚Anruf' dieser Frau, die wusste, wovon sie sprach, ist das ‚Reden in der Stille' mir wichtig geworden. Wenn mich nicht alles täuscht, verdanke ich die eigentliche Entdeckung der Sprache für mich der Aufmerksamkeit einer einfachen alten Frau. An diesem Punkt begann für mich etwas Neues, etwas, das vortrat, überrumpelnd vortrat, und sich entpuppte als die ‚Mitte des Lebens'.

Von dem, was an Unvermeidlichem herüberschwappte in dieses in der Realität noch zu definierende Neue, beschäftigte mich im anhängenden Halbjahr vor allem jenes medizinische Kuriosum meiner unvermittelt aufgeworfenen Situation. Am folgenden Morgen trat ich also wieder an zum ‚Pinseln' mit jener braun färbenden Flüssigkeit vom Gefühl und dem Geschmack einer frisch behauenen Feile, kalt und rauh, ich kannte es, offenbar das Allerweltssurrogat aller HNO-Mediziner. Nach der eiligen Verabreichung dieses Therapeutikums raffte ich mich zu meinem eigenen Erstaunen zu der Bemerkung auf, dass ich die Maßnahme äußerlich nicht für falsch, nach meiner Beurteilung aber nicht für die treffende Indikation hielte zur Behandlung der Ursache meiner Beschwerden. Ich begründete das, soweit ich es vermochte und der Arzt mir Zeit ließ. Das war ihm, dem Major der NVA – wie ich erst später hörte, Garnisonsarzt einer in der Nähe Cottbus' stationierten Einheit der Nationalen Volksarmee der DDR –, noch nicht begegnet, und er war nicht bereit, eine derartige Ausfälligkeit hinzunehmen. Er sei der behandelnde Arzt und stelle die Diagnose. Im Übrigen hätte ich mich am Folgetag noch einmal zum Pinseln vorzustellen. Die Krankschreibung würde bis dahin verlängert. Er veranlasse das.

Tags darauf, als ich mich wieder einfand, herrschte beredte, leise Geschäftigkeit. Man wartete mir mit ausgesuchter Höflichkeit auf und bat mich in einen Raum, in dem einem einzelnen Stuhl ein Dutzend anderer derselben Art im Halbkreis gegenüberstand. Die servile, offenbar eingewiesene Schwester bat mich zum Einzelplatz, und in geräuschloser Eile füllte sich unter Führung des fachärztlichen Majors das Zimmer mit weißen Kitteln. Sehr distinguiert. Meine Verwirrung steigerte sich. Aber der Dr. Major trat auf und auf mich zu, in Form und Artikulation keiner Kritik Anstoß gebend. Er entschuldigte sich vor der vorhandenen Öffentlichkeit für seine Haltung mir gegenüber am Vortag und bekannte, dass er sehr wohl darüber nachgedacht hätte und um meine Zustimmung bäte, meine Einwände in Gegenwart der hinzu gerufenen Kollegen mit mir zu besprechen. Das geschah während der folgenden Stunde ausführlich und in angenehm sachlicher, gar beruhigender Atmosphäre. Die Psychosomatik war zu dieser Zeit in dem Teil Deutschlands, der der Menschheitsentwicklung „eine Epoche voraus" zu sein vorgab, eine noch nicht sonderlich entwickelte Wissenschaft. Der Sozialismus würde die Menschheitsfragen künftig aus der ihm innewohnenden Dynamik seiner selbst entwickelten Kräfte und materialistischen Überlegenheit kurieren. Mir aber wurde nach jenem angenehm anstrengenden Austausch mit der örtlichen Ärzte-Hierarchie eine *Empfehlung zur Überweisung* in die Neurologische Klinik der Berliner Charité zugesprochen. Der militärische Doktor hatte in einer Zeitschrift, die gemäß der Nomenklatur nicht jedem Arzt zugänglich war, lesen können, dass in der Berliner Klinik ein bekannter Professor Gelegenheit bekam, seine Studien zur Behandlung körperlich funktionaler Störungen in einer klinischen Situation zu prüfen und wissenschaftlich weiter zu verfolgen. Prof. L. nannte seine Methode „Belastungstherapie". „Sie bringen Ihr Instrument mit und werden hier blasen." Meinen Einwand, dass ich ja käme, weil ich nicht blasen könne, vergab er mit einem verbindenden Lächeln. „Wir werden sehen. Sie schaffen das schon."

    Nach einem Vierteljahr anfangs entsetzlich quälerischer Bemühungen täglichen Übens und weiterer präzise begleitender Maßnahmen blies ich wieder Oboe, ohne je wieder die körperlichen Konditionen erreicht zu haben, die für die Weiterführung eines bläserischen Musikerberufes die Voraussetzung bilden. Was ich nicht wusste: Alle persönlichen Informationen, die in solchem Zusammenhang bekanntlich dicht und weitreichend sind, schienen jenen, die sich schon geraume Zeit für mich interessiert hatten, offen zur Verfügung zu stehen. Noch fünfzehn Jahre später bin ich, als gewählter Vertreter meines Kirchenbezirkes in der Synode der Sächsischen Evangelisch-lutherischen Landeskirche, von den ‚fleißigen Gehilfen' Erich Mielkes feindlich-drohend darauf angesprochen worden. Unter der offenen Rubrik „wie wir von Ihnen wissen" benutzten sie Details, die nur aus dieser klinischen Quelle stammen konnten. Stets mit dem Ziel der Verunsicherung und um zu zeigen, wie zerbrechlich gläsern, eben ‚durchschaubar', man ihnen gegenüber war. Ende Juli 1963 wurde ich arbeitslos. Ein Fall für die ‚Organe'.

Das Ende der Welt allerdings – nicht einmal der persönlichen – liegt nicht da, wo man es vermutet. Ich freilich erlitt eine garstige Trübung meiner möglichen Sicht auf die Dinge und auf mich selbst. Nach meinen Gefühlen zu urteilen, lagerte ich an einer dieser erbärmlichen Untiefen, in denen nur noch das Aufgeben möglich scheint. Ich fühlte mich schwach, hilflos einer tief eingedrungenen Irritation ausgeliefert. Die Beschädigung meines Selbstvertrauens war stark. Ich hielt sie für äußerst umfassend, meine beruflichen Möglichkeiten schienen endgültig verstellt. Doch das war ein Irrtum. Aufzugeben hatte ich nicht das Recht.

Seit 1960 war ich mit Karin verheiratet, und gerade jetzt machten sich unmissverständlich die Anzeichen einer Schwangerschaft bemerkbar. (Unser erster Sohn ist heute Mitte dreißig und schenkte uns unterdessen zwei der denkbar hinreißendsten Enkel.) Dazwischen, in den Niederungen und Aufwürfen des DDR-Alltags, lag jenes eigensinnige Gebilde meines hingeschenkten Lebens im boshaften Schatten vorenthaltener Freiheit, eines Lebens, dessen früher Entwurf verfallen war wie ein Ballon, dem das Feuer erloschen ist. Ich war gefordert, es neu zu entfachen.

Gewiss, heute, im Spiegel der Jahre, fällt es leichter festzustellen, dass der Einbruch in meine musikalische Lebensplanung wohl ein schicksalhafter Einschnitt, aber keine Katastrophe war. Vergleichsweise erlitten im Zusammenhang des Zweiten Weltkrieges, der mir ja noch deutlich genug in Erinnerung hätte sein müssen, Hunderttausende weit schwerere Erschütterungen oder gar die Vernichtung ihrer Existenz. Und wieviel menschliche Zerstörung hatte die ideologische Zwangsneurose des DDR-Staatssozialismus bereits angerichtet? Davon war ich nur ‚mittelbar' betroffen. Aber ich war Musiker. Ein Mensch mit Ambitionen. Was sollte ich tun? Dazu die Mauer! Diese Mauer mit der krakeelenden Polemik in Richtung Westen. Die Mauer mit ihrer Fortpflanzung aus Stacheldraht nach Norden und Süden, mit Ulbrichts Todesstreifen gegen uns, die er in Zwangsverwahrung genommen hatte. Jetzt, zehn Jahre nach ihrem historischen Verfallsdatum, erfahre ich mit Entsetzen, mit welcher Bereitschaft zur Beschönigung der Altbestand der Parteigetreuen im Dunstfeld der PDS, die allerdings im gleichen Atemzug ihre „West-Rente" fordern, den Mauersegnungen nachwinselt. Scham legt sich mir auf, darüber die Befürchtung, dass *diese* dadurch gar noch aufgewertet würden.

Für Ulbricht und die zentralistische Staatspartei war es die letzte Chance, das System vor dem Massenexodus seiner Bewohner zu retten: ein völkerrechtliches Verbrechen. Und mit zynischem Stolz annoncierten sie den nächtens in den Boden gerammten Pferch als *antifaschistischen Schutzwall* und das entstandene Gebilde als einen *souveränen Staat*. Der Westen hatte es gesehen und geschehen lassen ohne tatsächliche Rührung über den Tag hinaus. Die Faszination des (west-)deutschen „Wirtschaftswunders" mobilisierte vorhandene egoistische Kräfte. Vorbei war es mit der Leidenssolidarität der Nachkriegszeit. Der *Kalte Krieg* fand in dem, was die Soziologen später als „Ellenbogengesellschaft" beschrieben, eine Keimzelle. Aufschwemmender Stolz verliebte sich in Kraftausdrücke. Der „Eiserne Vorhang" – als eine für den Kaffeeklatsch geeignete Metapher für die Eisenhower-Doktrin gegen die sowjetische Rüstung – krachte auf die Mauer. Bühnenentsetzen. Schluss. Ein historischer Vorgang.

Geschichte ist rational. Emotionen sind kaum mehr als der Schwemmsand unter der Kraft der Gezeiten. Oder? Im Gegenteil, oft genug, bis heute noch, sind Gefühle, da, wo sie zum Handeln führten, verblutet. Wie, um dies zu bezeugen und zur Bekräftigung seines politischen Zynismus, erließ Ulbricht den „Schießbefehl" gegen alles, was sich bewegte an (der Ostseite!) der Mauer-Grenze. Für die Menschen im Westen verkam die ‚Ulbricht-DDR' rasch zur Belanglosigkeit. Wer nicht direkte verwandtschaftliche Bindungen oder Verpflichtungen wahrzunehmen hatte, aus dessen Blickfeld fiel die ‚Zone', wie der freie Politjargon bis in die siebziger Jahre hinein den Begriff für diesen Teil Deutschlands in Gebrauch hielt, heraus. So wertfrei muss es stehenbleiben. Was aber ebenfalls stehenbleiben muss im Bord unserer letztlich doch gemeinsamen deutschen Erfahrung, ist so etwas wie eine ‚lex nova caritatis', ein ‚Buch' der Erinnerung an die gelebte Geschwisterlichkeit, so fremdartig der Gedanke auch scheinen mag. In diesem wünsche ich mir bewahrt die unzählbaren – durch die Kirchen und einzelne aufmerksame, treue und zu Opfern an Zeit und Geld bereiten Menschen aus den westdeutschen Gemeinden – aufrecht erhaltenen Verbindungen, über die makabre Grenze hinweg. Sie reichten bis nach Holland, in die Schweiz und nach Österreich. Briefverbindungen, Besuche – als das schließlich durch den chronischen Devisenmangel der DDR erkauft und einseitig möglich war – und natürlich auch materielle Hilfen. Darunter lebenswichtige, wie Medikamente, Bau- und Installationsmaterial, auch Autozubehör und ‚Luxus', wie Früchte, Schokolade und (vielfach illegale) Bücher. Nirgends, weder in Stein, noch in Holz, noch im von Ulbricht zur Mauer missbrauchten Beton findet sich bis heute ein würdigendes Zeichen dieser stillen Taten gegen unser Versauern im Brackwasser der ideologisierten Aussichtslosigkeit. Nach der Luftbrücke, die ein Denkmal erhielt, waren diese Verbindungen das herausragende Zeugnis der Zusammengehörigkeit. Ich verkenne nicht, dass darunter im Einzelnen auch Erwartungen gediehen, die einäugig materiell gerichtet waren. Derlei Ausprägungen gingen nach meinen Erfahrungen in aller Regel von verwandtschaftlichen Beziehungen und ‚Verpflichtungen' aus, die ihrer Eigendynamik folgten. Mich leitet die Hoffnung, dass dieses Buch einen kleinen, aber angemessenen Beitrag gegen das Vergessen zu leisten vermag. Auch gegen das Vergessen jener zeitgeschichtlich einmaligen Solidarisierungskampagne über Jahrzehnte hinweg, ohne je den Charakter und die Lautstärke einer Kampagne angenommen zu haben. Unseren Freunden allen und den Vielen, die „denen im Osten" in vielerlei Art und Gestalt zur Seite gestanden haben, die Aussichtslosigkeit zu überwinden, möchte ich von dieser Stelle aus danken.

Der wirtschaftliche Aufschwung der demokratisch verfassten deutschen Bundesrepublik, der moderne Ausbau ihrer Infrastruktur und die ökonomische wie militärische Blockbindung an die westliche Welt führten zu einem Lebensverständnis ihrer Bürger, das zwangsläufig an der Mauer enden musste. Dahinter hockten wir und spielten, auch nie so ganz frei von Selbstmitleid, im Sandkasten des Sarkasmus: „DDR – Der Dämliche Rest", und lachten darüber. Im Westen wendete sich Zukunft gegen Abend. Zukunftsvorstellungen und ihre Entwicklung, auch im Persönlichen, suchten Orientierung immer deutlicher ‚drüben', im schillernden Amerika. Dafür hatte der politische Generalstabschef und nur kurz fungierende, jedoch weitsichtige US-Außenminister George C. Marshall[1] mit Soja, Bohnenkaffee, Bratheringdosen und Mais für die hungernden Menschen und wohlkalkulierten Vorschussinvestitionen in die deutsche und europäische Wirtschaft frühzeitig die noch heute tragende Verbindung über den Atlantik geschaffen.

Was hätte der ideologisch verbarrikadierte Osten dagegen bieten wollen oder können? Wollen, um des Einflusses wegen schon, Können, um der Ideologie willen und der fehlenden Wirtschaftskraft wegen nicht! Dreizehn Jahre später, im August 1961, gestattete Nikita Chruschtschow seinem Berliner Stadthalter Ulbricht, die Tür zuzuschlagen und den Riegel vorzulegen. Das war die Leistung der Kommunisten. Dabei sollte es bleiben.

Für die Parteiführung der SED stellte das eine neue, wenn auch lang ersehnte Situation dar. Ein beispielloser Sieg gegen den verhassten Klassenfeind. Partei-Insider erzählten sich noch weit später vom frenetischen Schenkelschlagen und dem entsprechenden Besäufnis der Obersten. Und in der Tat, über Nacht war Ulbricht zum Führer eines selbständigen, ‚souveränen' Staates geworden. Von da an erschien er als Gleicher unter Gleichen im Kreis der sozialistischen *Bruderstaaten*. Er war gleichzeitig gestärkt und entlastet. Das Volk der DDR, das ihm, wie er meinte, nicht mehr entlaufen konnte, begann, wohl oder übel, sich einzurichten.

In der Darstellung von DDR-Vergangenheit besetzt aber gerade dieses ‚Sich-Einrichten' einen unscharf umrissenen Raum mit möglicherweise schwacher Ausleuchtung, der kritische Betrachter ge-

---

[1] 1948 als ERP, European Recovery Programm – „Marshall-Plan" –, verabschiedetes Hilfsprogramm der USA zur Überwindung wirtschaftlicher Nachkriegsprobleme in ursprünglich 16 europäischen Ländern und den drei Westzonen Deutschlands. Die Bundesrepublik erhielt anteilig 4,2 Mrd. US $.

nauer hinschauen lässt. Und das zu Recht. Für mich bedeutete der Bau der Mauer einen schweren Schock, obgleich ich zu jenen ‚nur mittelbar' Betroffenen gehörte, denen weder verwandtschaftliche noch wirtschaftliche Bindungen verletzt oder zerstört werden konnten, da ich solche nicht besaß. Die Brutalität aber des politischen Agierens, die dem der Nazis glich, ließ viele Menschen aufschreien – auch im Westen –, aber nicht lange. Es blieb wirkungslos, wie eine Kettensäge im trockenen Heu, die versackt und verstummt. Ich erlitt trotzdem Verletzungen, die nicht unbeteiligt sind auch an meinem beruflichen Scheitern als Musiker.

Doch sie vernarbten, wurden überlagert vom Tagesbetrieb und reagierten bald nur auf Berührungen durch die schon benannten Einschränkungen.

Als John F. Kennedy mit dem Mandat des Präsidenten der Vereinigten Staaten an die Mauer trat, um herüber und über die Medien der Welt zu rufen: „Ich bin ein Berliner", fuhr es uns wie ein Jauchzer durch die narbigen Schrunden unserer Hoffnungen. Aber ihm blieb nur knappe Zeit, wenigstens die Lunte eines erneuten Weltkonfliktes auszutreten, mit dem die Sowjets kokelten, seit es ihnen gelungen war, das in Sachsen ausgebeutete Uran in atomaren Raketen unterzubringen und sich in Fidel Castros Kuba einzunisten. Im Herzen Mitteleuropas, in der alten Reichshauptstadt Berlin mit militärischen Muskeln zu spielen, mochte weder Kennedy noch sonst wer in der westlichen Gegenwelt des Sozialismus ernsthaft probieren. So blieb es beim *status quo*, was nichts anderes bedeutete als das Hineinstürzen in das gigantische „Gleichgewicht des Schreckens", die atomare Aufrüstung. Wer in der Welt hätte sich da ernsthaft einlassen wollen auf die Wehklagen von ein paar Millionen Ostdeutschen – Noch-Nazis oder Schon-Kommunisten oder was – ? Wir in der DDR erlebten doch nur das Feinraster der globalen Problemlast, die der Zweite Weltkrieg hinterlassen hatte. Das Einrichten in der ‚geschlossenen Gesellschaft' der DDR, so kritisch und auch differenziert es als hoffentlich einmalige Erscheinung in der deutschen Geschichte betrachtet werden sollte, war lediglich Teil des historisch konkreten Einrichtens der Welt nach dem Ende des wahnwitzigen Krieges. Bei der Bewertung des DDR-Alltags und der darin entwickelten Verhaltensmuster wünschte ich mir den behutsamen Umgang der Akteure, die nicht – vor allem nicht bis zum

Ende – unter den Bedingungen des Mauersozialismus gelebt haben. Denn in die Bewertung des als Einrichten beschriebenen politischen Sozialverhaltens gehört auch die daraus entwickelte Handlungsenergie zur friedlichen Beseitigung der gemeinen, militanten Mauer samt ihrer miesen Bauherren einbezogen. Der Weg bis dahin, immer unter der unsagbaren Last der Endlosigkeit, waren die dreißig Jahre der Mitte meines Lebens. Sie sind mir beschnitten worden wie einem gefangenen Vogel die Flügel. Das Singen, da man ihn leben ließ, konnte ihm darüber nicht genommen werden. Zur Beschreibung meines ‚Einrichtens' im verworfenen System gehört, die Frage nach dem BLEIBEN in der unerschütterbaren Hoffnung, ein Deutscher zu sein, mit JA beantwortet zu haben.

Die politische Führung probierte den Überflug. Nach dem Schließen der Mauer, das mussten sie kalkuliert haben, sank das Ansehen der ‚Demoblik' (einer unserer Flüsterbegriffe) im Westen unter die Frostmarke. Walter Ulbricht versuchte sich deshalb in einer Doppelstrategie: wirtschaftlich-politische Stabilisierung im Inneren und die Anerkennung der Staatlichkeit der DDR durch die Bundesrepublik mittels beiderseits unterzeichneter Vereinbarungen nach außen. Er wollte Unterschriften, um sagen zu können: „Na bitte." Simpel aber wirkungsvoll. Er schrieb vor. Der Westen tapste nach.

Es begann mit Verhandlungen über Passierscheinabkommen mit dem Senat von Westberlin, dessen erstes von vieren am 17. Dezember 1963 unterschrieben wurde. Tausenden Berliner Familien, die durch den Mauerbau rücksichtslos zerschnitten worden waren, gestattete die Macht der DDR – raffiniert die Weihnachtsemotionen benutzend – nach mehr als zwei Jahren der Trennung eine durch sie dosierte Wiederbegegnung. Gleichzeitig versuchte die Parteiführung ihre deutsche *Drei-Staaten-Theorie* oder doch wenigstens die Mär der *Besonderen politischen Einheit Westberlin* als von der Bundesrepublik unabhängiges Gebilde (auf dem Territorium der DDR) durchzudrücken. Mit einigem Erfolg. Am 13. Dezember 1966, fünf Jahre nach dem Mauerbau, kündigte Kurt Georg Kiesinger (CDU) als Kanzler einer Großen Bonner Koalition die Aufnahme von Verhandlungen mit der DDR-Regierung an. Wie an vielen Stellen drohten auch diese Bemühungen an Maximalforderungen der DDR-Seite zu scheitern, die eine „völkerrechtliche Anerkennung der DDR" durch die Bundesrepublik forderte. Letztlich ist es Walter Ulbricht dennoch gelungen, die westliche Aufmerksamkeit über das strikte Interesse an Westberlin, an Verhandlungen und Vereinbarungen mit der DDR zu binden. Dazu gehörten das Transitabkommen zu Westberlin (1971), der Verkehrsvertrag (1972) und der Grundlagenvertrag über die Beziehungen der beiden deutschen Staaten zueinander, ebenfalls noch 1972.

Im Dezember 1964 öffnete sich zum ersten Mal die Grenze nach Westen zu schmalen Durchlässen für Rentner aus der DDR. Wer aber nur einmal das Krachen der schlagenden Tür an der ‚Schleuse' des Berliner *„Bahnhof Friedrichstraße"* erlebt hat, wird sicher bleiben in der Gewissheit, dass die Urheber nur ein erheblich gestörtes Verhältnis zur menschlichen Würde und zum politisch Verantwortbaren haben konnten. Ich habe diese ‚Schläge' jedes Mal, wenn Freunde sich verabschieden mussten, und immer wieder neu geradezu als gemeine körperliche Attacke erlebt.

Im Eigenbtrieb suchte die Parteiführung, die sich die Verantwortungskompetenz für das „gesamte gesellschaftliche Leben der Republik und für den gesamten Komplex der politischen, ideologischen, wissenschaftlichen, technischen, ökonomischen und kulturellen Arbeit" (H. Dohlus) zugeschachert hatte, nach Auswegen sowohl der politischen, vor allem aber der drückenden wirtschaftlichen Misere. Politisch wirbelte sie den Staub auf ‚zur Vorbereitung des VI. Parteitages der SED', der im Januar 1963 in Ostberlin stattfand. Die erbärmlichsten Banalitäten, wie das ohnehin verpflichtende Altpapiersammeln der Grundschulkinder, die betrieblichen Sonderschichten zum Schließen der prekärsten Engpässe oder die so genannten ‚Selbstverpflichtungen' zum Senken von Ausschuss in der Produktion und der Vermeidung von Bummelschichten, alles erschien in peinlicher Großaufmachung *zur Vorbereitung des* jeweiligen *Parteitages*. Wiederholungen galten als beliebt und beliebig. Anstatt sich aber konsequent mit den zentralistischen Versteifungen, den Blähungen des Apparates und der symptomatischen Kapitalschwäche auseinanderzusetzen, lullten sie sich damit ein, dass in der DDR bereits das Zeitalter des Sozialismus begonnen habe. Wohl gab sich die Partei ihr erstes Programm, siebzehn Jahre nach ihrem erzwungenen Entstehungsdatum, in dem ihre Gründung auf der Weltanschauung des Marxismus-Leninismus festgeschrieben wurde. Walter Ulbricht ließ in seinem Hauptreferat die Bereitschaft zu Reformen in der Wirtschaft anklingen und holte drei jüngere Technokraten als Mitglieder in das Politbüro. Dafür aber schickte er die beiden einzigen Frauen ins politische Abseits. Am hierarchisch-zentralistischen Gerüst ließ er keine Veränderung zu. Die Parteibeschlüsse galten unverkürzt als „unmittelbare Arbeitsgrundlage der Staatsorgane".

Was im Juni 1963 das so genannte Präsidium des Ministerrates als ‚Beschluss' einer tiefgreifenden Neuerung ‚zu verlauten hatte', trug den heiteren Namen „NÖSPL", das *Neue Ökonomische System der Planung und Leitung* der Volkswirtschaft der DDR, dessen ‚Kernstück' die *materielle Interessiertheit der Werktätigen* sein sollte, um damit die *Arbeitsproduktivität spürbar zu steigern*. In Wahrheit handelte es sich um eine ZK-Vorgabe, die durch den Überhang an ZK-Mitgliedern und Kandidaten im Ministerrang leicht zu übertragen war. In einem so genannten Gesetz hieß es dazu: „Der Ministerrat *erfüllt* seine Aufgaben in Verwirklichung der Beschlüsse der Partei der Arbeiterklasse (...). (Gesetz über den Ministerrat der DDR, § 2, 1.) Es gab keine Erscheinung in Staat und Gesellschaft, für welche dieser Satz nicht ebenso gegolten hätte.

Wir hatten Glück, das System hat uns selbst die Chance gegeben, sein Ende herbeizuführen. Doch den friedlichen Ausgang danken wir dem Mut, der aus dem Gebet der Schwachen kam. Dazu räumte uns die Geschichte nicht früher eine wirkliche Möglichkeit ein.

Im Herbst des Jahres '63 suchte ich zunächst den Weg zurück in die Hochschule, die mich sieben Jahre davor in den von mir gewünschten Beruf entlassen hatte. Noch war ich nicht so weit, eine grundsätzliche Neuorientierug meiner beruflichen Zukunft zu erwägen. Ich suchte in der Nähe, das hieß, die Substanz meiner musikalischen Ausbildung nach möglicher Weiterverwendbarkeit abzufragen. Die Hochschule, zu der meine Beziehungen nie ganz unterbrochen gewesen waren, schien mir als Anlauf nächstliegend und fachlich – wie ich hoffte, auch organisatorisch – sinnvoll. Abzüglich des oben illustrierten Zwischenfalls mit Rektor Prof. L. hatte ich das Institut im freundlichsten Einvernehmen und mit einem Diplom auf „Handgeschöpft Königsteiner Bütten" verlassen. Das Gros der Professoren und Dozenten war mir bekannt. Eine mögliche Auswahl ergab sich aus deren fachlichem Metier und ihrer mir weitgehend vertrauten tatsächlichen Haltung. Zur Ortung solcher, niemals zu Worten geronnener zwischenmenschlicher Wirklichkeit bedurfte es mehr, als die Partei je an humaner Substanz zu produzieren in der Lage gewesen wäre. Vielmehr wertete sie Vertrauen ab zum subversiven Akt. Bereits während des ersten Grundschuljahres begannen wir unsere Kinder einzuüben in das ‚duale System' des Redens: getrennt in das, was unabhängig vom Wahrheitsgehalt gesagt werden musste, und das, was sichtlich stimmte, und deshalb nur unter Ausschluss der Öffentlichkeit gesagt werden konnte. Meine Überzeugung ist ungebrochen, dass die doktrinäre Form der Nötigung gerade von Kindern, als eines der Hauptvergehen des SED-Apparates stehen bleiben wird.

Ich fand in ‚meiner Hochschule' Gehör und Rat. Eine der Schlüsselinhaberinnen funktionierender Aufrichtigkeit in diesem Haus war Frau Z., Leiterin des Studiensekretariats. Hinter ihrer starken Brille fanden alle Obliegenheiten, vor allem aber Nöte, Beziehungsschwierigkeiten und fachlichen Einbrüche – wie auch immer –, eine sichere Bewahrung. Sie vermittelte, setzte in Gang und führte zusammen. Vor allem: Sie vergaß nicht. Ihr Herz fand den ungezeichneten Weg auch durch verordnete Pressionen. Es ist kein Geheimnis, dass die Organe sich gerade an derart bekannten Schnittstellen sehr persönlicher Informationen besonders interessiert zeigten und aktiv waren. Mir ist bis heute dennoch kein ‚Fall' bekannt, der hier seinen Ausgang genommen hätte.

Vielleicht ist aber gerade eine solche Feststellung geeignet, zum äußeren Verständnis des inneren Einrichtens beizutragen, des Aushaltens und Überdauerns im Lauscher-Karree zwischen Saßnitz und Plauen zwischen Eisenach und Frankfurt/Oder. Das faktisch gelebte Leben in der DDR fand weitestgehend hinter den Wohnungstüren statt, von dort zu den Vertrauenspunkten und wieder zurück, im günstigen Fall zur ‚Datsche'. Als Untersuchungsgegenstand scheint mir gerade das soziologisch interessant und entscheidend, um den Verhaltensmustern näher zu kommen, die zu ganz eigenen Formen von Gruppensolidarität geführt haben, auch zu den Erscheinungen äußerer Passivität und ‚fragwürdiger Arbeitsethik', die vor allem im Westen auf eine Front von Unverständnis treffen.

Sicher, es gab in der DDR ‚Öffentlichkeit', eine weitestgehend gewollte und gemachte Öffentlichkeit im Dienste des Systems. Alles sollte schließlich dem System dienen.

Drei Schichten von Öffentlichkeit, die natürlich breitläufig mit dem Einheitsbrei der Ideologie verkleistert wurden, ließen sich erkennen: die rein parteiorganisatorische Öffentlichkeit, die Arbeits- und die Kulturöffentlichkeit.

Außerhalb dieser vollkommen gesteuerten Kanäle verlief dann eine bescheidene, ‚bemissäugte' religiös-kirchliche Öffentlichkeit, deren Bedeutung in den achtziger Jahren rasant zunahm. Sie war die einzige, deren Motivation auf dem ‚Netzwerk des Vertrauens' beruhte. Deshalb konnten sich letztendlich auch nur da die Kräfte finden, die zur entscheidenden Veränderung den Anschub im Wortsinn „erbeten" haben. Kräfte von innen, nicht von oben.

Es war noch im Jahr '63, als ich ebenfalls Öffentlichkeit bekam, in einer für mich gänzlich neuen, bis dahin eher geringschätzig bewerteten Umgebung. Ein „Arbeitsloser ohne Unterstützung" – die es ja bekanntlich nicht gab, da nach Lesart der Partei die Arbeitslosigkeit ein Klassenmerkmal des verfaulenden Imperialismus und somit dem Sozialismus fremd war –, er wird sich nicht wählerisch verhalten. Das tat ich auch nicht. Seit drei Monaten war ich ohne Einkommen, den Organen als ‚Fall' bekannt und unter Druck genommen worden. Ich besaß sehr bewusst nicht das ‚Rote Buch' – das, wie ein guter Freund mir riet, „die Türen öffnete". Und ich würde bald Verantwortung für eine Familie tragen. Durch die von Frau Z. in Gang gesetzte Vermittlung der Hochschule bekam ich eine Anstellung als „Künstlerischer Leiter" in einem *Kreiskulturhaus*. Alle kommunale Kultur lag in der Verantwortung der Räte der Kreise (Landratsamt). Die Kreiskulturhäuser gehörten in ein System kultureller *Leiteinrichtungen*, denen die Aufgabe zugedacht war, die *„Beschlüsse der Partei der Arbeiterklasse und der Staatsorgane auf dem Gebiet der Kultur, gemäß ihres Klassencharakters zu unterstützen und durchzusetzen"* (persönliche Aufzeichnungen aus einer ‚Weiterbildung' der Bezirksakademie für Kulturarbeit Dresden).

Als Arbeitsstruktur dieser Häuser galt allgemein
- die Anleitung und Betreuung von Gruppen, Zirkeln und Kreisen der Volkskunst
- die Führung und Anleitung von Kreisarbeitsgemeinschaften der volkskünstlerischen Sparten

- die Konzeption, Planung und Organisation von Veranstaltungen (Treffen, Leistungsvergleiche, Einstufungen) und
- die Veranstaltungstätigkeit der Häuser selbst, je nach örtlicher Voraussetzung (Theater, Konzert, Unterhaltung, Betriebsvergnügen) „zur Befriedigung der kulturellen Bedürfnisse der Werktätigen im Territorium".

Mir stand ein Schreibtisch zur Verfügung. Ich hatte „konzeptionell und operativ" zu arbeiten. In dem „Leiter der Einrichtung", einem Genossen, fand ich einen herzensfreundlichen Menschen, der meine Bemühungen, in dem mir völlig fremden Metier und Sprachfeld Fuß zu fassen, mit Geduld begleitete. Er legte tatsächlich Wert auf meine Fachlichkeit und schien meine ‚Feldprobleme' zu erkennen, ohne sie in den Vordergrund zu drängen. Er wurde aber bald von diesem Platz durch eine heimtückische Krankheit genommen, deren Verlauf durch seine (wie ich glaube) tragischen Verstrickungen mit der Staatssicherheit, die letztlich noch seine Krankheit als Druckmittel benutzte, beschleunigt worden war. Darüber wurde ich während eines Krankenbesuches von ihm selbst in ein riskantes Vertrauen hineingezogen. Er wusste mich frei von etwaiger Pflicht. Jeder Genosse hatte um der *Einheit und Reinheit* der Partei willen, gemäß der Parteikontrollnormative, parteischädigendes Verhalten anzuzeigen. Vertrauen der beschriebenen Art galt als giftigste Zelle der Zersetzung. Tausende sind daran zu Grunde gegangen oder doch in den Mühlen der Partei zerrieben worden. Bis in den November 1989 hinein bin ich wieder und wieder von ganz verschiedenen Menschen mit ähnlichen, wenn auch ganz unterschiedlich zu bewertenden Vertrauensbezeigungen ausgestattet worden, die noch immer dort ruhen, wo sie hingelegt worden sind. Darin taten sich Abgründe auf von Zerrissenheit und Zerstörung. Mir wurde durch jene, von mir nicht erbetenen ‚Hilfen' deutlich, wie gut es mir vergleichsweise *vor* den Türen ging, *hinter* die ich ohne das stets von mir verweigerte Rote Buch der Partei nicht gehen musste. Gottlob, es ist nicht mehr von Belang. Und der oben Skizzierte ist nicht mehr am Leben. Aber ich werde die versenkten Schiffe weiter mit mir führen. Sie liegen tief genug, zugänglich wohl nur für den, der letztlich alles hebt, wegnimmt oder lässt.

Aus der sachlichen Verpflichtung meiner neuen Arbeitssituation heraus geriet ich in Berührung mit den Endausläufern des Apparates. Mir aber war selbst dieses Ende neu. Strukturen und vor allem der Umgangston am Schluss der Hierarchie genügten mir, um über Wochen hin schlecht zu schlafen. Was ich hörte, womit ich umgehen sollte, war so unsensibel, dümmlich und unfrei, dass es mich erschreckte. Ich hatte diese *Nähe* des Staates bislang so unmittelbar nicht kennen lernen müssen und wäre als Musiker wohl kaum jemals in die vordere Linie einer derartigen Pflicht gelangt. Das widersprach einfach der ‚Vorsehung' innerhalb der Strukturen.

Wenn ich wage, von Nähe zum Staat zu sprechen, bin ich mir bewusst, noch immer heißen Boden zu betreten. Doch mittlerweile wurde ich als frei gewählter Stadtrat in dritter Legislaturperiode, als Landtags- und Bundestagskandidat so ausgiebig auf jene Nähe hin überprüft, dass ich mich in jeglicher Öffentlichkeit frei meine bewegen zu können, was ich ohnehin jederzeit getan habe. Meine Erfahrungen nach der unfreiwillig verspäteten Ankunft in der Freiheit neuer Bedingungen reichen aber aus zu wissen, dass eine vollständige Befreiung von Gelebtem weder möglich noch wirklich wünschenswert sein kann. Jeder atmet unter der Haut seiner eigenen Geschichte. Ein Buch, so weit der Autor sich auch öffnet, bleibt stets noch Bruchstück einer freigelegten subjektiven Erfahrung. Doch ich bin froh, an der unbestreitbar wichtigen Erörterung unserer gebrochenen Vergangenheit und der noch zu bewältigenden Gegenwart öffentlich Teil haben zu können. Sollten wir nicht suchen, suchen nach einer Kultur des Sprechens, mehr noch, nach einer Kultur des Wahrnehmens unter dem Vorrecht der Demut, in der Arroganz aufbricht und vergeht wie alter Schnee? Wichtig scheint mir, die jeweils eigenen Wünsche nicht zu verwechseln mit dem tatsächlich Möglichen, sondern selbst etwas einzutragen in das Gespräch und die notwendigen Handlungen zum Gedeihen gesellschaftlicher Wohlfahrt. Da sehe ich die wirkliche aktive Solidarität, ganz gleich nach welcher Richtung, in ihrer Bedeutung weit vor dem gleichlautenden *Zuschlag* zur Teiltilgung einer im Gefolge der Wende politisch grob fehleingeschätzten historischen Solidarschuld (*Solidaritätszuschlag).* Der Solidaritätszuschlag wird auch im neuen Jahrhundert zweifellos noch immer notwendig sein. Er ist Teil, nicht des Wünschenswerten, sondern des Möglichen.

In der realen Zeit des Schreibens wie auch des Lesens ist der Moment bestimmend. Für den Berichtenden, der sich um Chronologie bemüht, findet dennoch zu keiner Zeit eine Befreiung von der Gesamtlast des Erlebten statt. Vor- und Rückgriffe mögen so zur Vergegenwärtigung beitragen, die letztlich eine Daraufsicht auf den Gesamtentwurf erlaubt. Ich kehre in das Jahr 1963 zurück.

Rascher, als beim Eintritt in die neue Arbeitsumgebung befürchtet, fand ich mich in dem Unvermeidlichen einigermaßen zurecht. Wenigstens zu einem Teil halfen mir dabei meine musikalisch-fachlichen Voraussetzungen. Und ich fand bald heraus, wie ich mir dadurch in mancher Hinsicht den Rücken frei halten konnte vom Übergewicht des gesetzten ideologischen Auftrages, der sich hinter dem gestelzten Begriff *fachmethodische Arbeit* versteckte. Für mich war das wohl erst der Punkt, an dem das ‚Einrichten' begann. Ich musste eine geschickte Form des Sprechens finden, auf der einen Seite Chöre, Tanzmusik-Formationen, Volks- und Gesellschaftstänzer, Laientheater und „Junge Talente" – ein Sammelbegriff für Jugendestrade mit Musik, Spiel, Wort, Tanz, Kabarett und anderes – so zu leiten, dass sie Freude an ihrem Tun fanden. Auf der Gegenseite hieß es, „unseren Menschen die sozialistische Kultur nahe zu bringen". Auch das war ein Begriff aus dem Katalog geregelter Sprachumgehungen für den ständig, überall und umfassend geltenden *Klassenauftrag*. Nach und nach, da es um Äußerlichkeiten ging, fand ich auch dafür einen Weg und dabei die Erkenntnis, dass dieses alles ein albernes Spiel war, bei welchem scharf geschossen wurde. Ein gefährliches Spiel, das alles durchdrang.

Zu der von mir zu betreuenden volkskünstlerischen Klientel fand ich im Wesentlichen rasch Zugang. Das war ein Querschnitt aus einer Gruppe von Menschen, die ebenfalls am ‚Sich-Einrichten' waren und ihren Hobbys und Neigungen entsprechend etwas tun wollten, um möglichst so normal wie eben erreichbar zu leben. Darauf ließ sich ein vernünftiges Verhältnis aufbauen. Natürlich waren darunter Parteigenossen, rasch erkennbar, aber in geringer Zahl. Offener Umgang durfte aber keinesfalls mit Vertrauen verwechselt werden. Ich zahlte Lehrgeld und wurde sicherer in der Anwendung des ‚dualen Systems' des aufmerksamen Sprechens, dieser Spielregel im Verkehr mit anderen. Ich wusste, ich wurde kontrolliert. Heute scheint mir ‚*das*' weit weg und als existenzielle Voraussetzung wahnsinnig lächerlich. Für den Zeitraum, über den ich berichte, wäre Lächerlichkeit jedoch eine leichtfertige Fehlinterpretation. Der in der Öffentlichkeit permanent einherstreunende Druck war gemein. Daran gewöhnte ich mich nicht. Während einer der ersten Zusammenkünfte der Chorleiter, mit denen ich ein Kreistreffen der Chöre „anlässlich des Vorabends zum Ersten Mai" vorbereiten sollte – alles gehörte irgendwie *anlässlich* – bat mich einer der Teilnehmer, einen einfachen Chorsatz mit Akkordeon-Begleitung von „Banderra rosa" für ihn ‚zu machen'. Ich sei doch Fachmann, ich müsste das können. Er war Genosse, ein alter Kämpfer, und er leitete als Laie einen Arbeiterchor. Mir traute er nicht recht, und ich wusste nicht, was „Banderra rosa" bedeutete. Das erwies sich als höchst ungeschickt von mir. Er betonte die erste Silbe, so verstand ich ihn nicht. Gemeint war das tatsächlich weltbekannte italienische Arbeiterlied über die rote Fahne, „Bandiera rossa". Bis zu diesem Zeitpunkt war gerade das nicht mein Genre gewesen. Mein fachliches Wissen erntete Misstrauen und, da der Genosse sich über mich beschwerte, eine dienstlich straff kritische Auseinandersetzung auf der nächstliegenden höheren Ebene und der strikten Fragestellung, ob ich der Aufgabe gewachsen sei. Mit 600,– Mark Gehalt sei ich schließlich ein sehr gut bezahlter Fachmann. Mein ‚Fach' aber bezahlten sie mir offenbar am wenigsten. Mein dienstherrliches Gegenüber, *Mitglied des Rates für Kultur* (etwa einem Dezernenten vergleichbar), hatte Recht: Für das, was sie vordringlich von mir erbracht sehen wollten, war ich nicht geeignet. Ich war gehalten, wachsam zu sein. So blieb es bis an das damals nicht sichtbare ‚Ende der Zeit'. Wie auch immer, die Melodie des fraglichen Liedes kannte ich vom Hören. Dazu schrieb ich den gewünschten Chorsatz. Der Auftraggeber war's zufrieden, und ich half ihm bei der Einstudierung.

Drei Monate später, gegen Ende des Februar 1964, war ich nach dem Dienstplan zum *Leitungsdienst* im Haus eingesetzt, verantwortlich für Ablauf und Sicherheit. Die Oberen des Kreises feierten im Großen Saal: Lobhudeleien, Auszeichnungen mit Orden, Anhängseln und Urkunden – sie lobten sich gegenseitig – auch mit Scheinen, alles aus der unbekümmert benutzten Kasse der hehren Republik, wie selbstredend auch die *Kulturelle Umrahmung*, das Menü, die Musik zum Tanz und ein gut Teil des Besäufnisses. Die Genossen hatten en suite etwas zu feiern, jeweils *anlässlich*. Das Jahr ging unablässig schwanger mit Tagen ‚des' oder ‚der', vom *Tag des Eisenbahners* oder *des Bergmannes* bis zu dem der *Großen sozialistischen Oktoberrevolution* im November. Es war ein unsäglicher Aufwand, ausschließlich für das ideologische Brimborium, dabei auf fürchterlich dürftigem Niveau, in dem sich die Nomenklatura aller Ebenen nebst Anhang erging und mit der Macht posierte.

Bis zum Zenit des Abends, dem Punkt, an dem die Laientanzgruppe der Mädchen vom *Fortschritt-Werk* auftrat, verlief der Abend aus Sicht meiner Verantwortung im normalen Gleichtritt. Nach der Choreografie des „Holzfällertanzes", einem Zwiefachen, hatten die Tänzerinnen dann doch ein wenig die Röcke zu lüpfen und den Besitz ihrer Beine dem hohen Publikum anzuzeigen. Ich hörte erste Kreischtöne unter den biederen Angetrauten der führenden Genossen. Zu allem Übermut gab die Gruppe schließlich noch einen „Quickstepp", den sie in kurzen Röckchen „hinlegen" würden, wie es die tapsige Conference ankündigte. Von diesem Punkt an entrückte die Beherrschbarkeit der Lust. Die Korken des *Sowjetskoje Shampanskoje* wurden freigestartet. Der zweite Sekretär der Kreisleitung bestellte „auf meine Verantwortung" bei der Kapelle „etwas Scharfes". Als die Band den streng verbotenen „Rock'n Roll" spielte, rissen die Bande. Nach dem Gesetz war in der Nacht von Sonnabend zu Sonntag um 1.00 Uhr Polizeistunde. Meine Hinweise darauf perlten aber an den anwesenden Oberen der Volkspolizei ab wie der vergossene Sekt von den gerade erst in der DDR erfundenen Perlon-Blusen der reichlich angefeuchteten Damen. Der Pegel stieg noch immer, die Kondition schwand. Gegen 2.30 Uhr agierte noch ein kleiner Pulk, in deren Mitte sich einer völlig unkontrolliert gebärdete, randalierte, Gläser warf und Befehle erteilte. Er war mir unbekannt. Auf meine eindeutige Aufforderung, das Haus zu verlassen, reagierte dieser mit gellallten Drohungen, „das wird dir noch leid tun". Ich blieb bei meiner strikten Aufforderung und verwies auf das Hausrecht, das ich auszuüben gedächte. Seine Mitsäufer versuchten ihn zu besänftigen und bugsierten ihn schließlich hinaus. Endlich schloss ich die Tür und fuhr nach entsprechender Vorbereitung bei ca. minus zehn Grad Temperatur mit meinem Motorroller 35 Kilometer in den Morgen hinein nach Hause.

Als ich am Montag um 7.00 Uhr wieder zum Dienst erschien, beorderte mich der Leiter zu sich und eröffnete mir bei geschlossener Tür im Zischton, dass gegen mich eine Beschwerde vorliege bezüglich meines unangemessenen Verhaltens Sonnabend Nacht, die disziplinarische Maßnahmen zur Folge haben würde. Zunächst hätte ich mich sofort in der Kreisdienststelle der Staatssicherheit einzufinden. Wenig später sah ich das Haus zum ersten Mal von innen, drei Türen waren in ihre staatssichernden Anker gekracht, und ich fand mich mit einigem Erstaunen in der gleichen Gesellschaft wie am frühen Morgen des eben erst verstrichenen Sonntags. Ohne viel Federlesens wurde ich vor das Zimmer des Obersten beordert, der mich nach einer psychologischen Warteschleife von 25 Minuten *zuführen* ließ. Ich stand dem Randalierer gegenüber. Nicht eben souverän, dafür waren die Voraussetzungen nicht gegeben, wie etwa unter dem Schillerschen Verdikt: „Weh mir, ich hab ihn schwach gesehen." Ihn, den Mächtigsten des Kreises B. Er siezste mich nun. Drohungen. Der ungeheure Vorfall würde Konsequenzen haben. Er könnte sich eine solche Unverschämtheit, auch seinen Genossen gegenüber, nicht bieten lassen. Die Verfügung über Maßnahmen lägen bei ihm. „Es sei denn, Sie ..." Ich gedachte prompt der schlechten Zähne und des üblen Mundgeruchs, aus welchen mir die elende Schlange schon einmal entgegen gekrochen war. Ich hatte sie damals abgewehrt und würde wieder ablehnen. „Was wollen Sie mir vorwerfen? Sie haben sich mir nicht vorgestellt. Ich hatte einen dienstlichen Auftrag, und damit hatte ich die Verantwortung für das Haus. Polizeistunde war nach dem Gesetz um 1.00 Uhr. Sie haben dagegen verstoßen. Ich musste Sie auffordern, das Haus zu verlassen." Dass ich Angst hatte, wusste er. Ganz sicher. An diesem Platz war Furcht daheim. Dazu war er eingerichtet. Aber meine simple Logik irritierte ihn, den Machtmann. Das spürte ich, und daraus huschte ein Fünkchen Mut zu sagen: „Ich habe Ihnen nichts zu berichten, und ich werde Ihnen nichts berichten." „Sie kommen sich wohl sehr stark vor wegen ihrer Kirche?" „Aha", dachte ich. „Das kann sich ganz schnell ändern." „Nein, in der Kirche fühlt man sich nicht stark, aber man ist nicht allein." „Das Gerede kenne ich. Wir werden da Ordnung hinein bringen, verlassen Sie sich drauf. Sie *machen* vorläufig ihren Dienst. Weitere Maßnahmen legen *wir* fest. Sie können für heute gehen." Es ging denselben Weg zurück. Ich wurde vor das Tor eskortiert. Meine Knie sangen das Abendgebet. Für diesen Tag war ich frei. Die angedrohten ‚Maßnahmen' sind allerdings nie entbunden worden. Auf mir blieb, leicht vorstellbar, der Druck einer – vielleicht kalkulierten – Unsicherheit hocken. Jeder Tag konnte irgendwie ein letzter sein. Ein humorvoller Freund, der nicht mehr lange zu leben hatte, sagte, „Weißt du, die können die Gefängnismauern noch so hoch machen, wir kommen doch 'rein." Wir waren ja auch längstens drinnen. Insofern gehörte dies zum bereits besprochenen ‚Einrichten' im Staate Ulbrichts.

Aktuelle Kritiker von DDR-Mentalität, wie der sozial gut abgefederte Soziologe Dr. Thomas Roethe, Autor des Buches „Arbeiten wie bei Honecker, leben wie bei Kohl" (1999), wünschte ich mir von Erfahrungen gespeist, wie sie bis an das Ende der Mauerzeit gereicht wurden. Bei derartiger Vollkost könnten Urteile womöglich differenzierter ausfallen.

Vergessen werden sollte darüber nicht, dass das Thema jener Zeit der unübersehbare Aufschwung war, das „Überholen ohne einzuholen". Am 25. Oktober 1962 sprach Günter Mittag, SED-ZK-Sekretär für Wirtschaft, vor dem Präsidium des Nationalrates der Nationalen Front der DDR zum Thema: „Gründlich denken, ehrlich arbeiten, wirtschaftlich rechnen, wissenschaftlich forschen, froh und kulturvoll leben." Um nichts Geringeres, um nichts abgestandenen Dümmlicheres sollte es fortan gehen. Er eröffnete damit *die große Volksaussprache zur Vorbereitung des IV. Parteitages*. Und die *Neuerer*, jene, die das international längst eingemachte technische Know-how auf dem Einheitsmarkt der Partei als Frischobst verkaufen sollten, eilten. Nach ihrem jüngsten Erfahrungsaustausch mit den sowjetischen Neuerern fanden sich diejenigen, die den propagandistisch vorgefertigten „wissenschaftlich-technischen Höchststand" auf die Stufen des ZK breiteten. Nur eine Woche nach dem albernen Aufruf des DDR-wirtschaftsweisen Günter Mittag ‚antworteten' die Weberinnen der Brigade „German Titow" im VEB Nordthüringer Textilwerke Bleicherode damit, gleichzeitig 51 Webautomaten zu bedienen, anstatt der bisher laxen 34. So ging es täglich Schlag auf Schlag in die hoch ideologisierte Luft. In diesem rasanten Tempo des Aufschwungs mochte meine bösartige disziplinarische ‚Verfehlung' an dem Stasi-Gewaltigen auch ein wenig untergegangen sein. Zumal die Chor-singenden Arbeiter, die bereits vor dem Parteitagsaufruf, wie auch immer, irgendwie kulturvoll gelebt zu haben schienen, meinen Liedsatz längst in die Öffentlichkeit gebracht hatten. Und da sie die „Bandiera rossa" nicht nur besangen, sondern eine rote Fahne noch dazu kämpferisch schwenkten, erhielt ich eine „Urkunde für besondere Verdienste im volkskünstlerischen Schaffen". Heissassassassa, welch Wechselspiel der dunklen Quellen. Auf welcher Seite lag der Ernst? Zu viele rings im Land hatten ihn auf jener ersten finden müssen, von der sie nicht zurück kehrten. Mir war nicht nach jauchzen.

Ich behaupte nicht, ohne Verantwortung zu sein für die Zeit meiner Lebensmitte. Jeder, der in der DDR gearbeitet hat, trug in einer, natürlich dem System eigenen Weise zu dessen Erhalt bei. Nur Angst zu haben und doch gelegentlich „nein" zu sagen, darüber aber, mit ungezählten Verbiegungen und Verkrampfungen gezeichnet, seine Arbeit zu tun, war mir – und nicht nur mir – nicht dauerhaft hinnehmbar. Über die ‚Austauschstellen' in der Familie, im Freundeskreis und der Kirchgemeinde, in denen frei zu atmen möglich war, habe ich bereits gesprochen. Für wie viele selbst dies eine zu leichtfertige Hinnahme war, da die Wanzen bis in Ehebeziehungen eingedrungen sind, brachten die enttarnten Akten schließlich an die Öffentlichkeit. Trotz des Wissens, dass eine unbehinderte Tätigkeit nicht zu finden sein würde, suchte ich nach der Möglichkeit, eine Form der Mitteilung zu finden, die ich durch den Bruch mit meiner Oboe verloren hatte. Ich musste einen neuen Platz dafür finden. Doch jegliche Sprachkommunikation war ungleich stärker dem Druck der Beobachtung und dem Zugriff der Kontrolle ausgesetzt, als es Musik, allein durch ihre abstrakte Zeichendiktion je sein kann.

Vom Frühjahr 1964 an begann ich, Betrachtungen zu Theater- und Konzertveranstaltungen, die im Kulturhaus stattfanden, zu schreiben. Ich tat das, zum einen, weil mich reizte, zum anderen, weil es in B. niemanden gab, der sachgerecht damit umzugehen wusste. Letztlich ließ sich das gar mit meiner Beauftragung im Kulturhaus vereinbaren, da, wo es um nichts Geringeres ging, als „das kulturelle Niveau unserer werktätigen Menschen zu heben" (Zitat aus einem der unentwegt neu geschriebenen, immer wieder gleichlautenden *Arbeitspläne).* Ohne darum gebeten zu sein, gab ich einige Beiträge an die Lokalredaktion der Bezirks-Parteiorgans „Sächsische Zeitung". Ein anderes Lokalblatt existierte nicht. Das Resultat war verblüffend. Sie wollten mehr an Beiträgen von mir, als Anlässe sich boten. Und selbst mein neuer vorgesetzter Leiter, ein rostfarbener Mensch, der an trockenen Sätzen kaute, kam mir mit einigem Lob entgegen. Er mochte mich wohl eigentlich nicht, und sei es nur seiner selbstbeschränkten Emphase wegen. Zudem hatte er den Rüffel der Stasi zuerst an meiner Statt empfangen müssen, bevor er ihn hatte zischend an mich weiterreichen dürfen. Das lag nur wenige Wochen zurück, und damit verbanden sich auch für ihn untrügliche Erfahrungen einer gewissen ‚Restaufmerksamkeit' ohne Zeitbeschränkung seitens des leidenschaftslosen Horch-und-Guck-Service Erich Mielkes. Ohne Folgen blieben diese Aktivitäten nie. Wo einmal ihr Fuß hingetreten war, blieben die Abdrücke, und sie fanden leicht dahin zurück. Wie – nicht aus heutiger Perspektive, sondern aus dem Blickansatz des Unveränderlichen – wie also hätte ich langfristig leben sollen, ohne mich, wenn auch widerborstig, irgendwo einzubringen? Irgendwo, wie gesagt, einmal Essig, einmal Zucker, auf längere Zeit ein verderbliches Etwas. Zwei Dinge lernte ich dabei: Ich würde immer ein ‚verderbliches Etwas' bleiben, doch ich müsste in einem Punkt so gut sein, gebraucht zu werden.

Etwa ein halbes Jahr, nachdem ich jene ersten Beiträge an das Parteiorgan gegeben hatte, ließ mich der Kreisredakteur zu einem „ganz persönlichen Gespräch" bitten. Ich vermutete irgendeine textliche Verfänglichkeit, hatte aber keine schlüssige Erklärung. Er, ein Parteimann, Mitglied der SED-Kreisleitung, ich war bereits so programmiert, dass ein ‚check up' der Möglichkeiten als bedingter Reflex startete. Aber weit gefehlt, nichts von alledem trat ein. In weitem Komplimente-Bogen holte er aus zu fragen, ob ich nicht interessiert sei, Journalistik zu studieren. Wenn ich auch zur Zeit (noch) kein Mitglied sei, die Partei brauche fähige Menschen, die in der Lage seien, die „vor uns stehenden Aufgaben" zu lösen. Er sei alles andere als Journalist, doch seine Partei hätte ihn in diese Verantwortung gestellt, das sei eine Auszeichnung, deshalb nähme er sie wahr. Natürlich sei diese Tätigkeit auch angenehmer als seine bisherige als Maschinist. Außerdem: er habe sich qualifiziert. Und

151

wohl genau deshalb wäre es ihm möglich gewesen zu erkennen, dass mein Umgang mit der Sprache so sei, dass eine Ausbildung sich unbedingt lohnen würde. Zur Festigung meines „Klassen-Standpunktes" würde das Studium ebenfalls beitragen. Und in der Praxis gäbe es ja dann die Genossen. Er würde mich zum Fernstudium mit Diplom an der Fakultät für Journalistik der Karl-Marx-Universität Leipzig delegieren.

Bestürzung. Ich bat mir Bedenkzeit aus. Hatte ich derart Anlass gegeben in meinen Äußerungen, dass ein Parteimann mich für entwicklungsfähig hielt im Blick auf den *Sozialistischen Journalismus?* Das beunruhigte mich stärker als die Stasi-Sache, von der der Partei-Zeitungsmann natürlich wusste. Damals war ich mir meiner Rolle sicher, wusste nur nicht, was geschehen würde. Im Zusammenhang dieser Studienofferte glaubte ich klar die Folgerungen zu sehen, umso unsicherer fühlte ich mich bezogen auf mich selbst. Niemals – da war ich zu jeder Zeit sicher – niemals würde ich ein Parteigänger der SED werden. Was brachte also diesen getreuen Genossen dazu, mir einen solchen Vorschlag zu machen? Es konnte nur so sein, dass ich selbst den Spalt im Anschlag der Tür gelassen hatte. Einen Beleg dafür habe ich nicht gefunden. Er schien einfach zu glauben, es sei durch das geschehen, was ich eintrug. Seit ich schrieb, registrierte er eine Abonnenten-Zunahme aus dem Kreis der Bevölkerung, die die Parteizeitung sonst mieden. Das konnte er der Parteileitung und der Chefredaktion berichten, und es brachte ihm Punkte ein. In seinem ‚Delegierungsschreiben' an die KMU Leipzig, Fakultät für Journalistik, schreibt er unter anderem:

„Seine Beiträge zeugten und zeugen von einem hohen Wissen und Können auf seinem Fachgebiet und fanden breiten Widerhall bei der Bevölkerung, besonders den Freunden der Musik und des Theaters in unserem Kreis. Wir schätzen Kollegen Rösler als einen zuverlässigen freien Mitarbeiter, der ausgehend von den Beschlüssen der Partei zu geistig-kulturellen Problemen kritisch Stellung nimmt und versucht, die Leser mit dem Kulturerbe vertraut zu machen. Aus diesem Grunde befürworten wir seine Delegierung ..."

Die fahlen Standard-Floskeln aus dem mittleren Schubfach des sozialistischen Kaderbetriebes, vom „hohen Wissen auf seinem

Fachgebiet" und „ausgehend von den Beschlüssen der Partei", fanden sich neben anderen, ebenso ausgehend-hohen in jeder schriftlichen Wertung. Ein Ausbleiben hätte ganz sicher den ideologischen Halbleiterverkehr unterbrochen. Dechiffrierungen sickerten dagegen nur mündlich durch die Kanäle des Apparates. Was ich darüber später erfahren sollte, bestätigte nur krass den Charakter des Systems: „Wenn also einer kritisch Stellung nimmt, dann ist das Schwein unser Feind, und hat zudem noch die große Fresse. Aber da haben wir Leute, die sich darum speziell kümmern." (Mündlich aus dem Nähkästchen eines Kaderinstrukteurs.) Das war sie, in einem hohen Reinheitsgrad, die Sprache des Systems.

Was diese erst viel später auf mich gekommene Klarstellung im Zusammenhang der Delegierung zum Journalistik-Studium bewirkt hat, kann ich nicht sicher bewerten. Ich wurde zur turnusgemäßen, viertägigen Eignungsprüfung eingeladen, die organisiert war durch den Leiter der Fernstudienabteilung. Neben der Delegierung und den persönlichen Bewerbungsunterlagen sollte ein vertrauliches Gespräch mit dem Studienleiter sichern, dass der Bewerber kein „Schwein" sei im Stall dieser Kaderschmiede. Nachdem ich Platz genommen hatte, gingen ein paar Freundlichkeiten zwischen Dr. P. und mir hin und her, erfahren höflich begleitet von dem Mann im Anzug, der nicht älter war als ich. Und mit einem Mal ein Blickaustausch, wie an den Orten des Vertrauens. Kein Zweifel, ich war ganz sicher. Das Gespräch von einer Stunde verlief sehr offen, ungewöhnlich vertraulich. An die Möglichkeit unsichtbarer Beteiligter dachte ich nicht. Ich hätte so hart wie überhaupt möglich auf die Nase fallen können. „Machen Sie sich keine Sorgen. Wenn Sie alles im Verlauf dieser Prüfung so absolvieren, wie es ‚hier' gefordert wird, sind Sie unter den Zugelassenen." So kam es. „Wir sind stolz, vor Ihnen feststellen zu können, dass 18 Genossen, ein Mitglied der befreundeten CDU und Herr Rösler zum Diplom-Studiengang Journalistik zugelassen werden können." So am Ende der Dekan der Fakultät. Bei der von diesem Herrn entwickelten hierarchischen Ordnung blieb es bis zum Ende des Studienganges. Die bis dahin noch alt-überkommene Fakultät wurde schon bald in eine sozialistische *Sektion* verwandelt, in der die Wirkmechanismen des Demokratischen Zentralismus konsequenter durchgesetzt werden sollten. Als sichtbares Zeichen fiel die historische Uni-Kirche am Leipziger Karl-Marx-Platz (heute wieder Augustus-Platz) den Sprengkünstlern zu. Dafür, als Abbild des allseits wirkenden Zentralismus, stampften sie so viel Beton in die Erde, dass darüber noch 142 Meter zentrale Uni-Verwaltung in den Himmel gezogen werden konnten. Der Volksmund erkannte rasch auf Vergänglichkeit und besetzte das Baumonster, wie schon erwähnt, mit dem zielgenauen Begriff „Weisheitszahn". Wenig später wurde uns auf Fragen, die sich nicht mehr zurückhalten ließen, zögerlich mitgeteilt, der Leiter der Studienabteilung habe die DDR in Richtung Bundesrepublik verlassen und nicht die Absicht zurückzukehren. Ich studierte dessen ungeachtet, obwohl ich mir sicher war, dass es von ihm arrangiert worden war, als ‚Herr' neben den Genossen den sozialistischen Journalismus. Dabei lernte ich, was sie, die Genossen, dachten, aber nicht schreiben durften, und was sie schreiben mussten, ohne darüber nachdenken zu dürfen. „Du hast es gut", meinten sie und zogen mich hinein in ihre vulgäre Vertraulichkeit einer Sprache, die mir trotz dieser Nähe beharrlich fremd geblieben ist. Natürlich ‚hatte ich es gut', nicht in das disziplinarische Netz verstrickt zu sein. Das war meine Entscheidung. Von da an lernte ich es aber, in seinen üblen Verknotungen und in seiner gefährlichen Doppelfädigkeit sehr genau kennen. Sie heulten sich aus an meinem Ohr, an einem Kopf, den sie für ‚frei' hielten, und vertrauten mir Dinge an, durch die mancher von ihnen, hätte ich gehandelt, wie sie zu handeln verpflichtet waren, für lange Zeit, wenn nicht für immer ausgeschaltet worden wäre. Ich ließ den elenden Ballast, wohin sie ihn warfen. Ein Schritt nur von mir, und ich bin sicher, sie hätten das Netz über mich geworfen. Darüber belehrte mich, wenn auch erst später und doch noch früh genug, jener Kaderinstrukteur.

Nach fünf für mich ungewöhnlich aufschlussreichen Jahren über die Autosuggestion des DDR-Systems verließ ich ein Institut, das dem Zentralkomitee der SED innerlich näher stand, als mancher Genosse, der es nur von außen kannte, jemals gewusst hat. Genosse Wladimir Iljitsch, jener kleine Mann mit der großen Glatze aus Moskau, machte den Journalismus per Befehl zur Sache der Partei. So sollte es auch im Lande Walter Ulbrichts durchgesetzt werden. Ich war dafür kein geeigneter Mittler. Besser besorgten das jene

Kollegen, deren Job so organisiert war, dass sie über Dinge von Belang nicht nachdenken mussten. Ich war durch zwei Mitglieder aus ihren Reihen da hinein gelangt. Auch jetzt unterstelle ich beiden in Bezug darauf noch immer in aller Offenheit redliche Absichten: dem einen, weil er etwas bewegen wollte, was er selbst nicht vermochte, dem anderen, weil er zu denken begonnen und erkannt hatte, dass er nicht bleiben konnte. Weshalb man mich im Institut behielt, fand ich nie mit Sicherheit heraus. Auch dann nicht, als einer der Ohrensäusler mir verraten hatte, dass in der Studenten-Parteigruppe über ‚meinen Fall' gesprochen worden sei.

Ich konnte diese Lebenslektion nach fünf Jahren beschließen, ausgestattet mit einem Hauptzeugnis der Karl-Marx-Universität Leipzig, Sektion Journalistik, und einer Urkunde, die bestätigt, das Diplom der Sektion erworben zu haben. Dazu hatte ich eine sprachwissenschaftliche Arbeit verteidigt *„Zur syntaktischen Bedeutung von Satzgliedern und der prädikativen Klammer in Redetexten des Rundfunks"* (verkürzt), deren Ergebnisse in der Lehre Anwendung fanden. Nach den gesetzesähnlichen Regelungen des Freistaates Sachsen zur Anerkennung in der DDR erworbener Abschlüsse bin ich in die Lage versetzt, als eine meiner erreichten Berufsbezeichnungen den Diplom-Journalisten noch immer verwenden zu dürfen. Das, obwohl ich diesen Beruf nie ausüben konnte, da ich ihn in der Kaderschmiede einer Partei erwarb, der ich nicht angehörte. Meine Noten in den von Ideologie dominierten Fächern *Marxistische Philosophie, Politische Ökonomie des Kapitalismus/Sozialismus* (die Schwarz-/Weiß-Wissenschaften), *Wissenschaftlicher Kommunismus, Geschichte des sozialistischen Journalismus* und so fort ergaben aufgerechnet eine stattliche Summe, deren Querwert zwischen drei und vier lag. Nun gut, mich interessierten die Fragestellungen, als die sie nicht behandelt wurden, schon, aber sie wurden weder gelehrt, noch erörtert, sondern abgehört. Für die DDR eine durchaus repräsentative Praxis, insofern ergab sich daraus kein wirklicher Widerspruch. Die Schuld lag durchaus bei mir, konnte ich doch weniger gut nachreden als die in der Erfüllung von fixen Vorgaben geübten Genossen. Aufgrund dieser, als mentale Behinderung verstandener Beschaffenheit meiner studentischen Möglichkeiten zeigt mein Zeugnis eine einzige Unstimmigkeit. Im Fach „Stilistik der deutschen Sprache" war ich von drei Dozenten des deutschsprachigen Bereiches mit „sehr gut" bewertet worden. Mochte das vielleicht ein Grund sein, dass ich zur Aushändigung der Hauptzeugnisse und Überreichung der Diplom-Urkunden noch zu den anwesenden Studenten gehörte? Das Forum war bereits fühlbar abgekühlt, als ich am Schluss der Reihe aufgerufen wurde. Dem angemessen, hielt der Direktor der Sektion sich an das Unvermeidliche. Seine Aufmerksamkeit in diesem Moment entsprach leichtfertigerweise nicht mehr der ihm stets obliegenden Verantwortung. Denn aus dem mickrigen Auditorium löste sich zeitgleich einer der Dozenten der deutschsprachigen Abteilung, um mir zum Erfolg meiner sprachstilistischen Bemühungen zu gratulieren. Und wie „Mario der Zauberer" nestelte er zur linken hinter seinem Rücken hervor eine Rose, die er mir weniger geschickt, dafür umso herzlicher hinreichte. Wenn mich nicht alles täuschte, so bedeuteten die Falten im Nasenwurzelfeld des Direktors während eines Blicks auf seinen eiligen Mitarbeiter keine weitere Auszeichnung. Ich konnte leicht ahnen, welche Folgen das für ihn hatte. Er tat mir leid, der Mann. Mein Studium war damit zu Ende.

Walter Ulbricht, dem ich doch hinlänglich viel der wenig sinnvollen, regimeverquickten Aufwendungen dieser Ausbildung zu danken gehabt hätte, gab es da nicht mehr. Er hat den sonnenwarmen Tag Anfang Juli so nicht mehr erlebt. Am 3. Mai 1971 hatten seine Genossen Kampfgefährten im Politbüro ihm gut vorbereitet, also überraschend, gezeigt, wie alt und krank er sei, ihn unter der Anleitung Erich Honeckers sämtlicher Beine seines ersten Stuhls entledigt und ihn – wie *er* es bislang mit anderen getan hatte – ins Aus geschickt.

Zwölf Jahre waren ins Land gegangen, das ehrgeizige Reich Erich Honeckers, des Generalsekretärs des Zentralkomitees der Sozialistischen Einheitspartei Deutschlands und Vorsitzenden des Staatsrates der Deutschen Demokratischen Republik, als ich erneut einzog in die ruhige Leipziger Tieckstraße, um an der Karl-Marx-Universität, Sektion für Kultur- und Kunstwissenschaften, Bereich Musikwissenschaft, Ästhetik und Analyse der Musik des 20. Jahrhunderts zu studieren.

Ankunft und Wiederbeginn

Beidseits. Entlang des Dornendrahts Erschütterung. Der Vorhang, schwarz, da rot, den die Mächte webten, zu Eisen geronnen. Er. Trennt Schreie und verzerrt die Namen von Blut, die blieben, Jan Palach und Benno Ohnesorg, von vielen.
"Das rechnet sich nicht: Achtundsechzig." Blieb.
Ausständig als Rest.
Beidseits.
Nur uns: Bruder B. zu Zeitz.[1]

Marianske Lazne (CSSR), 21. August 1968, acht Uhr und zehn Minuten. Die Tür des fremden Schlafzimmers, das wir durch Vermittlung unserer Dresdner Freunde als Urlaubsquartier nutzen dürfen, wird ohne Höflichkeit aufgestoßen. Im Morgenrock, verstört und mit weiten Pupillen steht da und hechelt unsere liebenswerte Wirtin: „Ihr seid's wieder einmarschiert!"

Die Österreicherin, Witwe eines tschechischen Beamten, für die 1938 gestern war, berichtet wie nach einem eben absolvierten Hirtenlauf das, was sie gerade in den Acht-Uhr-Nachrichten der ORF hören musste: „Von eich san's gekommen und von allen Seiten, die

---

[1] Wenige Tage nach dem Einmarsch der Russen, am 21. August 1968, in Prag, übergoss sich der Student Jan Palach mit Benzin und verbrannte sich in verzweifeltem, offenem Protest auf dem Prager Wenzelsplatz. – Benno Ohnesorg wurde während einer gewalttätigen Protestaktion der studentischen „'68er"-Jugend in Westberlin durch Schüsse der Ordnungshüter tödlich verletzt. – Der evangelische Pfarrer Oskar Brüsewitz aus dem anhaltischen Zeitz verbrannte sich selbst am 18. August 1976 aus Protest und Verzweiflung gegen die selbstherrliche, vor allem gegen Kinder und Jugend gerichtete, kirchenfeindliche Politik der DDR-Führung. Ernst zu nehmende Stimmen erkannten in der Tiefe der ausgelösten Erschütterung ein erstes Handlungssignal für Veränderung.

ganze Nacht und Prag ham's genommen mit ihren Panzern und den Dubcek, nach Moskau ham's den verschleppt. An Krieg wird's wieder geben, wan's die Tschechen sich's werdn nicht gefallen lassen. Packt's eire Sachen und macht's, dass ihr gschwind raus kommt. Alle Grenzen nach Bayern san geöffnet. Salutiern tun's, die tschechischen Grenzer. Tausend Leut san über Eger gangen, raus und fort. Macht's nur, dass ihr's schafft. Lang werden die Russen 's nicht mit ansehn. Ich bin alt, ich bleib. Nein, was für ein Unglück, o mein Gott."

Ihr Atem war erschöpft und ihre aufgewühlte Energie. Sie sank auf ihr Bett, in dem wir lagen, und weinte ohne Halt. Ein Trost unsererseits ließ sich in dieser, mit dem Kopf nicht fassbaren Situation kaum beibringen. Zunächst einmal beherrschte Verwirrung die groteske Szene, auf der sich die militärisch Betroffene mit der Partei der Aggressoren in ihrem eigenen Bett, das sie uns, den ‚Warschauer-Pakt-Deutschen' zur Verfügung gestellt hatte, in den Armen lag. Dazu, gegenüber auf seinem Lager, saß unser Sohn (4 1/2 Jahre alt) mit hohen Lidern, dessen Erfahrungen mit den bewegten Bildern nicht überein kommen konnten. „Mutti, was ist denn, warum weint die Tante Irene? Ich hab Angst."

Die hatten wir alle, ohne Ausnahme. Seit dem Mauerbau war ein solcher Schlag nicht mehr auf uns niedergegangen. Man konnte wägen, welches Verbrechen größer sei. Hilfreich war es nicht. Wir saßen mit unserem Kind in einem Land, das *wir* offenbar militärisch überfallen hatten. Zumindest schien es so, dass die DDR an der Aggression beteiligt war. Es musste etwas geschehen, wofür solidere Informationen unerlässlich waren. Aber wieder einmal, wie ein vergessener Schatten, stand da in der Tür bereits die alte Frage: GEHEN? – BLEIBEN?

Würde sie uns immer folgen, diese Entscheidungsfrage, wie ein Virus, der allzu leicht zu aktivieren war. Mit einem Kind, zwei Koffern und dem Personalausweis der Mauer-DDR, zum Teufel, welch ein Status! Und doch befiel uns beide, meine Frau und mich, unabhängig von einander, ein induzierter Schock. Sollte es zur militärischen Auseinandersetzung kommen ...? Wir waren nicht imstande, *das* zu Ende zu denken. Eine geizige Stille kroch über den Morgen.

Hier, im weltbekannten Marienbad, herrschte internationaler Betrieb, Engländer, Franzosen, Italiener, Amerikaner, Japaner und ‚Bundesdeutsche' – die eilig, wenige Tage davor, noch mit geschürzter Lippe unseren Tisch verlassen hatten, als sie hörten, wir kämen aus Dresden. Das hatte nun keine Bedeutung. Vielleicht waren wir hier sicher, 160 Kilometer entfernt von Prag? Vermutungen. Das Kind war angezogen, die nötigsten Sachen zusammengerafft, da, im plärrenden Radio die nächsten Meldungen: Die Russen rückten mit Einsatzwagen auf die Westgrenze der CSSR vor, offensichtlich um die Schlupflöcher zu schließen. Dann war das die Antwort. Karin sah mich an: „Oma, zu Hause, wir können sie doch nicht allein lassen." Möglicherweise hatten die Russen uns eine Entscheidung abgenommen, die wir selbst nicht zu treffen wagten.

Auf den Straßen entstand Unruhe. Die Tschechen zeigten sich in gärender Stimmung, mehr und mehr mischten sich sogar Uniformierte in die skandierende Menge, Polizei, auch Militär, einig im sich aufschaukelnden Unmut. Aber die Unsicherheit war auch unter ihnen erkennbar. „Bleibt's drinnen, geht's nicht auf die Straße", drang Irene, unsere Wirtin, in uns, mit ihrem, selbst in dieser Unzeit noch heimeligen Dialekt. „Die Tschechen sind unberechenbar, wann's aufgebracht sind. Und ihr seid's von denen, die hereingekommen sind in der Nacht." Es kam auf den Straßen zu Rangeleien unter den Tschechen. Wir sahen es vom Fenster aus. Wie hätten sie auch einig sein können, da noch niemand wusste, was wird. Einige „von euch draußen", wie Irene sagte, die sich als Gaffer aufführten, erhielten sofort die Quittung. Ihre Trabis und Motorräder eigneten sich danach nicht mehr für die dringend geratene Rücktour nach Hause. Am Nachmittag dann rollten die Panzer, und die Russen räumten die Straßen.

Dreiundfünfzig. Sechsundfünfzig. Einundsechzig. Achtundsechzig – drei : fünf : sieben – so lautete offenbar die Arithmetik Moskaus, bevor Willy Brandt, als deutscher Sozialdemokrat, das Zeichen setzte, die tödliche Logik zu durchbrechen. Doch längst noch knüpfte sich nicht daran das Ende, aber doch ein Neuansatz des Miteinander-Sprechens. Mir galt der ‚Ostaufschluss' Willy Brandts noch immer als das erste positive Zeichen, seit ich Politik wahrzunehmen in der Lage war, bis dahin gab es im wesentlichen die Politik zweier Diktaturen.

Unser Sohn war sehr lieb. Wir hockten am Radio und versuchten, aus dem Wust der Vermutungen einen Extrakt zu ziehen, aus dem sich etwas Klares reimen ließ. Der Junge hatte sich beruhigt, begnügte sich mit der Perspektive des Bodens und erspielte sich seinen Weg zwischen den Stühlen. Er, das Kind, blieb dabei noch verschont vor Verletzungen. Wir waren froh, unser Quartier nicht bei tschechischen Gastgebern zu haben, wie es gewöhnlich die Regel war. Irene S. war ein kostbarer Schatz für uns. Aber auch sie litt unter der Spannung, in die wir sie mit unserer Anwesenheit brachten. Die Nachbarn wussten, dass sie Ostdeutsche beherbergte. Sie, die Eingeheiratete, die das Tschechische nur dazugelernt hatte, bemerkte es an geschlossenen Türen. In kalten Zeiten friert auch die Freundschaft. Das Telefon zu benutzen, war nicht geraten. Es beschäftigte sich überdies selbst – oder wohl auch ganz bestimmte Leute – mit Knacken und Knistern, und allerlei Geräusch, das wir auch von zu Hause kannten. Also wagte ich mich am Morgen dann aus dem Haus und schlug mich durch bis zum Bahnhof, lediglich, um zu erfahren, dass der Zugverkehr eingestellt sei. Ein Taxi zu bekommen war aussichtslos. Außer den kuhfladenfarbenen sowjetischen Mannschaftswagen bewegte sich in der gründerbarocken Kurstadt nichts. So überkam uns reichlich Zeit, das Warten zu üben.

Darüber, vielleicht gerade deswegen, stellte sich deutlich Hunger ein. Vorräte hatten wir nicht, ausgenommen etwas Butter und Marmelade zum Frühstück zu den köstlichen böhmischen Hörnchen. Wir hielten das am großen Wohnzimmertisch, an dem jeweils spätmitternächtlich die von Irene angezettelte Canasta-Runde endete. Es war der dritte Morgen nach Dubcek[2], als in Prag der Versuch des sozialistischen Frühlings brüderlich „gescheitert wurde"; ich machte mich auf, nach Brot zu gehen. Die Sowjets, so schien es, bemühten sich, wieder etwas an öffentlichem Leben in Gang zu bringen. Gott sei Dank hatte die tschechoslowakische Armeeführung gegen den bewaffneten Widerstand entschieden, und sie, die Entmündigten, blieben in den Kasernen. Selbst die Bürger, wie sich herausstellte, in ihrer Mehrzahl hielten diese allerletzte Option

---

[2] Alexander Dubcek (1921–1992). 1968–69 Erster Sekretär des ZK der KPC, Begründer des als „Prager Frühling" bekannt gewordenen Modells eines Demokratischen Sozialismus.

der Waffen nur für eine, für sie als Tschechen allzu vertraute Form der Demütigung und Dezimierung.

Am bekannten staatlichen Backwarenladen wand sich die Schlange bereits nach der dritten Kehre, also nahm ich den Platz ein, der mir zukam. Es ging zügig. Großer Aufwand wurde sichtlich nicht getrieben. Da war Brot, wieviel, ließ sich nicht einsehen. Hinter mir wuchs das Ende der Schlange beständig fort. Hier waren Einheimische und Fremde dabei, sich in Geduld zu proben. Als ich nach einer guten Stunde die Ladenschwelle erreichte, löste sich hinter mir ein energischer Mann aus der Reihe, drängte sich vor an den Stand und verlangte lautstark im Karl-Marx-Städter Sächsisch „een Brot". Er sei schließlich zu Gast da und fand es „eine Schweinerei", sich anstellen müssen. Mir verfinsterte sich die Sonne und der Vorhang meines Tempels wollte reißen, „von obenan bis untenaus". Bach verwendet für die dramatischen Extreme in seinen Passionen den viertönigen verminderten Septakkord. Ich stand da – allein – , und die Spannung riss ferne Gedanken an die Oberfläche, als zwei der Tschechen aus der Schlange traten, sich des Typs wirksam annahmen und ihn im Bogen aus dem Laden entfernten. In der Menge gärte und schäumte es auf. Der Flegel floh. Mir war es ausgesprochen flau unter meiner Jacke. „Jeden chleb prosim" (ein Brot bitte), versuchte ich mich, halb mutig, halb demütig, „es kann auch ein halbes sein". Das schob ich leise nach, so sicher war ich im Tschechischen nicht. Und dass ich für unsere Wirtin mit angestanden hatte, soviel wagte ich nicht noch in die explosive Stimmung an Deutschem einzubringen. Die Verkäuferin sah mich an und erkannte mich als den morgendlichen Hörnchen-Kunden der vergangenen vierzehn Tage. Wir hatten diese winzigen Begegnungen freundlich verbracht. Sie sprach fünf Worte fast wie deutsch, ich etwas weniger tschechisch. Dazu links und rechts aus den Augen ein Lächeln, ohne die schmächtigste Ahnung auch nur, wie politisch in seiner Konsequenz sich der Augenschlag entwickeln sollte. Ich bekam ein Brot, dankte und ... bezahlte und ging. So tat ich. In Wahrheit flog ich.

Am vierten Tag des Wartens entwickelten die Dinge sich so, dass wir hofften, es bestehe Aussicht, mit dem Zug wegzukommen. Das, in dieser konkreten Form, bewahrheitete sich jedoch nicht. Am Tag Fünf, nach einem Frühstück gemeinsam mit unserer sorgenden

Wirtin, das wir zum letzten erklärten, nahmen wir unser Kind, umarmten mit herzlichem, tief in uns beginnendem Dank diese bewundernswerte, tapfere Frau und versicherten ihr, nicht zurückzukommen. Sie hatte die Solidarität praktiziert, die die Moskauer Kommunisten gerade wieder einmal unter ihre Stiefel genommen und zertrampelt hatten, rechtlich abgesichert all das durch die eisern-rote Klassen-Doktrin des Leonid Iljitsch Breshnjew.

In einer sehr verhaltenen Variante des „stop and go" schepperte der rostige Triebwagen über Eger, Frantiskove Lazne (Franzensbad) zunächst bis ans Ende der klapprigen Bahnschienen vor der Grenze zur DDR. Wir blickten in einen lieblichen Talflecken, den die durcheilenden Panzer in vergessener Unschuld liegen gelassen hatten. Die diensttuenden Uniformierten zeigten sich einigermaßen unvorbereitet auf unser Anliegen, die Grenze zu passieren. Aber unsere sichtbare Mühsal, die weit hinausragte über die blauen DDR-Papiere, die vierzehn Tage zurück noch unbeanstandet gegolten hatten, schaffte uns schließlich ohne viel Aufhebens den Grenzübertritt. So begann ein Fußmarsch mit zwei stattlichen Koffern, allerhand Kleinkram und einem übermüdeten Kind nach Bad Brambach (Vogtland). Dort nahm uns irgendwann ein Bus auf, der nach Plauen fuhr, und weiter streckte und wand die Tour sich in mancherlei Zügen zurück über Zwickau, Karl-Marx-Stadt (Chemnitz), Dresden nach Pirna. Mir blieb ausreichend Zeit, mich jener Tage im Mai 1945 zu erinnern, als ich ein Kind war und wir auf unserer Flucht vor den anrückenden Russen schon einmal einen ‚Böhmischen Bogen' geschlagen hatten, nur um müde und erschüttert nach Hause zurückzukehren. Wir waren am Schaft des Lebens unversehrt geblieben, wie dieses Mal. Aber mir fehlt es an Fantasie, dieses rasch zum ‚Glück' umzuschreiben. Ich sah auf unseren Sohn, was würde auf ihn warten? Sollten wir nun dankbar sein, dass es anno 1968 (beinahe) nur ein Stück des bitterkalten Krieges aus dem Osten war?

... und wieder etwas beginnen

Im frühen Frühjahr des bis dahin noch sanften Jahres 1968 erreichte mich die Anfrage, ob ich interessiert sei an einer Tätigkeit in der Musikschule. Die Möglichkeit, mit Kindern und Jugendlichen zu arbeiten, war mir sympathisch und willkommen. Nur, pädagogische Erfahrungen besaß ich bis dahin noch kaum. Demgegenüber nahm sich die Zusammensetzung der Fächer, um meine Stelle voll zu besetzen, ziemlich anspruchsvoll aus: Hauptfach Oboe, Musiktheorie, Tanz-Repetition, Orchesterarbeit und Aufbau einer Entwicklungsabteilung U-Musik. 1965 hatte ich das pädagogische Examen abgelegt und würde nun herausfinden müssen, was das im Blick auf einzelne Kinder, die in der Regel über Jahre hin zu betreuen waren, unter den strikt gegebenen Voraussetzungen bedeuten konnte.

Zunächst erlebte ich das Heraustreten aus der Enge der „Kulturhausarbeit" als Befreiung. Das blieb dabei, auch als ich sehr bald zu erkennen lernte, wie dicht gewebt das Netz der beabsichtigten Beeinflussung gerade an dieser Stelle, der Arbeit mit Kindern und Jugendlichen, war. Zutreffender gesagt, dass es seitens der Partei dafür eine hohe Erwartung gab, die nach meinen Erfahrungen nie erfüllt worden ist. Die Musikschulen der DDR übten ihre Tätigkeit auf der Grundlage staatlicher Weisungen aus. Sie waren Teil des einheitlichen sozialistischen Bildungssystems, unterstanden aber nicht der allgemeinen Schulverwaltung, der als Ministerin für Volksbildung von 1963 bis 1989 Margot Honecker vorstand. Der gewünschte Ansatz – die ersten dieser Einrichtungen entstanden 1949/1950 als *Volks-Musikschulen* – war dem stalinistischen Proletkult, den die sowjetische Militärverwaltung eingetragen hatte, eben so verpflichtet, wie den kulturellen Traditionen der deutschen Arbeiterbewegung. Ihre historischen Wurzeln hatten die deutschen Volks-Musikschulen aber in der Sing- und Spielmusik-Bewegung der zwanziger Jahre, die viel stärker ein urban-kleinbürgerlicher als ein proletarischer Aufbruch war. In dieser Mitte gab es keinerlei Leistungsanspruch. Als Ideal galt die Freude am Erleben. Das mochte zunächst auch für die vorgesehene musikalische Betreuung der DDR-Jugend genügen, verbunden allerdings mit einer anfangs noch unregulierten Erwartung der ideologischen Einflussmöglichkeiten. Ungeklärt darüber hinaus waren Zuordnung (materielle Basis), Verwaltung und Organisation. Übergangsweise wurden damit die MAS (Maschinenausleihstationen) beauftragt, eine Art regionaler sozialistischer Logistik-Unternehmen für den Einsatz enteigneter und zusammengestoppelter Landtechnik, gegründet nach sowjetischem Vorbild durch die SMAD. Sie fungierten, vor allem im ländlichen Raum und in Kleinstädten, auch als Kulturträger. In diesen Einrichtungen, die nach der Zwangskollektivierung der Landwirtschaft Zentren der LPGs[3] wurden, regierte die Partei. Von da aus wurde Kultur „gemacht". Sie realisierte ihren *Klassenauftrag*. Dieser Scheußlichkeit war in der DDR nie vollständig zu entkommen.

Nach und nach festigten sich dann Anfang der fünfziger Jahre zivile Verwaltungsstrukturen, die, eigenartigerweise auf allen Ebenen ihrer nominellen Aufgaben entsprechende Schattenstrukturen in den Parteizentren behielten. Der zivile Sektor Kultur wurde den Räten der Kreise unterstellt. Die dort eingerichteten Referate, später *Abteilungen Kultur* waren verwaltungsorganisatorisch, wirtschaftlich und *inhaltlich*, d. h. politisch-ideologisch, verantwortlich für die kulturellen Einrichtungen im Kreis. Diesem Verwaltungssektor ordnete man nach und nach auch die Musikschulen zu. Weiterhin existierten bei den Kreisleitungen der SED eigene hauptamtlich besetzte *operative Bereiche Kultur*, denen meist so genannte *Instrukteure* vorstanden.

Den *Volks*-Musikschulen der proletarisch-revolutionären Frühzeit der fünfziger Jahre war schließlich dann eine kürzere Existenz beschieden, als die ideologischen Planer der Macht der Arbeiterklasse diesem Bereich der Jugendentwicklung zugedacht hatten. Die Massenflucht und der Mauerbau führten zu höchst zugespitzten Situationen in der dürftig entwickelten Infrastruktur und auf dem Arbeitskräfte-‚Markt'. Wobei es einen ‚Markt' natürlich nicht gab, da man stets auf Umwegen auf der Suche nach Auswegen war. Dessen ungeachtet versprach die Partei vollmundig, die Unterschiede zwischen Stadt und Land aufzuheben. Das hieß, der von der Partei der Arbeiterklasse bewegte Sozialismus würde das aus sich heraus bewirken. Aber nichts wurde dem Selbstlauf überlassen. Der „Bitterfelder Weg"[4] der schreibenden Arbeiter, gemäß der Losung:

---

[3] Landwirtschaftliche Produktionsgenossenschaft, das Produkt der sozialistischen Zwangskollektivierung der Bauern.
[4] Aufruf der Partei zur Einigung von produktiver und künstlerischer Arbeit, vorgetragen durch Walter Ulbricht auf der 1. *Bitterfelder Konferenz* am 24.4.1959. Er führte zu der „Bewegung schreibender Arbeiter" und zur beginnenden Frustration und Fluktuation der Schriftsteller.

„Greif zur Feder, Kumpel", führte auch über die Dörfer. Es gab den „Landfilm", mit sibirischer Technik für Hartgesottene. Die Dorfbibliotheken erhielten – natürlich kostenlos – die von der Partei ‚behauenen' Gesamtausgaben der Werke Lenins und Stalins. Künstler stellten aus, Bilder mit Hammer und Faust, Schriftsteller lasen vor aus Geschichten, die das verordnete Leben noch schreiben sollte, und die Konzert- und Gastspieldirektion – die staatliche Monopolagentur – brachte das Schlagersternchen Bärbel Wachholz, den sächsischen Späßemacher Herbert Cohrs und das Bosse-Quartett des Leipziger Gewandhauses und jedweden anderen Unterhalter für die Werktätigen an einen noch so entlegenen Ort, auch, wenn es denn sein sollte, gleichzeitig. Und die Kreisstädte bekamen nicht nur die Musikschule, sondern auch ein Staatliches Orchester.

Dieser aufgeblähte Ehrgeiz selbstgereimter Epochenfertigung, in dem die Parteiführung schwärmte, trieb das Ländchen in unsägliche Schwierigkeiten materieller, vor allem auch personeller Art. Tausende von fähigen Führungs- und Fachkräften in Forschung und Industrie, Künstler, Wissenschaftler und unzählige Studenten hatten die DDR verlassen. Andere standen unter ideologischer Zucht oder saßen bereits im Gefängnis. Unlösbar, wenn auch eingekeilt in die Gesamtmisere, schien die personelle Situation in den zahlreichen Orchestern, in denen insgesamt zirka viertausend Musiker beschäftigt waren. Die DDR besaß zwei – historisch überkommene – musikalische Studieneinrichtungen, in Leipzig und Dresden (ohne Wertung). Die entsprechende Berliner Einrichtung liegt in Charlottenburg, im Westteil Berlins. Für Ost-Berlin „Hauptstadt der DDR" war fraglos, der ‚Weltgeltung' folgend, eine Entsprechung neu zu schaffen. Unter dem Patronat des scharfgeistigen, proletarisch gesinnten Hans Eisler vermochte dieses Institut auch die Wende zu überdauern. Eine weitere Hochschule für Musik bekam Weimar, die ideologisch vereinnahmte Klassiker-Metropole. Dafür wurde das dortige Orchester personell aufgestockt und erhielt den Rang einer Staatskapelle, um damit die auch in der DDR geltenden Voraussetzungen einer akademisch-künstlerischen Musikausbildung zu erfüllen. Den Personalbedarf der an der vorwilhelminischen Kleinstaaterei orientierten, dichten Orchesterlandschaft zu decken, reichte der Zuwachs an leistungsfähigen Absolventen dennoch nicht aus. Selbst wenn man gewillt ist, die gewaltigen, ehrgeizigen Anstrengungen, die sie zweifellos darstellten, positiv bewertet der Geschichte zu überlassen, bleibt letztlich das dürre Fazit: Es konnte nicht aufgehen.

In der Darstellung meiner Erfahrungen im und mit dem System der DDR bleibt der kulturell-künstlerische Bereich ein überaus feinkörniges Material. Ich habe meine Existenz vom Beginn meiner Ausbildung an inmitten dieser umstrittenen, proletarisch verfassten Hochkulturszene gefunden. Die Aufrichtigkeit gebietet mir, dieses beim Erstellen meiner Lebensbilanz zu berücksichtigen. Dabei teile ich mit sehr vielen anderen die begründete Ansicht, wenn die gefallene DDR einen Werte-Eintrag in das gemeinsame deutsche Vermögen erbracht hat, dann sind es Leistungen der Kunst, der Wissenschaft und der Kultur. Und um deutlich fortzusetzen: Leistungen, die zu einem beträchtlichen Teil im Widerstreit mit der Partei der Arbeiterklasse entstanden sind, unter deren Demütigungen, gemeinen Unterstellungen und böswilligen Verurteilungen. Entstanden, in dem einzigen produktiven Lebensbereich, in dem etwas ‚gewollt' und nicht nur – verzichtend auf die anbiedernden, schwachen Ausnahmen – etwas ‚erfüllt' wurde. Dass damit ein individuell strukturierter, überaus diffiziler Gesellschaftsbereich zur Sprache steht, der sich Pauschalurteilen verwehrt, bleibt bestehen. Mein Blickwinkel war lange Zeit – viel zu lange – der von unten, bis ich spät, zu Anfang der siebziger Jahre, begann, einen Punkt zu finden, der einen Blick *auf* das System erlaubte. Das hat mir weitestgehend die alles erheischende Partei, der ich nicht zugehörte, selbst ermöglicht, während meines, von ihr nahegelegten Journalistik-Studiums. Gleichzeitig half sie mir auf zu jenem sicher entfernten Punkt, der mich den Abstand bewahren ließ.

Nach dem Mauerschluss, in der ersten Hälfte der sechziger Jahre, erteilte die Partei den Auftrag, die Arbeitsgrundlagen der Volks-Musikschulen den *veränderten gesellschaftlichen Entwicklungsbedingungen* entsprechend neu zu ordnen. Als Ergebnis veröffentlichte das Ministerium für Kultur ein Dokument, das als *Anordnung über die Arbeit der Musikschulen* in die Geschichte der DDR einging. Im wesentlichen enthielt das gesetzeskräftige ‚Werk' drei Neuerungen:

- die Änderung des Namens in „Musikschulen der DDR",
- die Beauflagung zur leistungsorientierten Arbeit,
- die Verantwortung für die *Erziehung junger Sozialisten.*

Ohne das Letztere war im Entscheidungsdenken der treuen Apparatschiks nichts zu erwarten. Es schien mir immer wie ein Krampf, bei dem der linke Fuß fortgesetzt auf dem rechten steht und das Gehen verhindert. Ich werde noch darstellen, wie ‚berechtigt' ihre verkrampfte Forderung war, und wie absolut erfolglos.

Als ich am 1. Mai 1968 in den Dienst der Musikschule trat, empfand ich das durchaus als positiven Schritt. Zum ersten Mal folgte ich einem Vorgang, der im demokratischen Arbeitsrecht als Berufung gegolten hätte. Es schien mir, es könne sich für mich im Umfeld der Musik eine neue Perspektive auftun, die auch größere Anstrengungen rechtfertigte. Das sollte sich bewahrheiten, und ich sehe noch immer keinen Grund, diesem Befund zu widersprechen. Für mich wurde es die Ankunft, ein Neubeginn.

Der Arbeitsbeginn gegen Ende des Unterrichtsjahres, am 1. April 1968, ließ mir Zeit, mit dem Schulbetrieb vertraut zu werden. Meine Stellenbeschreibung als Abteilungsleiter für Tanz- und Unterhaltungsmusik und Fachlehrer – der Anglismus *„pop"* für populäre Musik hatte keinen Zutritt – machte mich zum Mitglied der „engeren Schulleitung". Ich erhielt die Schlüssel und auch Zugang zu den nötigen Unterlagen. Die „Anordnung über die Musikschulen" vom 12. Oktober 1961 – kurz Anordnung 2, da sie jene erste über die Volks-Musikschulen aufhob – bedeutete mir mein Chef, sei das elementare Arbeitspapier und für mich als Leitungsmitglied ein unerlässliches ‚Begleitinstrument', will sagen: eine Art Katechismus der sozialistischen Musikschulbildung, was immer das bedeuten konnte. Ich zitiere daraus:

§ 1, 1. Alle bisherigen Volksmusikschulen erhalten die Bezeichnung „Musikschule".
3. Die Musikschulen sind Einrichtungen der Räte der Kreise
§ 2, 1. ... Schüler ... in einer langfristigen systematischen Ausbildung zu hohen musikalischen Leistungen zu führen,
sie im Geist des Sozialismus zu erziehen und zur aktiven

schöpferischen Teilnahme am kulturellen Leben der sozialistischen Gesellschaft zu befähigen.

§ 3, 2. *Sie (die Musikschulen) arbeiten eng mit den Oberschulen, den Leitungen der Pionierorganisation „Ernst Thälmann" bzw. der FDJ zusammen.*

5. ... *Schüler sind so auszubilden und zu erziehen, daß sie nach dem Abschluß der Ausbildung bereit und fähig (Hervorhebung d. A.) sind, das Studium als Berufsmusiker oder Musikerzieher aufzunehmen.*

Eine Ergänzungsverordnung vom 1.4.1963 legte fest: „*mindestens 50% aller Schüler in Orchesterinstrumenten auszubilden*".

Die großsprecherische Paarung *bereit und fähig* fand sich wenig abgewandelt in allen sozialistischen Verpflichtungsformeln, von der Jugendweihe bis hin zum Verteidigungsgelöbnis der NVA (Nationale Volksarmee).

Für die besondere Werbung von Schülern für die Ausbildung zum Militärmusiker erging mündliche Weisung an die Direktoren der Musikschulen, verbunden mit der Empfehlung zur Auslobung von Schüler-Prämien. Als „bereit und fähig" erwiesen sich dafür, wie ich es erlebte, nur einzelne, meist eher schwache Schüler aus den wenigen staatsnahen Elternhäusern. Die Mehrzahl der aufgeschlossenen und musikalisch entwicklungsfähigen Kinder kamen aus Familien mit lebendigen Kontakten zur Kirche, dem Ort des Singens, des freien Sprechens und der entwickelten Bereitschaft, Verantwortung für sich und andere zu tragen. Mit wenigen Ausnahmen bildeten diese Kinder später die Crew der Geförderten und Studierenden. Im Gegensatz zu anderen Studienbereichen, deren Zugang fraglos mit dem Parteibuch zu erreichen war, galt an den Musikhochschulen allein die Leistung. Darin bestand gleichzeitig die Chance all derer, die ihrer politischen Haltung wegen in der Entwicklung behindert oder von fortbildenden Studien ausgeschlossen wurden. *Schuld* der Kirchen war das allerdings in keiner Weise. Sie haben vom System diese Rolle gezwungenermaßen annehmen müssen, wodurch ihre Mitglieder in die Position von Außenseitern gedrängt wurden. Nach ihrem – der Kirchen – Versagen gegenüber dem Nationalsozialismus taten sie gut daran, auf sachlichste Distanz zu dem Staat zu gehen, der sie, „wissenschaftlich begründet", als zum Absterben verurteilt ansah. Das, wie man in China und Russland, andererseits an den hochtechnisierten ‚Wohlstandsländern' auch des Westens sehen kann, hat eine ganz andere Werte-Dimension, als den kleinbürgerlichen Versuchs-Sozialismus.

Die Anordnung 2 über die Arbeit der Musikschulen war „in Abstimmung mit der Staatlichen Plankommision und dem Ministerium für Volksbildung" vom Minister für Kultur, als Frontmann, im Gesetzblatt der DDR, Teil II, veröffentlicht. Es ging um Politik. Mir überreichte der Direktor ein jungfräuliches Exemplar. Und um den Eindruck von Bedeutung zu unterstreichen, erlaubte er einen Blick in das seine mit den drei- bis vierfarbenen Anmerkungen. Mir schien, dass er zitterte, wie ich ihn, das Mitglied einer Blockpartei, noch oft erleben musste. Er hatte damit die falscheste aller möglichen unglücklichen Entscheidungen getroffen. Vier Jahre lang versagte ihm der Staat deshalb die offizielle Anerkennung als Leiter und ließ ihn im Stellvertreter-Status. Er litt darunter. Es bedrohte seine gütige Beschaffenheit und verdarb seine Gesundheit. Er wurde ein tragisches Opfer der eigenen Furcht und der Niedertracht des Systems, dem er sich aussetzte. Mir blieb er damit ein warnendes Beispiel.

Die Ereignisse des Jahres 1968 in der CSSR lagerten sich im Bewusstsein der Mehrheit der DDR-Bürger ein als Verlust von mühsam ergatterten und ausgestalteten Urlaubsmöglichkeiten. Welche Gefahr eines grenzübergreifenden militärischen Konfliktes mit der kommunistischen Strategie einherging, wurde vor allem von denen aktiv verdrängt, die ihr zwanghaftes Vereinnahmtsein durch das DDR-Regime, unter anderem mit persönlichen Vergünstigungen zu verdrängen versuchten. Dazu gehörte besonders stark herausgehoben der Urlaub, als eine scheinbar zeitweilige Befreiung. Auch mir und meiner Familie bot sich in der CSSR dazu vielfache Gelegenheit. In meiner Erinnerung schichten sich diese äußerlich meist unspektakulären Auszeiten auf zu Waben mit heilsam dauerhaftem Inhalt. Darin, das scheint mir wichtig, hielt sich die Fähigkeit, Freude am Geringen zu finden.

In Parteinähe dominierten abschätzige Bewertungen und Bemerkungen gegenüber den tschechoslowakischen „Gerade-mal-noch-

Genossen" und ihre Einstufung unter die „Gefolgschaft schändlicher Revisionisten". In einem gemeinsamen Brief der Kommunistischen und Arbeiterparteien der Sowjetunion, Bulgariens, Ungarns, Polens und der DDR, vom 15. Juli 1968, war die KPČ-Führung zur Abkehr vom Reformkurs deutlich aufgefordert worden. Feißt und ordinär fielen die Feststellungen darüber aus, was, wie zu sehen sei, „mit solchem Pack geschieht". In dieser Weise musste ich es anhören während einer der so genannten *Anleitungen*, die Anfang September 1968 für Mitarbeiter im Bereich der Kultur zur Ausrichtung der aktuellen Sprachregelung nach dem Einmarsch von Truppen des Warschauer Paktes in die CSSR abgehalten wurden. Im Übrigen zog man sich bei aufkommenden Fragen nach der Situation in der DDR auch da zurück auf die strikte Verweigerung jeglicher *Fehlerdiskussion* im eigenen SED-Revier. Das hatte Walter Ulbricht höchstselbst angewiesen.

Trotz dieser groben Verwerfungen an der Oberfläche der aktuell politischen Landschaft im Frühherbst 1968 hatte am 1. September, wie stets in der DDR, das Schuljahr begonnen. Für mich neu war eine Vorbereitungswoche, die der Organisation der Arbeit, viel mehr noch der ideologischen Zurüstung, dienen sollte. Unter anderem wurde dafür eine Vollkonferenz benutzt, die für alle Mitarbeiter Dienst bedeutete. Tagesordnungspunkt „Weiterbildungs-Seminar": Der Überfall auf die Tschechoslowakei fand dabei nur eine marginale Erwähnung, insofern es gelungen sei, das der Genosse Lektor irgendwie ab, „durch das konsequente Handeln unter Führung der Sowjetunion das Schlimmste zu verhüten und das Wüten der Revisionisten im Verbund mit der westdeutschen Sozialdemokratie zu stoppen". Daraufhin erlitt sein hinlänglich bekanntes Konzept einen Einbruch durch meine Schilderung der unmittelbaren Erlebnisse, aus der sich eine lebhafte Diskussion entwickelte. Er rang heftig um seinen morschen Faden und hangelte sich schließlich weiter. Im Übrigen ginge es *gerade jetzt* um die konsequente Stärkung der DDR unter Führung der Partei der Arbeiterklasse in Vorbereitung auf den 20. Jahrestag der DDR. „Wir erwarten darin von ihnen als Musikschule die konsequente Anwendung der besten Methoden zur Erzielung hoher Ergebnisse bei der Erschließung des kulturellen Erbes und der fortschrittlichsten Werke des sozialistisch-realistischen Musikschaffens der Sowjetunion und der Deutschen Demokratischen Republik." So erbrach sich die Krisenbewältigung nach dem Rezeptbuch der Partei der Arbeiterklasse, und so floss es hinab bis zum Ende.

Diese *Weiterbildung* hielt das „Mitglied des Rates für Kultur" (Rat des Kreises).

Meine Einbindung in das Kollegium war seit Mai so weit gediehen, dass ich die aus meiner Fächerkombination notwendig sich ergebenden Verbindungen gut herstellen konnte. Was in einer neuen Umgebung aber von weit größerer Bedeutung war: Mit wem kann ich sprechen, und bei wem muss ich mich „vorsehen"? Überall stand diese, vom Übel des Systems gedrängte, Frage an der Schwelle aller Begegnungen. Und darüber stand die verbreitete Erkenntnis: In jeder Gruppe ist einer, der „horcht und guckt". Ich kann das im Einzelnen weder bestätigen noch verwerfen. In aller Regel reichte es zur Verunsicherung. Und das war ohne Zweifel der Kern jenes Prinzips. Immer wieder einmal war man überrascht, unverhofft wieder auf die Anwesenheit eigener Äußerungen an ganz anderen Orten zu treffen. Daran mochte man sich gewöhnen oder nicht. Es war so! Ungeachtet dessen fand ich in der Schule sehr freundliche und auch spannungsvolle kollegiale Gegebenheiten vor, wie in jeder sachlich organisierten Gruppe. Im Mittelpunkt der persönlichen und der gemeinsamen Anstrengungen stand die fachliche Arbeit. Mitten darin trugen sie mir herzlich offene Freundschaften ein, die über Zeiterscheinungen und persönliche Veränderungen hinaus tragfähig geblieben sind. Den ideologischen Überzug dagegen dehnten und streckten alle, je besser die fachliche Arbeit gelang, desto mehr, lediglich dahin, wo es unvermeidbar schien. Dafür entwickelte sich ein Raster. Im wesentlichen erschöpfte sich das zu Erfüllende im Formalen, im Schreiben von Plänen, ‚Abrechnungen' und Berichten. Um historischen Missverständnissen vorzubeugen: *Abrechnungen* waren durchaus keine betriebswirtschaftlichen Operationen, sondern die Wiederholung von staatlich verordnetem Unfug: der jeweils zu Beginn eines *Wettbewerbszeitraumes* als *Wettbewerbsverpflichtung* aufgeschriebenen arbeitstechnischen Selbstverständlichkeiten oder Erfindungen von Scheinbarem. „Ich werde mit meinen Schülern anlässlich des 20. Jahrestages je ein Stück von DDR-Komponisten einstudieren." –

"Ich werde meinen Unterricht besonders gut vorbereiten." – "Ich werde, ich ..."

Einen rationalen Sinn oder Wortwert wird man Begriffen wie *Abrechnung* im Bezug auf ihre Echtzeit nicht zuordnen können. Dieses System hat nicht nur die Sprache in ihrem Kontext entwertet, es hat die Begriffe ihres Sinns beraubt. "Ich bin ein Kommunist", schrie zur Bestätigung dessen Herr Krenz, als Letzter der Hüter des Vergänglichen, uns noch als Letztes zu. Zehn Jahre danach, fordert er den Freispruch. Dass er Gelegenheit findet, das in aller Peinlichkeit in offene Kameras zu sprechen, verdankt er den beherzten Menschen, die er betrogen hat, und dem demokratischen deutschen Staat, den er als Institution des Klassenfeindes bekämpfte. Ich plädiere auf: "Vergessen" und will mich für ihn nicht mehr schämen müssen.

Fein geschönte Berichte waren ein sozialistisches Lebenselixier, der Stoff, von dem eine Unzahl höherer Wesen in dem kleinen ideologischen Sumpfgebiet im Osten Deutschlands lebte. Mein Vorgesetzter liebte Berichte, aus denen er Berichte machen konnte. Diese Wunderwerke sozialistischer Märchenerzählkunst nahmen ihren Anfang in ungezählten winzigen Molekülen warmer Luft, die, vielfach mühsam auf Zettelchen gehaucht, von Schreibtisch zu Schreibtisch ihren schöpferischen Weg gingen: erweitert gefasst, ergänzt, erläutert, bereichert; bis sie endlich in die Assietten der Höchsten passten, um dort am flüchtigen Ruhm der Titelseiten Anteil zu haben. Es war tödlich!

Mit ihrer verkrampften Vorstellung dialektisch-historischer Allbesitznahme und Menschenveränderung haben die Kommunisten vehement die Zerstörung ihrer eigenen sozialen Utopie betrieben und mittels des eigens errichteten, unmäßigen Apparates vollendet. Dabei beriefen sie sich auf ihren bourgeoisen, in der jüdisch-christlichen Geisteswelt erfahrenen "klassischen" Vor-Vater Karl Marx. Dieser transponierte gemeinsam mit seinem Freund Friedrich Engels den tiefen Gehalt biblischer Erfahrung: des "Und das Wort ward Fleisch und es wohnte unter uns, und wir sahen seine Herrlichkeit ..." (Joh. 1,14) sprachlich kongenial in sein Credo: *"Die Idee wird zur materiellen Gewalt, wenn sie die Massen ergreift"* (Karl Marx/Friedrich Engels, "Werke"). Wobei die Autoren, selbstredend entsprechend ihrer Bildung, so klug vorgingen, dem biblischen Perfekt, ward/ wohnte/ sahen, das Vollendete, auf die Möglichkeitsform wird/ wenn zurückzuführen. Das müssen die späteren Klassenkämpfer in ihrem Eifer übersehen haben. So konnte es geschehen, dass ein einschneidender Fehler den anderen negierte und durch einen neuerlichen ersetzt wurde. Das sei, wie ich lernte, Dialektik, die „innere Gegensätzlichkeit eines qualitativen Systems". Nachzulesen in einem anschaulichen Text auch im alten, ersten Teil der Bibel, bei dem Seher Jeremia, in dessen 12. Kapitel: „Sie haben Weizen gesät, aber Dornen geerntet; sie ließen's sich sauer werden, aber sie konnten's nicht genießen. Sie konnten ihres Ertrages nicht froh werden vor dem grimmigen Zorn des Herrn" (Jer. 12,13).

Darüber mag man streiten oder lachen. Wir taten beides, vielfach und Nächte lang an den Orten des Vertrauens. Doch es war durchaus nicht ausgesprochen lustig, während der Zeit zu leben, da ‚sie' „sich's sauer werden ließen", als sie meinten, alles gare und reife für sie, die messianischen Erfüller der Geschichte. Vielleicht bekämpften sie gerade die Kirchen, weil sie sich gar zu sehr in der Spur biblischer Erfahrung wussten und die Entlarvung fürchteten. Und ich darf es als einen der Gründe betrachten, weshalb sie mir versagten, in dieser, durch die Kirchen repräsentierten Umgebung sichtbar aktiv zu werden. Mir, so weit ich mich erinnere, hat es nicht „geschadet". Vor allem, weil ich mich, wie viele mit mir, daran nicht hielt. Aber natürlich, ich habe keine Sozialisten ausgebildet, gemeinsam jedoch mit denen, die begeistert und mit ganzem persönlichem Einsatz tätig waren, wie ich, eine stattliche Anzahl junger Musiker und musikalisch interessierter Menschen. Sie sind es, die der Gesellschaft einen lebendigen Impuls zu geben vermögen und gaben, außerhalb verordneter Zwänge. Dieser Impuls wirkte auch in der von verkorksten Erwartungen und allen nur denkbaren Zwängen und Ängsten geplagten winzigen sozialistischen DDR.

Am 30. Juli 1969 diktierte die Partei dem Ministerium für Staatssicherheit (MfS) ein neues Statut. In auffällig wenigen, sehr allgemein gefassten Passagen erteilte sie dieser Einrichtung die Allzuständigkeit,

§ 2, Absatz

b) „entsprechend den übertragenen Aufgaben alle erforderlichen Maßnahmen für den Verteidigungszustand vorzubereiten und durchzusetzen;

d) Straftaten, insbesondere gegen die Souveränität der Deutschen Demokratischen Republik, den Frieden, die Menschlichkeit und Menschenrechte sowie gegen die Deutsche Demokratische Republik aufzudecken, zu untersuchen und vorbeugende Maßnahmen auf diesem Gebiet zu treffen;

e) die staatliche Sicherheit in der Nationalen Volksarmee und den bewaffneten Organen zu gewährleisten".

In § 8, Absatz 1 heißt es,
„Der Minister leitet das MfS nach dem Prinzip der Einzelleitung."

Damit erhielt Erich Mielke umfassende Machtbefugnis zum jederzeitigen Eingriff in sowohl zivile und private wie militärische und polizeiliche Lebens- und Handlungsbereiche. Mit dem berüchtigten ‚Souveränitäts-Paragraphen 2, d' stand dem MfS ein universelles Zugriffsinstrument zur Verfügung, mit dem, das wusste der sächsische Humor, „jeder zweide" Opfer einer operativen Maßnahme werden konnte. Präzisiert, straff organisiert und neu besetzt wurden die Hauptabteilungen im Ministerium für Staatssicherheit, z.B. die HA XX, die für Schriftsteller, Künstler, Kirchen und deren Mitarbeiter und weitere, die staatliche Sicherheit gefährdende Randzonen der Gesellschaft zuständig war. Schließlich wurde auch das System der IM effektiver gestaltet.

Erhebliche Schwierigkeiten stellten sich nach der Mitte der sechziger Jahre für die SED ein bei der Einordnung und Bewertung der studentischen und linksintellektuellen Proteste in der Bundesrepublik. Einerseits war der Partei jede Protesthaltung gegen den feindlichen Monopolkapitalismus und seine Erscheinungen recht und willkommen. Andererseits verunsicherte sie die Wildheit und militante Unorganisiertheit, mit denen die „'68er" im Westen nach und nach vorgingen gegen das Establishment und die Wiederbelebung und Befestigung der Vorkriegsstrukturen bis hinein in die etablierten Familien. Die SED fürchtete das übergreifende Feuer unter der jederzeit zur Aufmüpfigkeit bereiten Jugend auch in der DDR, der sie trotz aller FDJ-Kampagnen und ‚Treu-zur-Sache-Beschwörungen' nicht über die kostenlos vergebenen Blauhemden hinaus trauten. Die Beteiligung der Schüler und Studenten am Juni-Aufstand der Arbeiter 1953 war nicht vergessen.

Nach dem Mauerbau und den daran gebundenen Anstrengungen und Zugeständnissen der Partei zur Verbesserung der Lebenssituation der Menschen, trat zunächst etwas Entspannung ein, auch unter den Studenten. Die fähigsten jungen Leute waren gegangen. Dann brannte der evangelische Pfarrer Oskar Brüsewitz, nervlich am Ende, seinen atemerstickenden, aussichtslosen Zorn mit Feuer von seiner Haut und seiner verwundeten Seele und starb daran unter dem Kreuz seiner Kirche im anhaltischen Zeitz. Das ließ den sozialistischen Staat im Kern erbeben, der sofort seine dickste Decke der Dämmung über dieses Vorkommnis warf. Und es stürzte die kirchlich Verantwortlichen und ihre Gemeinden in Schmerz, eine enorme Verwirrung und Trauer. Erschwerend trat noch hinzu, dass die durch den Mauerbau von der Evangelischen Kirche in Deutschland (EKD) abgetrennten Landeskirchen auf dem Gebiet der DDR noch beim Aufbau einer neuen Organisationsform mit entsprechenden Strukturen waren. Vom 10. bis 14. September 1969 tagte dann zum ersten Mal die Synode des neu gebildeten Bundes der Evangelischen Kirchen in der DDR. Die Studentengemeinden beider Konfessionen erhielten beharrlichen Zulauf. Pfarrer, die dem Druck der Fragen gewachsen waren, mussten gefunden werden. Und es formierte sich, sobald die Grenzen zur CSSR wieder passierbar geworden waren, eine regelrechte Pilgerbewegung zur „Richtstatt" des verzweifelt-mutigen Kommilitonen Jan Palach im Zentrum von Prag. An Ausserparlamentarischer Opposition (APO), Rote-Armee-Fraktion (RAF), Wohn-Kommunen und überschwappendem Hippie-Kult entwickelte sich kein ernst zu nehmendes Interesse innerhalb der Jugend der DDR. Die Trennung der Welten war vollzogen. Beiderseits.

Östlich der Mauer überschwemmte die STASI wie eine ekelhaft ätzende Brühe das Land und fraß ihre gemeinen Löcher in jede noch so kleine Gemeinschaft, zerstörte Vertrauen und selbst Leben – alles das im egoistischen Interesse einer kleinen machtversessenen Gruppe von politischen Spießern, die sich im Norden Ostberlins ein selbstverrufenes Getto bauen ließen. Denn sie fürchteten sich sehr.

Halt und Hindernis – meine Kirche

An diesem frostigen Mitt-November Tag des Jahres 1967, als spät am Abend unser neu installiertes Telefon läutet (Antragslaufzeit für den Netzanschluss zehn Jahre), meldet der Anrufer sich mit Namen und nennt mich „Bruder Rösler". Es war der Pfarrer unserer Gemeinde. Bis dahin hatte mich niemand so angesprochen, und ich konnte nicht ahnen, was dieser ‚Anruf' für mich und meinen Weg bedeutete. „Sie sind doch Musiker. Wir haben in der Gemeinde ein paar Leute, die eigentlich ganz gut singen und Lust haben, mal etwas zu machen, aber niemanden, der sich fachlich der Sache annehmen könnte. Würden Sie für den 1. Advent etwas mit uns vorbereiten?"
Mein Ja fiel herzlich kurz aus. Es wurden daraus fünfzehn Jahre regelmäßiger, reger und beglückender Gemeinde-Chorarbeit. Die dankbarste Aufgabe vielleicht, der ich mich in meinem, für die eng umschriebenen DDR-Verhältnisse merkwürdig vielgestaltigen Leben angenommen habe. Nicht lange auf sich warten ließ, was nicht überraschte, die offizielle ‚Bewertung' des unbotmäßigen Vorfalls im Advent. Ich bekam die allzu vertraute Vorladung. Ort der Handlung: der Rat des Kreises. „...Sie sind Lehrer der Musikschule. Damit sind Sie an die staatlichen Ziele der sozialistischen Musikerziehung gebunden. Wir können nicht dulden, dass Sie in der uns feindlich gegenüberstehenden Kirche derart aktiv werden. Ich kann Ihnen den Besuch der Kirche nicht verbieten. Die DDR gewährt in ihrer Verfassung die Religionsfreiheit. Dass Sie als sozialistischer Musikpädagoge aber aktive Handlungen in der Kirche durchführen, widerspricht ihrem Lehrauftrag und hat zu unterbleiben. Sie müssen sich entscheiden. Wir können mit Ihnen auch anders verfahren."[1]

---

[1] Ich rekonstruiere hier einen Ausschnitt stets gleichlautender Einschüchterung. Protokolle wurden in keinem Fall vorgelegt, offenbar aber gefertigt. Diesen Verdacht begründen Einträge, die ich in der Kaderakte fand.

Dabei blieb es. Entschieden hatte ich mich schon vor langer Zeit, in einer Kirchenbank zu Sohland an der Spree, auf dem reservierten Platz meiner Großmutter mit dem Emaille-Schildchen ‚Auguste Rösler'. Die Chorarbeit führte ich weiter.

Mir ist häufig die Frage gestellt worden – und ich glaube zu Recht – weshalb im Einzelfall, wie auch wiederholt in meinem, nicht faktisch „anders verfahren" wurde. „Dann war es sicher nicht so schlimm, wie ihr oft genug tut?" Das ist nach meiner Einsicht nicht so einfach schlüssig zu beantworten. Einschüchterung und Drohung gehörten zum System, in dem die Macht von internem Misstrauen und von Furcht geplagt war. Die Furcht aufrechtzuerhalten, das entwickelte die Partei zwar zu einer der tragenden Säulen. Doch erstens, waren ‚sie' davon selbst betroffen, zum anderen profitierte das Gegenüber, das ich als ‚WIR' beschreibe, vom Verschleiß. Druck auszuüben ist sehr energieaufwendig (1 bar ist bekanntlich gleich 10^5 Newton/qm). Einen Quadratmeter aber beansprucht selbst ein schmaler Mensch, wie ich einer – mit wenig über sechzig Kilogramm – geblieben bin. Dem System reichte die Kraft nicht, alle radikal auszuschalten, die sich nicht einpassen ließen. Wir wurden gebraucht und lernten, mit dem wechselnden Druck zu leben. Dieses ‚WIR' jedoch, ich betone das erneut, war ein unter Druck entstandenes millionenfaches Einzelnes, tragisch deutlich geworden in der Befreiung durch die Wende, als das WIR zerfiel wie ein Fossil im Kontakt mit der Luft, zerfiel, in die vielen Einzelnen, bald verunsicherten ICHs. Es hat sie nicht gegeben: DIE DDR.

Ich sehe mein Leben historisch definiert. Als dieses habe ich es angenommen. Das bedeutet nicht, ich könnte denen verzeihen, die versucht haben, meinen innersten Kern zu zerstören. Dass sie damit ganz erfolglos geblieben sind, kann ich nicht behaupten. Sie haben! Dass ich überstehen und aufrecht über die Schwelle dieser späten Freiheit gehen konnte, danke ich meiner Familie, den Freunden in Ost und West und letztendlich meiner Kirche. Daraus ergibt sich – selbst für mich – eine erstaunliche Chronik:

1967 Aufnahme unseres ersten Sohnes in den Evangelischen Kindergarten Pirna.
1968 Beginn der Gemeinde-Chorarbeit in Pirna-Copitz.

1969 Einladung in einen Ehepaar-Hauskreis. Über zwanzig Jahre hinweg erwies diese Gruppe sich als *die* tragende Vertrauensgemeinschaft in der Bewältigung von DDR-Existenz der siebziger und achtziger Jahre, bezogen auf Ehe, Familie, Kinder und Schule, Kirche und Beruf. Als soziale Erscheinung gehörten diese Gruppen, in der DDR gab es nach vorsichtigen Schätzungen ca. 30.000, zum ‚WIR'. 1995 gab es davon nur noch wenige.
1970 Wahl in den Kirchen-Vorstand unserer Gemeinde.
1978 Wahl in die Synode der Ev.-luth. Landeskirche Sachsen (1978-1984) und Mitglied des Kirchenkreis-Ausschusses.
1982 Beginn der Teilnahme am „Konziliaren Prozess für Frieden, Gerechtigkeit und Bewahrung der Schöpfung" in Dresden und der Friedens- und Umwelt-Arbeit in Pirna.
1985 Wahl zum Vorsitzenden der ev.-luth. Bezirkssynode der Ephorie Pirna.

Im Lichte dieser biografischen Entwicklung, zu der es für mich keine inhaltliche Alternative gab, scheiterten alle Bemühungen, aus der Kopplung meiner musikalischen und journalistischen Ausbildung eine berufliche Perspektive aufzubauen. Obwohl ich in der DDR zu dieser Zeit der einzige Mensch mit einer derartigen Genese war und bei Rundfunk und Fernsehen Bedarf an Fachleuten bestand, erschöpften sich die Ergebnisse meines Bestrebens in Ablehnungen, auch bei weiteren Einrichtungen. Ich hatte dennoch Glück, man duldete weiterhin meine Tätigkeit in der Musikschule, und ich konnte mir durchaus einigen Respekt erarbeiten. Mein Chef, der meiner ideologisch querständigen Haltung wegen mancherlei Belastungen von den Flanken der Partei her ausgesetzt war, schätzte meine Arbeit. Und trotz der extrem gegensätzlichen charakterlichen Ausstattung lag die Wertschätzung auf unser beider Seiten.

Spät, sehr spät, als seine körperliche Gesundheit ihn vorzeitig aus dem Amt genommen, die Wende alles verändert hatte und ich in seine Nachfolge berufen worden war, eröffnete er mir in einem sehr persönlichen, letzten Gespräch vor seinem tragischen Tod, dass er mich immer als den Fortführer seiner Arbeit gesehen habe. Durch meine Entscheidungen hätte ich das verhindert. Und so trug ich unbeabsichtigt, den widerlichen Verhältnissen geschuldet, zu den Kränkungen bei, die er erlitt. Im Bezug auf den von ihm gehegten Wunsch irrte er. Unter den bestehenden Voraussetzungen hätte ich nie die Möglichkeit gehabt, eine Bildungseinrichtung zu leiten. Meine kirchliche Bindung war mir auch dafür ein Hindernis. Und ich kann sagen, Gott sei Dank. Ich wäre darüber genötigt gewesen, mich meiner Würde in derselben Weise zu begeben, wie er es tun musste – und hätte die Freiheit nie ‚frei' erreicht. Die Tragik unserer Beziehung aber gehört zu weiten Teilen auf das Schuldkonto derer, die Leben verdarben im eisigen Verschnitt einer Idee.

Mehrere Ereignisse, die von außen an mich herantraten, veränderten schließlich meinen Weg in ungewöhnlicher, vor allem untypischer Weise. Vieles floss mit einem Mal in eine neue Richtung, obwohl der Einblick noch verstellt war. Beim Beginn meiner Unterrichtsarbeit stellte ich rasch einen gravierenden Mangel an geeigneter methodischer Literatur fest. Mit dieser Erkenntnis fand ich mich landesweit in großer betroffener Gemeinschaft. Ich begann zu schreiben, Übung für Übung, Stück für Stück, für ein halbes Dutzend und mehr sich tapfer mühender Oboe-Schüler. Keine Lösung auf Lebenszeit, wie sich bald erwies, dennoch nicht völlig falsch. Ich konnte Schüler zu Wettbewerben vorstellen, die auch mit meinen Musiken erfolgreich waren. Das bedeutete zunächst nicht mehr, als eine interne Öffentlichkeit. Darüber stellte sich aber die Berufung ein in eine so genannte *Zentrale Fachkommission* beim Ministerium für Kultur der DDR, die damit beauftragt war, die leistungsbezogene Arbeit der Musikschulen in der berufsvorbereitenden Ausbildung fachlich und methodisch zu konzipieren. Dazu gehörte die Erarbeitung neuer Lehrpläne und damit die Beantwortung der Frage nach der Verfügbarkeit entsprechender Literatur.

Im Blick auf mich ist an dieser Stelle zu bemerken, dass diese Berufung nahezu zeitgleich mit meiner Wahl in die Sächsische Evangelisch-lutherische Landessynode erfolgte, um derentwillen die Organe sich erneut in erregt intensiver Weise um mich sorgten. Die Drohungen wurden mir von da an nach Hause in die Wohnung gebracht. Dieser Service war neu. „Wie wir wissen, sind Sie Dienstag Vormittag zu Hause", hieß es am Telefon. Fünf Minuten später klingelte es an der Wohnungstür. Sie mussten viel logistischen Aufwand getrieben haben. Der Besucher kam zu Fuß. Ein Handy gab es selbstredend noch nicht. Zu meiner Wahl hatte mir im Übrigen tags zuvor mein Chef bereits gratuliert, ohne dass ich selbst bis dahin eine Nachricht über das Ergebnis gehabt hätte. Die technischen Möglichkeiten der Kirche waren nicht eben auf dem letzten Stand der Dinge. Und Telefone wurden weniger gern benutzt. Mein Besucher, wie konnte es anders sein, begann mit der gleichen Strophe: „Sie sind ja nun in die Landessynode gewählt worden, eine sehr verantwortungsvolle Aufgabe. Ich gratuliere Ihnen. Da Sie aber doch Lehrer an einer sozialistischen Bildungseinrichtung sind, schätzen wir ein, dass Sie damit in sehr große Schwierigkeiten kommen werden, und wir möchten Ihnen unsere Hilfe anbieten." Dieses Mal schien der methodische Entwurf des Eingriffs das fiese Leise zu sein. Er legte seine Tasche so ‚geschickt' vor sich zurecht, dass ich nicht fehl gehen konnte in der Bewertung der Aktion. „Sie können das Gerät ohne weiteres angeschaltet lassen. Es stört mich nicht. Alles, was ich Ihnen hier sagen werde, bespreche ich mit meinem Bischof. Für die Ausübung dieses Wahlamtes besteht eine Vereinbarung zwischen der Landeskirche und der Abteilung Inneres beim Rat des Bezirkes, die auch eine entsprechende Arbeitsfreistellung für die Teilnahme an den Tagungen sicherstellt."

Ich war während der Kandidatur natürlich durch den Superintendenten eingewiesen worden in die sicher zu erwartenden ‚Betreuungsmaßnahmen'. Die Erregung blieb dennoch beträchtlich, aber die Angst war geringer geworden. Diese Typen waren ja so erbärmlich wenig gebildet. „Ich werde Ihnen zu einem Überfall wie heute nicht wieder öffnen. Wenn Sie mich sprechen müssen, melden Sie sich bitte dem Anliegen gemäß an. Sie treffen mich aber nicht wieder allein an." So geschah es. Er war über jegliche Vorgänge unterrichtet, auch über Sondertagungen von Ausschüssen, und er meldete sich stets vorher an, kannte auch die Tagesordnungen. Regelmäßig aber saß dann mein Pfarrer mit am Tisch. Unsere Gesprächigkeit hielt sich in sicher abgestimmten Grenzen. Der V-Mann mühte sich arg, blieb kalt und höflich. Unser Telefon hatte darüber hinaus ein zusätzliches Geräusch bekommen, ohne dass dafür Kosten erhoben worden wären. Was für ein Aufwand. Die Besuche – irgendwann ließen sie nach.

Aus der überregionalen fachlichen Tätigkeit entwickelten sich schließlich Kontakte zum Leipziger Musikverlag „VEB Deutscher

Verlag für Musik" (DVfM), Ost-Nachfolger des nach Wiesbaden geflüchteten alten Leipziger Verlagshauses Breitkopf & Härtel. DVfM war von der berüchtigten „Hauptverwaltung Verlage/Buchhandel" beim Ministerium für Kultur der DDR (die Zensurbehörde) beauftragt worden, im Zuge der ehrgeizigen Musikbildungsoffensive für die Erstellung notwendiger Unterrichtsmaterialien Sorge zu tragen. Von dort erreichte mich die Frage, nachdem der Verlag bereits ein Stück für Klarinette und Klavier von mir angenommen hatte, ob ich die Erarbeitung eines Schulwerkes für Oboe übernehmen würde. Ich schlug dem Verlag vor, meinen Hochschullehrer, Prof. Tolksdorf, dessen Erfahrungen ich sehr schätzte, an der Aufgabe zu beteiligen. Wir erhielten den Auftrag durch den Verlag. Nach dreijähriger Arbeit erschien der erste Band zur Frühjahrsmesse in Leipzig. Der Verlag lud uns zur Präsentation ein, an der ich allein teilnahm. Wir erfuhren erstaunliche internationale Beachtung. Der Verlag verkaufte das Werk sofort als Lizenz in die Bundesrepublik und ein halbes Dutzend anderer Länder. Nachrichten und Anfragen erreichten mich daraufhin aus England und Amerika und natürlich von Kollegen aus dem ‚Westen', darunter auch ehemalige Studienkollegen der Dresdner Hochschule. In der DDR wurde unsere Arbeit zum Standardwerk, denn weitere Werke dieser Art fehlten. Trotz der erschwerten Voraussetzungen hatte ich Grund, mich der Anerkennung zu freuen. Denn auch bei den Reisen nach Prag, Budapest, Sofia und Warschau (die für mich möglich waren) konnte ich meine Arbeit über Jahre hin in den Auslagen der Fachhandlungen sehen und entdeckte sie bei Kollegen in der Unterrichtsarbeit. Als Gegenwert errechnete ich mir anhand des Zeitaufwandes ein Stundenhonorar von 30 Pfennigen. Die Verkaufsbeteiligung seitens des Verlages erging natürlich in Mark der DDR. So genannte Devisenerlöse kappte rigoros Herr Schalk-Golodkowski, Devisen-Beschaffer der DDR-Regierung, der allerhöchste Sorge zu tragen hatte, dass den Bewohnern der Wandlitz-Siedlung kein Mangel entstand an Toska-Seife, Mon Chérie und Porno-Heftchen (Auszug aus dem bekannt gewordenen Fund-Katalog der Honecker-Wohnung). Für mich und den mir herzlich verbundenen Lehrer und Mitautor war es ein Erfolg, der mich in meiner Umgebung ein wenig sicherer machte, zugleich aber auch auffälliger. Also blieb ich ein Objekt.

Der Laden

„*In einem abenteuerlich-mutigen, gefahrvollen, nächtlichen Ritte durch die schwedischen Wachen hindurch nach Dresden rettete 1639 der Apotheker Theophilus Jacobäer die historische Stadt Pirna an der Elbe vor der Zerstörung durch die abziehenden schwedischen Truppen unter dem Feldmarschall Baner. Ihm, dem Retter der Stadt, ist eine Gedenktafel am 400jährigen Haus der Stadtapotheke ‚Zum Löwen' am Pirnaer Untermarkt gewidmet.*"

Das hatte ich mir, da ich 1956 als junger Musiker nach Pirna kam, irgendwo abgeschrieben. Autor dieser Information war der Historiker Karl Grumpelt, langjähriger Leiter des Pirnaer Museums, ein Hüter der wertvollen Altsubstanz und seit 1995 Ehrenbürger dieser Stadt. Mit ihm, eine zufällige Begegnung, stand ich an einem Frühlingstag des Jahres 1973 am Pirnaer Markt.

Wenige Meter hinter uns geht die Tür des kleinen Ladens am Kopf der Schuhgasse, die im rechten Winkel auf den Markt stößt, noch immer so, wie es die Planer des 15./16. Jahrhunderts erdachten und ausführten. Quer über die mehrfach geteilte Scheibe des kleinen Schaufensters welkt verblichen die Inschrift: EVANGELISCHE BUCHHANDLUNG. Es ist ein abgetrenntes Viertel der alten und einmaligen Pirnaer „Leihbuch-Handlung" Hanisch, einer Verbindung von Antiquariat und Leihbibliothek im Abonnementsbetrieb mit angeschlossenem Verkauf. Daran erinnern sich nur noch die älteren Pirnaer. Im hellen, geräumigen Eckgeschäft bietet da der Konsum sein Obst- und Gemüse-Standard-Programm im Bereich Kraut und Äpfel. Die inzwischen über 60-jährige, gesundheitlich sehr geschwächte Tochter des Altinhabers hält seit den fünfziger Jahren daneben jene kleine, wie verstummte Ladenklause als christliche Buchhandlung. Der sie eben verlassen hat, ist Herr S., unser Superintendent. Er begrüßt uns, Übergänge sind nicht nötig, wir sind einander vertraut. „Herr Rösler, ich muss mit Ihnen sprechen. Gut, dass ich Sie treffe." Das ist üblich, wir wissen, dass wir in dieser Öffentlichkeit nicht über Details reden können. Also verabreden wir einen Termin.

In der Ruhe seines Amtszimmers entfaltet er später sorgsam und ohne Umschweife, was ihn bewegt. „Als wir uns getroffen haben, kam ich von einem Besuch bei Fräulein H., ihr geht es zunehmend schlechter, und sie ist nicht länger in der Lage, das Geschäft zu erhalten. Sie wissen, was das bedeutet! Wenn das Gewerbe einmal geschlossen worden ist, das noch aus der Übergangszeit her besteht, werden wir keine Möglichkeit bekommen, wieder eine christliche Buchhandlung einzurichten. Es ist ohnehin die einzige in der Ephorie (Kirchenkreis), außerdem betreut Fräulein H. auch den Bedarf der katholischen Gemeinde. Das ist sehr wichtig, insofern die Katholiken hier nur eine kleine Gemeinde sind, die eine eigene Buchhandlung nicht aufrechterhalten könnten. Außerdem bestärkt es unsere Zusammenarbeit, um die wir uns sorgen und bemühen. Die Buchhandlung ist nicht nur darin ein wichtiger Ort des Vertrauens. Wir müssen eine Nachfolge finden, und ich habe an Ihre Frau gedacht."

Der Schreck darüber glitt zunächst an mir hinab wie ein ungeschuppter Fisch, alle Fühlpunkte berührend, die irgend nur dagegen sprechen konnten. Und das waren eigentlich alle. Eigentlich? Eigentlich ist eine Falle, in die die Unsicherheit tappt. „Meine Frau ist Technikerin, nicht Buchhändlerin. Sie hat ihr Ingenieur-Studium nur abgebrochen, weil meine Ungeduld sie in den Stand einer Familienmutter gedrängt hat. Und wir haben nicht das Geld für eine solche Investition, zumal in so unsicherer Zeit. Außerdem bin ich einschlägig wenig begünstigend bekannt, Sie wissen das. Und überhaupt, ohne meine Frau ist das Gespräch nicht weiter sinnvoll. Sie muss es hören und bewegen können, um abzuwägen, wie mit einer derartigen Idee umzugehen ist."

Der Überbringer der Frage war vorerst ich, nicht sehr überzeugt, dass diese Reihenfolge wirklich glücklich war. Sie war lediglich organisatorisch praktisch und führte doch sicher zum „Nein"! Der Superus sprach natürlich mit ihr, mit uns, in gütig besetztem Ton, ohne nachgeben zu wollen. Ihm war es ein tiefernstes Anliegen. Und mehr und mehr schien es uns irgendwie nicht mehr unmöglich. Wir gingen durch ein Öhr und wussten nicht wohin. Ich spare mir und den LeserInnen hier die Strapazen, dies alles noch einmal erleben zu müssen. Die Behördengänge, die der unsicheren Einwilligung folgten, waren ein Paternoster von Demütigungen. Ich nahm mich der einmal begonnenen Tortur an, ging und schrieb und schrieb und ging. Nur, da ich ‚ihre' Schwächen kannte – ich kannte sie gut! -, verließen wir eines Tages mit einem Gewerbeschein den Rat des Kreises. Im Juni 1974 eröffnete der winzige Laden im Eigentum meiner Frau, als die EVANGELISCHE BUCHHANDLUNG KARIN RÖSLER.

Was nun? Buch*handel* war die unzulässige Verlängerung einer alten, anspruchsvollen Tradition hinein in den Sozialismus. Der Respekt vor den begrifflichen Übereinkünften der Geschichte und Kultur war in die Hände von Banausen geraten, die sich als Revolutionäre ausgaben. An Stelle von ‚Handel' fungierte ein organisiertes Durcheinander der Verteilung von erzeugtem Mangel. Es würde Jahre brauchen, herauszufinden, wieviele Exemplare eines Titels bestellt werden mussten, um eins oder zwei davon zu bekommen: zehn, vielleicht dreißig, fünfzig oder einhundertfünfzig? Alles musste probiert werden. Die Verteilungshierarchie lautete: 1. Staatssicherheit, 2. Armee, 3. Staatsapparat mit Institutionen, 4. staatlicher Handel, 5. genossenschaftlicher Handel, irgendwann privater Sektor, ‚unnumbered'.

Der Einstieg in diese Unwegsamkeit gestaltete sich für meine Frau nervlich und wirtschaftlich zum Verzweiflungsgang. Bis dahin hatte sie den Mangel nur vor dem Ladentisch erlebt, fortan musste sie hinter dem Tresen etwas aushalten, das weder einzusehen noch von ihr zu vertreten war. Ich glaube, man muss die existenzielle Bedeutung der Bücher für die Lebensstrategie der Menschen, die mit dem System „nicht konnten", ins Bewusstsein zurückholen, um eine Vorstellung davon geben zu können, welchen unsinnigen Beschwernissen damit täglich zu begegnen war. Aber nach und nach entwickelte sich der winzige Laden mit der zusammengestoppelten Einrichtung, dem ich mit etwas Farbe aufgeholfen hatte, zu einem der Austauschpunkte des freien Atmens inmitten der Stadt. Unser lebens- und seelenerfahrener Superintendent hatte insofern Recht behalten. Meine Frau aber fürchtete die ‚Wanzen'.

Es betrifft nicht unmittelbar meine eigene Lebensgeschichte, aber sie gehört selbstverständlich auch zu meinem Leben – ohne weiteres könnte sie ein eigenes Buch für sich beanspruchen, einen Band ‚erlesener', erstrittener und erlittener literarischer Zeitgeschichte. Hier kann ich nur auf ‚Berührungen' eingehen. Da drängt sich zunächst eine Begebenheit in den Vordergrund, die beinahe rührend die Sorge auffältelt, die man sich in der Partei um uns machte. Bei den Überlegungen zum Gewerbe-Antrag hatten wir beschlossen, Musikalien mit in den Verkauf einzubeziehen. Die Musikschule hatte zunehmenden Bedarf, es gab eine rege Kirchenmusik, Volks- und Schulchöre, Bands und das Staatliche Orchester. Seit einem Jahrzehnt bestand der alte Musikladen nicht mehr, in dem nun Staub, Messing und Zapfenfett so vollkommen stimmig um die Wette düftelten. Deshalb fand das Angebot der Evangelischen Buchhandlung guten Zuspruch. Die sorgsamen Wächter aber fanden natürlich den Ansatz, ihre Besorgnis in die entsprechende Weisung zu kleiden. Mein Chef, der alles bereitwillig ausführte, war beauftragt, den Lehrerinnen und Lehrern zu untersagen, Musikschüler zum Bestellen oder zum Kauf von Noten in die ‚Buchhandlung Rösler' zu schicken, denn dort würden *Bibeln* angeboten. Er war tragischerweise bereit, sich einen derartigen Unfug aufdrücken zu lassen und mitzumachen, unbeachtet dessen, dass er sich damit seinen Respekt vergab. Vorsichtig geschätzt, kamen etwa zwei Drittel der Schüler aus Häusern, in denen es ohnehin bereits eine Bibel gab. Das war dem Mann, der sich an Statistiken übte und durchaus erfreute, nicht unbekannt. Ich weiß nicht, ob er sich nicht manchmal wünschte, dass wir es einfach vergessen? „Aber die Verhältnisse", wie Brecht sagt, „die Verhältnisse, sie waren nicht so".

„Das Illegale" – die Weißenseer Herbsttagungen

Meinem Bericht geht ein entscheidender Mangel zuvor: Ich kenne bis dato *meine Akte* nicht, und ich habe nicht beantragt, Einsicht in die von fremder Hand gegen mich angelegte Geschichte meines Lebens zu nehmen.

Die Bemühungen der borniertem Hilfsarbeiter in Staat, Parteiapparat und Stasi waren stets darauf gerichtet, etwas zu unterstellen, irgend etwas. Besonders solchen Leuten, die sich nicht bereit fanden, im Geschirr ihres Karrens zu gehen, den ‚Grat des Illegalen' gingen. Immer nach dem Moralanspruch der Vulgärpatrioten: „Willst du nicht mein Bruder sein, dann ..." Und was sie unter Brüderlichkeit verstanden wissen wollten, hatten sie letztlich in der ihnen eigenen Sprache den Tschechen und Slowaken übermittelt. Da war es nur folgerichtig, dass die Genossen über die Maßnahmen gegen das „revisionistische Pack" offen prahlten. Mir macht es noch immer Mühe zu beschreiben, wie kränkend es war, von der ordinären, gewaltbereiten Macht gleichzeitig übergangen und vereinnahmt zu werden. Saß man irgendwo an einem ihrer bis in jeden Winkel gerückten Tische, galt man als rigoros hinzugezähltes Du, im nächsten Moment als Feind. Das wirkte im allgemeinen. Große Mühe hatten sie an mir mit der Arbeit, die Illegalität meiner kirchlichen Aktivitäten zu beweisen. Wenn ich bedenke, welchen Aufwand sie betrieben, sollte ich mich entschuldigen, so undankbar gewesen zu sein, ihnen nicht zuzustimmen. Immerhin handelte es sich um Steuermittel, die dafür ausgegeben wurden, mich als Gegner zu definieren. Aus den Erfahrungen von Bekannten, die ihre Stasi-Akten eingesehen haben, kann ich davon ausgehen, dass mehrere hundert Seiten Papier benutzt wurden, meine feindliche Haltung zu beschreiben. Sie waren ja sehr freimütig bei der Wortwahl in ihren Zweckmeldungen. Wie hätten sie auch darauf kommen sollen, dass ihre Sprache dafür unbrauchbar war? Seit 1977 ließ sich im Blick auf mich aber tatsächlich so etwas wie der Tatbestand illegaler, mag sein sogar ‚konspirativer Aktivität' nachweisen. Gerade diese mögliche Feststellung wurde aber nie angesprochen. Das verwirrte mich. Auskunft kann darüber nur meine Akte geben, da bin ich sicher.

Meine Frau wurde mit Übernahme des Ladens Mitglied der Interessengemeinschaft Evangelischer Buchhändler in der DDR. Neben Branchen-Interessen, die eher Nöte waren, wie Papierzuteilungen, Genehmigungen, Vertrieb, Arbeitsmittel usw. bemühte man sich um die Sozialisierung und Weiterbildung der Mitarbeiter. Dazu wurden Begegnungstagungen organisiert, unterstützt von der Firma H.G. Wallmann, Leipzig, Buchhandlung und Vertrieb, und durch die Evangelische Verlagsanstalt, Berlin/Leipzig (EVA), später auch vom Bund Evangelischer Kirchen in der DDR. Berufskontakte von Branchen-Firmen, die zum Teil über Generationen bis weit vor den Krieg zurückreichten und in die Pionierarbeit des Aufbaues nach dem Krieg, bis zum Zeitpunkt des Mauerbaus, ließen unter einigen Aktiven den Gedanken wach bleiben, gute Verbindungen nicht durch die politischen Unbilden zerbrechen zu lassen. Nach Unterzeichnung des Passierschein-Abkommens mit dem Westberliner Senat 1963 und des Transit-Abkommens zwischen der DDR und der Bundesrepublik 1971, an denen die DDR-Führung ein vitales (sprich: ökonomisches) Interesse hatte, wurden die Möglichkeiten genutzt, gemeinsame Weiterbildungs- und Begegnungstagungen mit der Vereinigung Evangelischer Buchhändler und Verleger in der Bundesrepublik (VEB) zu vereinbaren. Abhängig von den real-politischen Gegebenheiten konnten diese nur in Ostberlin stattfinden. Das war illegal. Na bitte! Da war das tiefgebeugte Recht auf der Seite „des Friedens und des Fortschritts, im ersten deutschen Staat der Arbeiter und Bauern".

Seit 1977 hatte ich Gelegenheit, regelmäßig, gemeinsam mit meiner Frau an diesen fachlich und menschlich bewegenden Tagungen teilzunehmen. Von Jahr zu Jahr von immer neuen Spannungen begleitet, ob und wie der jeweilige Tages-Transit für die West-Teilnehmer zustande kommen würde, entwickelten sich die Begegnungen zu Bringe-Partys des geistigen Austausches, wie er anregender kaum vorstellbar ist. Darunter musste sich ein guter Geist gemischt haben, dem auch die Referenten mit sichtlichem Gewinn zugetan waren. Darunter der Schweizer Dichterpfarrer Kurt Marti und der Ostberliner Starautor Stefan Hermlin. Den Begegnungen, die zwangsläufig politisch ‚wurden', lag keinerlei politische Motivation zu Grunde, außer der durch die DDR-Praxis auferlegten widernatürlichen Spannung. Alljährlich im September zog diese Spannung ein in die Berliner Stefanus-Stiftung, eine der hervorragend beobachteten Anlagen Ost-Berlins, mit dem eingerichteten Vopo-Posten direkt gegenüber, um unter der sorgsam gepflegten, der Obhut der Sprache verpflichteten Gemeinschaft, aufgelöst zu werden. Mir sind nirgendwo anders Menschen in ernster fragender und kritisch fröhlicherer Haltung begegnet, als am „Guten Ort" in Weißensee. Hinzu addiert werden muss aber, dass wir präzise registriert und bestens bewacht wurden. Die Weißenseer Gespräche, mit den zu Freunden gewordenen Fremden, die neben den Vorträgen und Fachdiskussionen einen guten Teil der Begegnungen ausfüllten, haben mir seinerzeit geholfen, auch meinen eigenen Standort noch deutlicher zu reflektieren. Obwohl der „Gute Ort" nach der Wende seine Funktion als Ort der unstatthaften Versammlung verloren hat, sind die Gespräche nicht verstummt. Und als eine besondere Art der Fortsetzung darf ich dieses Buch betrachten. Es hat seinen Ursprung am *Weißensee.*

„Was genau tut eigentlich im Buchgewerbe der Hersteller?" Mit dieser reichlich naiven Frage konfrontierte ich mein Gegenüber und eröffnete damit ein Gespräch, das sich gut zwei Stunden lang zwischen uns an diesem Septemberabend 1977 hielt und eine dauerhafte Freundschaft begründet hat. An der Klärung des Sachgehaltes meiner Frage haben wir uns sicher nicht lange aufgehalten. Obwohl ich damals noch nicht ahnen konnte, dass fünf Jahre später herstellerische Arbeiten zu einer für mich wiederum neuen beruflichen Aufgabe gehören würden. Er sprach von Format, Titelgestaltung, Schriftgröße, Durchschuss, Einfühlungsvermögen beim Umbruch, Bogennutzen und lüftete rasch die fachliche Begrifflichkeit dieses Büchermacher-Lateins. „Und Sie brauchen gute Verbindungen zu den Druckereien. Sie sind die letzten in der Entstehungskette jeden Buches und bekommen stets nur den Rest an bereits verbrauchter Zeit. Da ist es hilfreich, Partner zu finden, die ihren Glauben nicht nur an das Firmenschild heften und denen das Buch noch etwas mehr wert ist als ihre Steuererklärung." Dafür und dagegen wusste mein Gesprächspartner Beispiele. „Man muss als Hersteller viele Erfahrungen einlagern, um bestehen zu können. Ich habe einen Drucker gefunden, mit dem ich auch ein Gebet sprechen kann. Auf einer solchen Grundlage sind Lösungen immer gut möglich."

Mir tat sich eine fremde Welt von Arbeitsbeziehungen auf. Wir sprachen über kapitalistische Verhältnisse. Es musste sich hier schon um eine Ausnahme handeln. Das tat es, aber es gab solche. Über derart berufsethische und praktische Grundsatzfragen versuchte unsere Unterhaltung sich durchzusetzen gegen ein Dutzend anderer im gleichen Raum. Lachen und Verhaltenheit wechselten einander ab. Es ging und kam wie die Grauflächen des wiegenden Korns im August. Ich konnte von meiner musikalischen Arbeit mit Kindern schwärmen und weniger schwärmerisch erzählen von den Begleiterscheinungen, die viel schwerer zu verstehen waren als das Tätigkeitsbild eines Herstellers. Dabei wurde mir erschreckend bewusst, wie illegal diese Unterhaltung war. Sie fand statt vier Wochen nach der Verhaftung Rudolf Bahros, am 23. August 1977, nachdem dessen viel beachtetes Buch „Die Alternative" – zu wirtschaftstheoretischen Reformüberlegungen in der DDR – im Westen veröffentlicht worden war. Das bedeutete Revisionismus. Unsere

Unterhaltung war gefährlich. Das war sie, aber durchaus wirklich. Wirklich war auch jener Schimmelbelag von Nachkriegserfahrung, das schmerzliche Bewusstsein zertrennten Lebens, das jetzt nur unterbrochen war, weil alle die hier Beteiligten ein Bedürfnis danach hatten und dieses Risiko dafür auf sich nahmen. Angenehm unterbrochen durch die hingegebene Zeit und die köstlichen Dinge, die von den „Westlern" mitgebracht und auf den Tischen ausgeschenkt und verteilt wurden. Belastet durch das Wissen um die Kurzlebigkeit der unwirklichen Stunden, die jeden Abend am Knochenschlag der Schleusentür des Bahnhofs Friedrichstraße endeten. Dort, wo die Mächtigen unseres Staates ihre Macht vorführten und zeigten, wie gut sie Bescheid wussten, „über alles in der Welt". Eines Morgens fischten sie alle Teilnehmer der Tagung, die in Westberlin nicht geschlossen übernachteten und auch nicht geschlossen *einreisen konnten*, der Anzahl nach vollständig aus der Warteschlange an den Schaltern und deponierten sie in einem Raum, wo diese sich dann staunend gegenüber saßen und von wo aus sie zum Einzelverhör geführt wurden. Mit entsprechender Verspätung trafen schließlich aber doch alle in der Begegnungsstätte ein. Vielleicht waren ihnen, ‚den Organen', die Evangelischen Buchhändler und Verleger doch nicht so wichtig. Wichtig war: Auch die christlichen Verlage brachten der DDR Devisen. Es gab eine Reihe von Bedenken in Honeckers Reich, die verschwanden, wenn die Mittel geeignet waren, das Wasser zu senken, das ihnen – richtiger *uns* – ständig bis zum Hals stand. Devisen, dafür saß jede dritte Perle an Honeckers Rosenkranz. Bis zu mir setzte sich die Welle der Neugier der Organe, die durch die Buchhändler-Begegnungen aufgeworfen wurde, nicht unmittelbar fort. Das hat mich, wie gesagt, sehr verwundert. Jedes Jahr im September rief der Weiße See in Berlin sechzig und mehr christlich motivierte Buchnarren an einen beharrlich vorweggenommenen gemeinsamen deutschen Tisch. Und immer hatte ich das Glück, dabei zu sein.

Nach Erich Honeckers Machtantritt begann, vor aller Welt sichtbar, von allen übersehen, die Stretta, das schillernd aufgemachte Finale des Einakters DDR. In dessen Schlussbild, so sah es die Selbstinszenierung vor, der Regisseur als Hauptdarsteller auf dem roten Teppich via Bonn Amerika betreten wollte. Mit nicht nachgebender Deutlichkeit hat er es so hinausgetönt und dafür *seine*

Marksteine gesetzt, begonnen mit der maßgeblichen Leitung des Mauerbaus unter Ulbricht und der Durchsetzung des STASI-Statuts. Am 3. Mai 1971 putschte Erich Honecker seinen zum Widersacher erstarrten Vorkämpfer, Walter Ulbricht, vom ersten Stuhl und begann sofort damit, dessen sächsisch-preußisches Hinterzimmer-Theater zur Weltbühne aufzumachen. Um die demokratische Legitimation sich zu sorgen, gab es keinen Grund. Nie ist er in der Welt danach gefragt worden. Die Mahner im Lande wurden sauber aufgemischt in verstummte, verschreckte und verwöhnte. Jeder konnte jeder sein. Der Tanz hatte begonnen.

15.–19. 6. 1971 Auf dem VIII. Parteitag der SED wird – ohne wirtschaftliche Grundlage – das Programm der Einheit von Wirtschafts- und Sozialpolitik beschlossen.
28. 4. 1972 Beschluss des Sozialpolitischen Programms.
2. 10. 1973 Das ZK der SED beschließt das Wohnungsbauprogramm zum Neubau bzw. zur Modernisierung von 2,8 Millionen Wohnungen. Die Finanzierung dafür ist nicht vorhanden.
20. 12. 1972 Diplomatische Anerkennung der DDR durch die Schweiz.
8. 2. 1973 Großbritannien.
9. 2. 1973 Frankreich.
4. 9. 1974 USA.
18. 9. 1973 Die beiden Deutschen Staaten werden Mitglied der UNO.
Am 1. 1. 1974 führt die DDR ein eigenes Autokennzeichen „DDR" ein.
Am 7. 10. 1974 wird per Gesetz die Verfassung geändert, getilgt werden alle Verweise auf die deutsche Nation. Grundlage für alle folgenden so genannten Gesetzesregelungen wird das am 16. 10. 1972 durch die Volkskammer geänderte Gesetz über die (parteiabhängige) Arbeit des Ministerrates.
Am 28. 6. 1979 beschließt die Volkskammer die 3. Änderung des Strafgesetzes mit der Verschärfung des politischen Strafrechts. Der Schock der Brüsewitz-Selbstverbrennung führt zur Erkenntnis, dass die Kirchen-

restriktion seiner Weltoffenheitsdarstellung schadet. Am 6. März 1978 trifft sich Honecker mit dem Vorsitzenden der Konferenz der Evangelischen Kirchenleitungen in der DDR. Mit Zusagen sucht er die Entspannung in Fragen des Wehrkunde-Unterrichts und des Wehrersatzdienstes, die zu hoher Konfliktfähigkeit von Eltern und Jugendlichen geführt hatten und zu einer flutwellenartigen Zuflucht in den erhofften Schutzraum der Kirchen. Die evangelischen Kirche ‚dankte' mit der, an der Gemeindebasis umstrittenen Begriffsfindung von der „Kirche im Sozialismus als Verkündigungs- und Dienstgemeinschaft". Tatsächlich handelte es sich um den Versuch der Kirche, sich trotz der Mauerperspektive nicht als staatsfeindlich kriminalisieren zu lassen.

Am 15.1.1981 folgt das Gespräch zwischen Honecker und dem Vorsitzenden der katholischen Berliner Bischofskonferenz. Dort begegnet ihm ein weit geringeres Problembewusstsein als bei den Protestanten. Drastisch erhöht wird 1980 der Zwangsumtausch für die Einreise westlicher Besucher. Parallel dazu erfolgt der Ausbau der Intershop-Devisen-Läden.

Am 29.6.1983 trifft sich Honecker mit Franz Josef Strauß und handelt mit diesem einen Milliardenkredit westlicher Banken aus. Zu den Trauerfeierlichkeiten des plötzlich verstorbenen sowjetischen Staatsoberhauptes Juri Andropow trifft Honecker am 13.2.1984 in Moskau mit Helmut Kohl zusammen.

Am 25. Juli desselben Jahres empfängt die DDR eine weitere Kreditzusage Bonns. Ein Geschäft, das am 5. Juli 1985 noch einmal erweitert wird durch die Aufstockung des zinslosen Überziehungskredits auf 850 Millionen *Verrechnungseinheiten* (D-Mark) im defizitären Handel mit der Bundesrepublik. Das geschah zu einer Zeit, als im Kreml schon unüberhörbar die Glocken läuteten, und es um die Welt lief, das Wort „Perestroika", als der Refrain des Abgesanges einer Epoche.

Diese Chronik ist in hohem Maße lückenhaft. Auf engsten Raum gedrängt veranschaulicht sie dennoch die internationale Verkettung der DDR-Situation. Dazwischen lag die Ausweisung Biermanns,1976, mit kollabierenden Ausschlägen in der gesamten Kultur- und Geisteswelt der DDR, gefolgt von weiteren demonstrativen Ausschlüssen von Autoren aus dem Schriftstellerverband der DDR. Die entsprechende Steuerung der stets nach gleichem ideologischem Muster eingeebneten ‚Meinung' in der Öffentlichkeit erledigte die Partei über ihr hundertprozentiges Informationsmonopol. Schließlich ließ sich Erich Honecker von Bundeskanzler Helmut Schmidt „Reiseerleichterungen für Besuche von DDR-Bürgern in die Bundesrepublik" abkaufen und mancherlei unkalkulierbare Freiheiten – in denen auch ich mich bewegte – als Gegenleistung für die Kredit-Millionen.

Was Erich Honecker eitel gewollt hatte, erträumt sicherlich, ergattert und ergaunert: die internationale Anerkennung der *DDR als souveräner Staat,* mit ihm als ‚Staatsmann', das hatte die westliche Welt ihm ziemlich leicht zugesprochen: Laut gedacht, als Erleichterung des Lebens der Menschen hinter der Mauer, die scheinbar ewig halten sollte. Nichts hinderte ihn also, seine verlogene Unterschrift unter die KSZE-Akte von Helsinki zu setzen. Ihre sachliche Inanspruchnahme durch die Bürger, am Beispiel der Reise- und Informationsfreiheit, regelte im Einzelfall die Staatssicherheit und konnte sich darin auf ‚geltendes Recht' berufen, DDR-Recht. Darunter, im unerbittlich zeitlichen Wettlauf mit dem Unabwendbaren, verrotteten die Industrieanlagen und verfielen die kostbaren alten Städte. Es war Erichs geigelnder Tanz auf dem parquet international, zwischen den überfüllten STASI-Zellen und auf den Mauerklippen im Herzen Berlins, die nach dem Willen des Erbauers noch „fünzig Jahre, und wenn es sein muss, länger" stehen würde, zum Schutz der „soschalischen DDR" – zum Schutz vor den feindlichen Kreditgebern.

Wer, die Frage springt unweigerlich auf: Wer war eigentlich in der Wahrnehmung „gespalten", er oder wir? Die Sowjets oder der Westen? Oder ist Geschichte weithin nur der bange Rest menschlicher Selbstüberschätzung, „Gottesferne"? Lichtspalte, wie das Handeln im Herbst '89, nur der Glücksfall? Antworten darauf sind nicht einfach zu haben. In ihren Schwingungsausschlägen brechen sie hart auf an den Kanten persönlicher Erfahrung.

Ich schreibe zehn Jahre nach dem Hinscheiden des im politischen Koma erstarrten Systems. Keinesfalls wäre es mir früher möglich gewesen. Nun spüre ich die auf mir von Jahr zu Jahr schwerer liegende Last der Erinnerung. Ich habe mit dem „Schlamassel", dieser Mischung aus Unbedarftheit und Brutalität, meine Tage geteilt und nicht dagegen getobt und geschrien, wie wirkungslos das auch gewesen wäre. Ich habe getan, was ich ‚konnte', dabei, in meiner Arbeit und meinem öffentlichen Bekenntnis, etwas dafür und etwas dagegen. Und mir wird immer deutlicher: „Es war nicht genug." Angesichts der unsagbaren mentalen Nöte und Verzerrungen, unter denen auch unsere Kinder litten und bis heute die Nachwirkungen spüren, war es nicht genug. Leben auf Dauer muss dessen ungeachtet mehr sein, als Schuld und Rechtfertigung, selbst, wenn ein solcher Ansatz nur als Ausdruck eines Gefühls bestünde. Froh macht es mich nicht.

Heute ist der 9. November 1999. Die Morgennachrichten entlasten meine aufgestaute Unsicherheit: Das Urteil gegen Egon Krenz ist rechtskräftig! Endlich fand die demokratische Justiz in diesem Punkt zu sich selbst. Um manchen Stein erleichtert, rücke ich meinen Stuhl vor dem Bildschirm zurecht und suche in dem nach Mitternacht beendeten Text einen Anschluss. Zwischenzeitlich, indem ich mich im Schreiben unterbrechen lasse, höre ich die festlichen Reden aus Berlin und erlebe die gefühlsbestimmten wie die sachlichen Anstrengungen meiner ‚Vorredner', den jeweils eigenen, mit dem Jubiläum des Mauerfalls verbundenen Erfahrungen und Absichten sprachliche Gestalt zu geben. Das bestärkt mich in dem Bemühen, meinen Platz, meine Bewegung und Befindlichkeit in der DDR-Wirklichkeit darzustellen. Darin ruht, wie auch ich weiß, ein Risiko. In allen Gedanken, mit denen ich mich den Berührungen aussetze und den Deutungen, ruht eine Distanz, auch eine schützende Distanz, eine Distanz, die der verantwortlich Redende annehmen kann. Ich werde darüber hinaus, ganz allein für mich akzeptieren müssen, dass ich mit dem, was ich von meinem Leben erwartete, der Geschichte nicht gewachsen war. Sie hat ihre eigene Uhr, die ich erst erkenne, wenn ich Abstand genommen habe. Aber: „Wer zu spät kommt, den bestraft das Leben." Mit dieser entwaffnenden Erkenntnis entließ Michael Gorbatschow uns aus dem

Machtgriff der Sowjetunion in die Umarmung Europas. Die Uhren waren bereits neu gestellt.

Noch einmal muss ich zurück an den „Guten Ort" in Berlin, an den Weißensee. Dort, wo meine Erfahrungen mit so vielen aufhellenden Details ausgestattet wurden, begann für mich selbst die ‚akute Phase' der Wende, als heilsamer Schritt des eigenen Erkennens. Nichts war so, an diesem Septemberwochenende '89, wie in den Jahren zuvor, ohne dass jemand zu beschreiben gewagt hätte, worin diese schwebende Unruhe, die jeder in sich trug, bestand. In Gesten und zwischen den Händen vertrauter, herzlicher Begrüßung wie ein Drittes: Fragen. Fragen.

Die Ankunft unter der mild tätigen, frühherbstlichen Sonne mochte für die dienstbaren Beobachter auf der gegenüberliegenden Straßenseite aussehen, wie sie es kannten. Wir wussten, dass sie in akuter Bereitschaft hantierten, seit dem 19. August, an dem Hunderte von DDR-Bürgern während des „Paneuropäischen Picknicks" im ungarischen Sopron die offene ungarisch-österreichische Grenze zur Flucht benutzten. Über den Stefanus-Häusern und dem Garten lagert wie eh eine äußerlich unbeeindruckte Ruhe, und die Behinderten, mit denen wir die Heimstatt teilen, bewegen sich in ihrer Art – gemessen und freundlich. Vor dem Grundstück rollen sporadisch die Autos der Teilnehmer an, hörbar nur die aus dem Osten. Die Kennzeichen sind wenig verändert in ihrer Streuung zwischen Ostsee und Schwarzwald, dem Niederrhein und dem hinteren Sachsen. Die Seher konnten ihre alten Listen aus den Vorjahren verwenden. Ob sie das als Erleichterung werten? Wen stört's. So zog das Kommen sich hin. Unter den wechselnden Grüppchen macht sich Anspannung breit. Man sieht das an den Köpfen, die sich irgenwie näher sind als die Füße. Die Raucher, sonst immer etwas abgerückt, mischen sich unter die anderen Gruppen. Diesmal ist es nicht das, was stört. Alle fühlen ein Berührtsein von draußen, wie und was genau, weiß niemand. Unterscheidbar sind lediglich die Gerüchte-Ebenen. Daran fällt auf, die Fragerichtung geht ganz stark von West nach Ost. Das war in den früheren Jahren anders. Nur soviel: Am 4. September gingen in Leipzig mehr als tausend Menschen auf die Straße mit der Forderung, in die Bundesrepublik ausreisen zu dürfen. Es waren die Antragsteller aus Leipzig, die verzweifelt Mut fassten. Am 10. September '89 veröffentlichte ein so genanntes „Neues Forum" seinen Gründungsaufruf mit Forderungen zum demokratischen Dialog über die Aufgaben des Rechtsstaates, der Wirtschaft und Kultur. 11. September: Ungarn öffnete seine Westgrenzen für ausreisewillige DDR-Bürger. Am 12. September folgte ein Aufruf „Demokratie Jetzt". Am 18. September begannen prominente Rockmusiker in öffentlichen Veranstaltungen ihrerseits einen Appell zu verlesen, mit dem sie zur Unterstützung des Neuen Forums aufrufen, und fordern die Regierung zu Reformen auf. Ebenfalls nur wenige Tage zurück, am 19. September in Eisenach, fordert die Synode des Bundes der Evangelischen Kirchen in der DDR (BEK) in einem Beschluss: *Demokratisierung und tatsächliche Reformen in der DDR*. Die Tür zu den Worten ist entriegelt.

Aber noch immer beherrschen die verkrampften Informationszuteilungen der Partei das Feld. Das schürt die Unsicherheit. Wieder einmal und immer noch, wie in all den eingestampften Jahren, sind wir auf die westlichen Medien angewiesen. Besonders *wir* im ‚Tal der Ahnungslosen', dem Gebiet um Dresden und die Oberlausitz, wohin ARD und ZDF mit ihren Richtsendern nicht reichten, blieb der Deutschlandfunk die wichtigste, vitale und solide Quelle der Unterrichtung und der emotionalen Stützung. Der Dank dafür ist adäquat wohl niemals abzustatten. Nur so viel: Ich bin ihm treu geblieben.

In die offene Anreise-Szene, die sich über zwei Stunden hinzog und zum Vorauserwarteten der Tagungen gehörte, kam eine Richtungsbewegung, ein ‚neues Gesicht' tauchte auf, mit dem sich eine besonders gespannte Erwartung verband: der Publizist und Buchautor Ralph Giordano. Er hatte sich als Hauptreferent für die Tagung verpflichten lassen und freundlich zugesagt, für die gesamte Zeit zur Verfügung zu stehen. Nach allem, was man bis dahin von ihm wusste – wir aus dem Osten eher lückenhaft – die jüdische Familie, die Dramatik des Überlebens, die Verbindung zu und der konsequente Bruch mit den Kommunisten, danach war die Vorspannung gerechtfertigt, auch die ein wenig emotional unterwanderte Neugier. Er, an öffentliche Auftritte, auch unkalkulierbare, gewöhnt, nimmt die Situation mit augenscheinlich freundlichem Gespanntsein auf. Viel Zeit wird dem Gast dafür nicht gelassen. Die Ersten begrüßen ihn bereits unbeschränkt herzlich. Und in wenigen Augenblicken gehörte er der angeregten Gemeinschaft an. Ein Widerspruch etwa ist bei ihm nicht erkennbar.

Ralph Giordano, der mit seinem Roman „Die Bertinis", den er selbst eine Familien-Saga nennt, sein Credo als moralpolitische Instanz an den ‚zeitübergreifenden Beginn' seiner schriftstellerischen Karriere stellte, kam zu uns nach Berlin, um sein neues Buch, „Die zweite Schuld oder von der Last Deutscher zu sein" vorzustellen. Ein Sachbuch. Wieder, wie so oft in den Jahren zuvor, waren wir auf die Hilfe von Freunden angewiesen, den Band zur Vorbereitung auf die Tagung zur Verfügung zu haben. Anfangs standen nur Andeutungen bereit, wie brisant, wichtig und notwendig die Thematik „für Deutschland" sei, ein unausweichlicher Stoff. Mehr: eine Anklageschrift gegen die kollektive Folgeschuld der Deutschen nach dem Völkermord: die Verdrängung und Verleugnung.

Offener Schriftverkehr darüber musste ausgeschlossen werden. Daran waren wir gewöhnt. In diesem konkreten Fall hätte es die Gefährdung des Autors bedeuten können. Ralph Giordano gehörte, nach seinem bereits 1957 vollzogenen Bruch mit den Kommunisten, nicht zu den Begünstigten des SED-Regimes. Seine Einreise in die DDR, auch nach Ost-Berlin, konnte nicht als gesichert gelten. Die Spannung, die jene Begegnungen stets begleitete, war in seinem Fall besonders begründet.

Wir bekamen die Lektüre rechtzeitig. Wie mir aber sehr bald bestürzend deutlich wurde, *ich las das Buch nicht*, auch nicht zum zweiten Mal, nein, *es machte sich über mich her*. Holte mich ab, mit seiner beabsichtigten Radikalität in meiner, von vierzig Jahren DDR-Sozialismus überwucherten Kindheit. Es zerrte mich zurück in eine der vorderen Reihen der Geschichte. Was war mir denn geblieben zwischen dem „Zusammenbruch" Nazi-Deutschlands, dem Einmarsch der Sowjets samt ihrem Apparat, den Nürnberger Prozessen und der Gründung des Ostzonen-Staates DDR, der „Heimat des Antifaschismus". Von welcher Schuld 1945, zu welcher Schuld 1949, in welche Schuld 1989 führte mein Weg, als einer der Söhne. Ich habe sie erlebt, die Entnazifizierung und die Denunzierung, und ich erinnere mich noch an die Männer in ihren dürftigen Jacken, die zum Rathaus gingen, um ihr Parteibuch abzugeben und das Abzeichen, wenn sie es denn noch hatten, und die Fragen zu beantworten, die ihnen, abhängig von der Meinung bestimmter Nachbarn, zur Lebensmittelkarte oder wieder zu einer Arbeit verhelfen konnten. Ich erlebte an diesem Buch die gesamte, risikohafte Spannung aufgewühlter Selbsterfahrung wie ein unmittelbares Geschehen. Giordano ist in einer schonungslosen Weise genau in der Verallgemeinerung seiner persönlichen Erfahrungen, auch was die Vorgänge in der Sowjetzone und der DDR betrifft. Aber er spricht über mich, nicht von mir und schon gar nicht mit mir. Ich, F. R., geboren 1935 in der Oberlausitz, einem der ältesten Winkel Deutschlands – reichsdeutsch: ich komme als Deutscher in Ralph Giordanos deutschem Schuldbuch nicht vor. Von 350 beschriebenen Schuld- und Lastseiten widmet er der Auch-Erscheinung des verordneten Antifaschismus in der DDR eine 15-seitige Erwähnung. Die Stoß- und Kampfrichtung des Buches, die mir so nahe ist, dass sie mir die Nähte sengt, sie wächst aus der Betroffenheit des aus Hamburg stammenden ehemaligen Studenten des Leipziger Literaturinstitutes und wieder nach Hamburg zurückgekehrten Ralph Giordano. Es ist ein ‚westdeutsches' Buch. Falsch. Es ist ein deutsches Buch über Deutschland, in dem ich nicht als ‚Deutscher' vorkomme, sondern als Erscheinung einer vormals für mehr gültigen deutschen Geschichte und Verantwortung. So habe ich es abgelesen. Nein, ich sagte es bereits, so hat das Buch sich über mich hergemacht, mit all seinen Genauigkeiten und dem Flächenmerkmal des Verlustes humaner Orientierung angesichts der schubschildartigen Verdrängung des deutschen Völkermordes. Aber die deutsche Sicht auf das Deutsche genügt sich im Deutschen der Bundesrepublik. Das hat mich irritiert. Es hat mich betroffen. Betroffen in meiner historisch verkorksten Identität, nach vierzig Jahren des Lebens in einem Staat, den ich nicht wählte und der mir meine Nationalität absprach, ohne sie ersetzen zu können. Giordano holte das in mein Bewusstsein herauf zu einer Zeit, da nach den gefälschten Scheinwahlen des 7. Mai 1989 der Schlund des Strudels, in dem die DDR steckte, sich unübersehbar öffnete. Wusste ich denn, wohin er mich reißen würde?

Ralph Giordano hatte Recht. Ich fühlte mich verletzt. Und ich sagte es ihm, sagte es in offener Runde, mit emotionaler Belastung und der entsprechenden Ungenauigkeit: „Herr Giordano, Sie sprechen in Ihrem Buch als Deutscher über ‚die' Deutschen, und ich komme als 1935 in Deutschland geborener Deutscher nur in Form einer marginalen Erscheinung vor. Wie sollte ich mich also definieren? Ich habe die DDR nicht gewählt und auch nicht angenommen. Sie wurde mir übergezogen. Das Selbstverständnis von Deutschsein erschöpft sich in Ihrem Buch im Blick und in der Befindlichkeit eines ‚West'-Deutschen, inmitten bundesdeutscher Wirklichkeit. Ich bestehe darauf, dass ich durch meine Geburt Deutscher bin, und ich gehe davon aus, dass ich es wieder erlebe, ein Deutscher sein zu können" (Berlin, 23. September 1989 – Rekonstruktion). Im Grunde war mein emotionaler Aushub, samt des prophetischen Schlusspunktes, Resultat der unkenntlich aufgewühlten Fläche, auf der es an Orientierung fehlte. Der Autor musste es dessen ungeachtet als Affront aufnehmen. Er widmet sich als Überlebender des Holocoust dem Thema der Verdrängung in Deutschland von der Warte höchster persönlicher Integrität. Für meine Befindlichkeit im Herbst '89 galten ohne Zweifel andere Zuständigkeiten. Ein Buch von derart gesellschaftlicher Relevanz wie „Die zweite Schuld" verdient den Respekt profunder Auseinandersetzung. Diesen hatte ich vermissen lassen. Der Ort war letztlich dafür auch nicht vorgesehen. Entsprechend zurückweisend fiel die korrekte Reaktion aus. Das Plenum erhitzte sich danach rasch auf dem Nebenschauplatz persönlicher Existenz, worauf mehr Fragen niederfielen, als Antworten parat sein konnten. Mir ging es nicht besonders gut mit der durch mich provozierten Situation, und doch konnte ich nicht zurück. Es war Ralph Giordano, der mich schließlich in einem Gespräch, so wie die Begegnungen es immer ermöglicht hatten, wenigstens von der Last des unangemessenen Umgangs befreite. Die Last, ein Deutscher zu sein, musste er mir lassen. Er konnte den Vorfall ohne Sorge rasch vergessen. Für mich geriet er zum Schlüsselerlebnis und hinterließ mindestens drei weit wirkende Rückstände:

- mein Handeln während und nach den Wende,
- das Schreiben dieses Buches und
- die Behandlung der Ost–West- / West-Ost-Problematik als historischen Befund, weder aus wirtschaftlicher und konsequent nicht aus persönlich emotionaler Sicht.

Dafür habe ich Ralph Giordano zu danken, dafür bat ich ihn herzlich um Erlaubnis für diese Indiskretion. Das alles zusammen ist das Ergebnis meiner ‚illegalen Tätigkeit' im Kreise von Menschen, denen Bücher mehr bedeuten, als in diesen geschrieben werden könnte.

Festzuhalten bleibt:
Alles Denken, alle Ansätze von handelnder Bewegung, von den ersten, dünnen Signalen an bis zum 3. Dezember 1989, dem Rücktrittsdatum der SED-Führung, waren auf Veränderung gerichtet, auf Veränderung der Verhältnisse in der DDR, nicht etwa auf ihre Beseitigung. Am 4. Dezember '89 begannen auf der Montags-Demo in Leipzig unter der Losung „Wir sind ein Volk" die Rufe nach der deutschen Einheit. Von diesem Moment an war die Bewegung der Sprache anvertraut. Und die Füße übereigneten das Handeln nach und nach den Köpfen. Am 7. Dezember tagte in Ost-Berlin zum ersten Mal der „Runde Tisch" unter der Moderation von Vertretern der Kirchen. Damit erreichte die „Friedliche Revolution der Bürger der DDR" ihr geschichtliches Ziel: die Ablösung der Diktatur durch die Demokratie. Die Schuldfrage ist damit nicht abgegolten. Wir werden über eine dritte zu sprechen haben, als Deutsche. Alle.

Unverhofft, ein Kapitel Kunst

dieser frühling wird mild. glaub mir.
der vorwuf: zu pessimistisch zu sein?
antwort, dawider, im
herbst.

Ich würde mir selbst Unrecht tun, hielte ich nicht fest, wie wohl ich mich fühlte in der musikalischen Arbeit mit Kindern. In mehr als zehn Jahren meiner Tätigkeit an der Musikschule hatte sich ein Vertrauensraum aufgetan zu Schülern und Eltern, der zeitweise vergessen lassen konnte, an welch kurzem Pendel unser Leben angebunden war und wie rasch und immer erneut es bei winzigsten Ausschlägen gegen die Ummauerungen stieß. Als ein besonders empfindlicher Punkt an der Oberfläche der geglätteten Staats-Ideologie erwiesen sich stets die Berührungen mit den Kirchen, wozu die legalen Religionsgemeinschaften gerechnet wurden. Die bewahrte und verbreitete Tradition religiöser Gruppierungen, sich musikalisch zu äußern und zu betätigen, führte fortgesetzt zu kritischen Auseinandersetzungen, sobald es um Öffentlichkeit ging. Kirche ist öffentlich. Am Öffentlichkeitsbegriff versuchten die Hüter der reinen Lehre des Sozialismus ihre Allzuständigkeit durchzusetzen, indem Personen, die nicht kirchlich ‚bedienstet' waren, wie es hieß, der Zuständigkeit des atheistischen Staates unterlagen. Lehrer, zumal wenn sie bereits auffällig waren wie ich, gehörten besonders beobachtet. Bei der Vielzahl religiös gebundener Schüler, die in ihren Kirchgemeinden aktiv waren, stand die Musikschule insgesamt im Licht kritischer Aufmerksamkeit. Eines Tages fand ich den Direktor mit einer Statistik beschäftigt, wie viele Lehrer welche Anzahl religiös gebundener und auffällig tätiger Schüler führten. Dazu gab es eine Spalte *Bemerkungen*. Die meisten Mitarbeiter erfuhren natürlich nichts von derartigen Aktivitäten, mit denen der

Leiter unablässig beschäftigt wurde und die einen Zugriff bedeuteten auch auf die persönliche Sphäre des Einzelnen. Derlei Ermittlungen lagerten auf dem Stapelplatz der Beobachter und waren abrufbar, wenn sie ‚gebraucht' wurden. Das hatte ich oft genug erfahren, wenn es hieß, „wie wir von Ihnen wissen ..." Aus dieser Art Verdeckung allgegenwärtiger Beobachtung resultierten letztlich verklärende Betrachtungen, die sich, wohl aufgehoben, bei gar manchem bis in die reale Gegenwart erhalten haben: „Ach, na ja, so schlecht war es doch gar nicht. Wir hatten es doch eigentlich gut." Zu dieser Ansicht konnte nur der gelangen, der ausschließlich seine äußeren Vor- und Nachteile verrechnete, darüber hinaus die Augen gut bedeckt behielt vor den Merkpunkten krimineller Energie des Systems. Die möglichen Resteindrücke wurden dann rasch verdrängt durch die beklagten Anstrengungen im Umgang mit der späten Freiheit. Da blieben peinliche Verklärungen als ‚Erbgut' zurück, und dieses hält sich über die Sprache noch immer vermehrungsfähig. Verdrängung und Verklärung, wie mir scheint, bringen sie unter uns hervor: eine „dritte Schuld".

Weit kritischer und komplizierter als in den Musikschulen war die Situation an den allgemeinbildenden Schulen. Lehrer und Schüler standen da unter einem systematisch organisierten Druck. Die Partei bediente sich der Pionierorganisation und der FDJ mit Hilfe professionell ausgebauter Strukturen analog an allen Schulen. Mit der perversen Idee der ideologischen Vermassung kamen besonders die Kinder und die Lehrer in Konflikt, die versuchten, sich dem absoluten Zugriff wenigstens teilweise zu entziehen. Der Konflikt verschärfte sich, als der *Wehrkundeunterricht* einschließlich der wehrpraktischen Übungen als Pflichtfach in die Schulen gezwungen wurde. So weit waren nicht einmal die Nazis gegangen. Wieviel Frust, Ratlosigkeit und Leid in Familien darüber entstanden ist, ihre Kinder in diese militante Ecke gedrängt zu wissen, ist statistisch nicht belegbar. Die Kirchen sahen sich einem nicht zu bewältigenden Ansturm von Hilfe suchenden Eltern und betroffenen Jugendlichen, besonders aus den Gruppen der *Jungen Gemeinde,* gegenüber, nachdem das Fach *Wehrkunde* für die 9. und 10. Klassen mit Beginn des Schuljahres 1978/79 obligatorisch eingeführt wurde. Mir genügt als ungute Erinnerung der Anblick unseres Sohnes bei seiner Rückkehr aus dem Zivilverteidigungslager. Er hatte sich nicht an Schießübungen beteiligt. Auf meine Frage: „Wie war es", sagte er leise: „Es ging." Ich glaube, gut zu wissen, was es für ihn bedeutete, damit fertig zu werden. Darüber blieben mir Reste, die nie verrotten werden.

Wir hatten unseren ersten Sohn, um ihn, wie wir dachten, etwas aus dem Haltungskonflikt zwischen Familie und Schule herauszuhalten, nicht in die Pionierorganisation eintreten lassen. Über Jahre hinweg war er der Einzige ohne dieses Etikett als Schüler der Klasse, in der es deshalb offiziell hieß: „Die Pioniere der Klasse ... und Torsten-Pieter." Die psychische Belastung für ihn war äußerst stark. Vom ersten Bildungsweg war er ausgeschlossen. Wir, als Eltern, haben unseren Entschluss voll innerer Konflikte getragen. An diesem kritischsten Punkt der Entscheidung – stellvertretend für die Kinder – konnten wir selbst unter Freunden keine restlose Übereinstimmung finden. Verbreitet war die Haltung, im Interesse der Entwicklungschancen für die Kinder, Pioniere, FDJ und Jugendweihe ‚in Kauf' zu nehmen. Es war ein garstiges Geschäft. Und gar mancher Jugendliche ist auf diesem harmlos scheinenden Bächlein in den Hafen der STASI getrieben und als IM herausgekommen. Schüler waren auf Grund ihrer Unerfahrenheit besonders gefährdet. Für die Meinung, dass es doch „gar nicht so schlecht" war, fehlt in meinem Inneren jedweder Stauraum. Daran wird sich nichts ändern können. Später, nachdem unser Sohn bereits seinen Wehrersatzdienst in einer Bau-Einheit geleistet hatte, trat er schließlich der FDJ bei, um überhaupt noch die Chance einer beruflichen Entwicklung zu bekommen. Ohne die Unterstützung eines meiner Freunde wäre selbst dieser kompromisshafte Weg vom Erfolg ausgeschlossen geblieben.

Unserem zweiten Sohn verwehrten wir nach der leidvollen Erfahrung den Beitritt zur ‚Masse' nicht. Die so genannten *Pioniernachmittage* hat er zwei oder drei Mal besucht und ging danach – ohne unser Zutun – nie wieder dorthin. An der Jugendweihe nahm er teil. Das ermöglichte den Zugang zur Oberschule. Die Kirche konfirmierte, nach einem außerordentlich konfliktvollen Entschluss, diese Kinder, die sich dem „Druck des Staates gebeugt" hatten, im darauffolgenden Jahr. Für diese Lösung habe ich mich in der Synode gegen die Haltung mancher Kirchenvertreter einsetzen können. Ich konnte mich mit vielen Gleichgesinnten gerade da nicht der Entscheidung anschließen, diese Kinder zu bestrafen.

Tobias bewarb sich nach dem Abitur um einen Studienplatz für Ethnologie an der Berliner Humbold-Universität. In einem entsprechenden Zulassungsgespräch am Institut für Völkerkunde wurde ihm als Hauptpunkt die Frage gestellt: „Sind Sie bereit, für die Interessen der DDR mit der Waffe zu kämpfen?" Sein NEIN beendete daraufhin rasch die Prozedur. Ich musste mich leider erst nach diesem Vorfall aufklären lassen, dass Völkerkundler der DDR als wissenschaftlich getarnte Agenten ausgebildet wurden, die in weltkommunistisch interessanten Einflussgebieten Lateinamerikas, Afrikas und im fernen Osten zum Einsatz kamen.

Nach dieser ernüchternden Erkenntnis und einem Arbeitsjahr studierte unser Sohn Theologie, kam mit seinem Studium in die Gravitation der Wende und ist nun arbeitslos, da unsere Kirche meint, ihre ‚Kinder' den Sparzwängen opfern zu müssen. Die Ämter fingen damit vorsichtshalber „draußen im Land" an. Nicht etwa damit, die im 18./19. Jahrhundert begründete landeskirchliche Gesetzlichkeit in der Weise zur Änderung voranzubringen, dass sie jungen graduierten Theologen die Möglichkeit eröffnet, als Pfarrer oder Pastor dahin gehen zu können, wo sie gebraucht werden. Noch immer hoffe ich, dass die Angleichung an das Beamtenrecht nicht die letzte ‚mutige Entscheidung' meiner Kirche gewesen ist. Auf meinem Rücken aber liegt die beeinträchtigte Berufsentwicklung unserer Kinder wie ein doppeltes Kreuz.

Der Frühling 1981 fiel über einen ergrauten Winter her wie eine Schar Sperlinge über ein schmutziges Stück Brot. Die Farbe gelb, vom März gekürt, stieß hinauf zur Sonne. Optimismus auf jeder Speisenkarte. Die SED bereitete ihren X. (für Volkspolizisten: „eins und ein Kreis") , also ihren *zehnten Parteitag* vor. Von der Sowjetunion lernen, hieß auch zählen lernen. Dort wurden die Parteitage aus noch offenen Gründen römisch nummeriert. Wie sie das bildungsmäßig bewältigten, finde ich nicht belegt. Noch galt die Doktrin des Leonid Breshnew. Alles hielt fest am ehernen Griff, vor allem die SED. Vom 11. bis 16. April 1981 tagte die Partei der Arbeiterklasse, um sich all das zu erzählen, was alle kannten, und sich bestätigen zu lassen, dass alles so bliebe: die *führende Rolle* der SED in Politik und Gesellschaft, die *Einheit von Wirtschafts- und Sozialpolitik* als Honeckers ungedeckter Scheck im Lande und die *Treue zur Sowjetunion* zur Besänftigung der Panzer mit dem roten Stern. Erich Honecker gab den Rechenschaftsbericht, Willi Stoph stellte den bunt gefiederten neuen Fünfjahresplan vor. Keiner von beiden konnte ordentlich deutlich sprechen, sie redeten dessen ungeachtet aneinandergereiht fünf Stunden über die Herrschaft dieser einen Partei.

Ich machte mir schon die Mühe, Honeckers Reden anzuhören, um am Luftzug zu spüren, wohin die Blättchen an den ideologischen Astspitzen sich wendeten. Wenn ich mich einmischen wollte, musste ich wissen, wie sie die Segel setzten. 1981 gab sich Honecker blenderisch sicher. In den Zaum genommen wurden die Genossen. Er nannte ihnen sogar drei Hauptstoßrichtungen:

- die Umsetzung der Beschlüsse der Partei einheitlich und geschlossen bis in die Betriebs- und Ortsparteigruppen,
- in der Wirtschaft als Hauptkampffeld einen hohen Leistungszuwachs sichern,
- die Festigung des politischen Bewusstseins der Werktätigen durch ein hohes Niveau der ‚Massenarbeit' garantieren.

Das bedeutete soviel wie, den alten Zentralismus zu verkeilen, die Bevölkerung durch möglichst erkennbare Verbesserungen im Lebensstandard zu beruhigen und an der ideologischen Einhämmerung festzuhalten. Für die Übersetzung der Phrasen war einige Übung notwendig, deshalb unterzog ich mich der Anstrengung des Zuhörens. Die unvermeidliche Auseinandersetzung um die unverkennbaren Widersprüche zwischen den Aussagen und der Realität sollte möglichst in den Reihen der Partei und der Massenorganisationen gehalten werden. Die Versorgungslage müsste sich verbessern, damit die Stimmung im Lande sich beruhigt und den Klassenfeind – den *er* in Bonn und Washington besuchen wollte – sollte eine „Politik der Vernunft" freundlich stimmen, im „Interesse des Friedens und des Fortschritts".

Es gelingt Honecker tatsächlich, die Schaumkrone seines Erscheinungsbildes noch etwas mehr aufzuplustern. Die Volkskammerwahl im Juni 1981, die erste, an der ich nicht teilnahm, brachte das vorgesehene Ergebnis mit 99,86 Prozent. Die Partei gewann

Mitglieder, Zuwachs hatten auch die Blockparteien. Die DELIKAT-Läden und Intershops wurden erweitert. Das *Territorium* – gemeint war das wahrnehmbare, vor allem überschaubare Lebensumfeld – wurde zur „Quelle der wirtschaftlichen Leistungskraft" und der „Geborgenheit" erklärt. Und der inzwischen neu gewählte Bundeskanzler Helmut Kohl versicherte dem SED-Generalsekretär am 29. November 1982 in einem persönlichen Brief:

„... *Mein Vorgänger hat Sie bei seinem Besuch am Werbelinsee (in die BRD) eingeladen. Ich halte an dieser Einladung fest. Die neue Bundesregierung tritt für Verläßlichkeit und Berechenbarkeit in den Beziehungen ein ...*"

Auf diesem schaumigen Untergrund gelang es Erich Honecker, eine Oberfläche zu erzeugen, die illusionistisch gespiegelt erschaubar schien. Obwohl der offensichtliche Verfall sich erschreckend deutlich darbot, gab es ‚Stellen, an denen es möglich schien, dass etwas möglich war', wie der Wiederaufbau der Dresdner Semperoper und des Berliner Schauspielhauses am Gendarmenmarkt. Illusionistisch real. In einem Laden suchte man zur gleichen Zeit vergeblich nach einer Nagelfeile, einem Kantholz oder einem 13er Schraubenschlüssel. Der oberste Devisenbeschaffer, Schalk-Golodkowski, verkaufte indessen Pflastersteine, Kunstgüter, Waffen und vieles mehr, um die philippischen Forderungen Erich Honeckers zu decken.

Im Frühjahr 1981 erreichte mich, durch Freunde weitergetragen, eine aufregende Information: Der Leipziger Musikverlag VEB EDITION PETERS baue in Dresden eine „Spezialabteilung für zeitgenössische Musik" auf und suche jemand, der den Bereich Öffentlichkeitsarbeit/Information/Dokumentation einrichtet und leitet. Der Verlagsleiter war für kurze Zeit mein Studienkollege in Dresden, bevor er zur Musikwissenschaft wechselte. Wir waren uns seitdem selten wieder begegnet. Nach einer Reihe von schlaflosen Nächten setzte ich mich mit ihm in Verbindung, zunächst, um nach den näheren Tätigkeitsmerkmalen oder -erwartungen zu fragen. Unmittelbare Erfahrungen gab es nicht. Nach mehreren Gesprächen stellte sich auf beiden Seiten aber soweit Klarheit ein: Ich würde dieser Jemand.

In vielerlei Hinsicht ein bestürzendes Ereignis. Meine Bindung an die Musikschule, die Schüler, Eltern und KollegInnen und meine persönlichen Erwartungen waren so auf Endgültigkeit gerichtet, dass der Entschluss, mit fast 50 Jahren etwas unüberschaubar Neues zu beginnen, mich ziemlich verunsicherte. Unsicherheit bemächtigte sich auch der Familie darüber, welche Konsequenzen mit dem Wechsel verbunden wären. Andererseits sah ich, das war für mich die einmalige Chance, meine Qualifikation im Raum der DDR zum Einsatz zu bringen, ohne dass zuerst nach dem „roten Buch" gefragt würde. Es wurde gefragt, aber in einem Nebensatz. Die Verkündigung meiner Entscheidung in der Schule ließ meinen Chef eisig reagieren. Es ging ihm gesundheitlich schlecht. Seine still gehegte Absicht, die Verantwortung einmal mir zu übertragen, blieb an dieser Stelle unausgesprochen. Sie hätte andererseits meinen Entschluss nicht geändert. Er hätte es wissen können. Ich bat schriftlich um Aufhebung meines Arbeitsvertrages. Die verbleibenden Monate waren mit Spannung erfüllt, ohne dass ich den wahren Hintergrund erfuhr. Er stellte mir ein lobendes Zeugnis aus. Die Trennung von meinen Schülern verlief schmerzlich. Umso mehr hielt sich bei mir die Unsicherheit, ob ich meine Entscheidung richtig getroffen hatte. Soviel war ich doch ein Produkt der DDR, zu merken, dass ich diesen Schritt nicht unangefochten würde gehen können. Er wurde, wie sich noch zeigen sollte, der wichtigste meines Lebens.

Am 1. September 1981 bezog ich ein kleines Zimmer mit Parkblick in der ehemaligen Villa eines bekannten Dresdner Zigarettenfabrikanten, am hohen Elbhang in Oberloschwitz. Der in Leipzig verbliebene, 1948 verstaatlichte Teil des um 1800 in der sächsischen Messe- und Verlagsmetropole gegründeten Musikverlages konnte mit seinen, von den alten, gestochenen Druckplatten genommenen Klassiker-Ausgaben auch als VEB-Betrieb eine akzeptable Bilanz erzielen. Das ließ den engagierten Verlagsleiter die Idee verfolgen, sich als Verleger – wie schon früher – für die Gegenwartsmusik einzusetzen und einen Teil des mit den Traditions-Editionen erwirtschafteten ‚Gewinns' für die Förderung junger Komponisten der DDR und des Ostblocks zu verwenden. In den siebziger Jahren begann in der DDR, ausgelöst durch die Ergebnisse und Ereignisse der „Internationalen Darmstädter Ferienkurse für Neue

Musik" ein bemerkenswerter, energischer Schub der Aufarbeitung der von den Nazis und den Kommunisten über 40 Jahre bekämpften Entwicklung des neuen Musikdenkens. Die Widerstände waren in der DDR aber längst nicht beseitigt. Da der Informationsfluss aus dem Westen und seine geistige Bearbeitung von den DDR-Organen nicht vollständig zu verhindern waren, setzten sie ihre Machtmittel ein gegen die Verbreitung des „rückwärtsgewandten, zum Untergang verdammten, dumpfen bourgeoisen Gedankengutes". Die jungen Komponisten, die sich avancierten Gestaltungsweisen zuwendeten, erhielten nicht nur keine Unterstützung, sie sahen sich auch massiven Bedrängungen ausgesetzt. Was aber völlig fehlte, waren Voraussetzungen für die Materialherstellung sowie Podien, Proben- und Aufführungsmöglichkeiten. Aber gerade die Öffentlichkeit war es, die der parteiabhängige Machtblock innerhalb des Komponistenverbandes mit allen Mitteln, Möglichkeiten und Beziehungen zu verhindern suchte. In diese miefige, verkrustete Hinterzimmeratmosphäre versuchte der Verlagsmanager mit Hilfe seiner Beziehungen etwas frische Luft hineinzulassen. P. hatte gute Kontakte zu gleichaltrigen, aufgeweckten Leuten der Leipziger Musiker- und Komponistenszene. Von ihm, als Verlagsleiter, wurde von daher Unterstützung erwartet. Darüber darf nicht vergessen werden, dass die Entscheidungszentrale aller DDR-Verlage bei der *Hauptverwaltung Verlage-Buchhandel* im Ministerium für Kultur lag, mit der ‚geordneten' Kompetenzlinie zum ZK der SED. Über viele Jahre des taktischen Kampfes mit der Partei-, Ministerial- und Verbandsoligarchie und nicht ohne Zugeständnisse an die etablierte Komponisten-Garde, das belegt der Verlagskatalog, an dem ich selbst mitgearbeitet habe, erreichte der Verlagsleiter schließlich 1980 den Einzug in die Dresdener Villa in der Schevenstraße 17, mit der durch ihn geschaffenen Spezialabteilung für zeitgenössische Musik des VEB EDITION PETERS Leipzig/Dresden. Für die ideologischen und die tatsächlichen materiellen Voraussetzungen in der DDR war dieses ein Unding. Für die obergärige, zum alsbaldigen Verbrauch bestimmte Eitelkeit und barocke Repräsentanzsucht der Führung aber war die getroffene Entscheidung bezeichnend. Es bedurfte nur zweier Zusagen: Devisen und Anerkennung – möglichst im Westen – , dann war Erich Honecker zu Unterschriften bereit. Beides konnte P. aus der Sicht des Verlages versprechen.

Dafür hatten sie seinen Kopf nebst dem Kragen. Sie hatten ihn, wie sich recht bald erwies, ganz und mit vernichtender Konsequenz, so wie es ihrem Selbstverständnis entsprach. Doch das Geschäft mit den Leipziger Klassiker-Ausgaben lief im Westen gut, und es bestanden geschäftliche Verbindungen mit dem Betriebssitz des Altverlages in Frankfurt/Main. Repräsentative, für die Partei nicht uninteressante Autoren wie Paul Dessau, Hans Eisler und Ernst Hermann Meyer wurden durch den Leipziger Verlag vertreten. Dagegen bestanden keine Einwendungen. Kritisch betrachtet wurden alle Neuerungen, bei denen vor allem die ideologischen Konsequenzen nicht kalkulierbar erschienen. Dafür boten die jungen Komponisten sowohl mit dem Inhalt wie der Faktur ihrer Arbeiten Stoff für Betrachtungen. In der DDR galten nicht die künstlerische Wertigkeit und ein kalkulierter wirtschaftlicher Erfolg eines Werkes als wichtigste Grundlage einer Verlagsentscheidung, sondern die ideologische Reinheit. Im Vokabular der SED hieß es „Parteilichkeit". Auf Seiten des Verlages fiel die Entscheidung darüber in die Zuständigkeit des Lektorates. Die Letztverantwortung trug der Leiter, das bedurfte keiner Neuerung. Dazu gehörten Wissen, Erfahrung und Mut. Diese Tugenden lagen ihrem Äußeren nach bereits in den Anfangsgründen verlegerischen Handelns, ohne dass sich jemand eine derartige ideologische Bevormundung dieses ‚freien' Gewerbes hätte vorstellen können. Was es bis dato nicht gab: verlegerisch betreute und vom Verlag aus vermittelte Aufführungen neuer Kompositionen und deren Dokumentation. Das war die konzipierte Aufgabe des Dresdener Hauses. Die Kunst an der Elbe hatte eine Sternstunde. Dass in meiner Biografie nun steht, daran Teil zu haben, verstehe ich noch immer, fast zwanzig Jahre danach, als glückliche Fügung.

Das Haus Schevenstraße 17 war 1980 natürlich längst nicht mehr Sitz eines Tabak-Moguls. Dessen „Jasmazzi"-Zigaretten-Moschee in der Dresdener Friedrichstadt (heute wieder restauriert und denkmalgeschützt) war Ruine seit den Bombennächten des 13./14. Februar 1945. Der Eigentümer war ins Ausland gegangen. Die Villa in Loschwitz diente seit den fünfziger Jahren mehrfach als Mietresidenz von Musikerpersönlichkeiten, dem Chef der Staatskapelle, einem Tenor der Staatsoper und zuletzt dem Rektor der Hochschule für Musik und Vorsitzenden des Dresdner Bezirksverbandes und

Mitglied des Zentralvorstandes des Verbandes der Komponisten und Musikwissenschaftler der DDR. Als Komponist entbehrlich, gehörte der Herr zu den Nomenklatur-Autoren des Leipziger Verlages. Als die Familie des Musik-Funktionärs aus persönlichen Gründen die herrschaftliche Wohnung aufgab, wurde der vorbereitete Weg für die verlegerische Ansiedlung frei. So gelang es also Zug um Zug, das Brettspiel der realen Unmöglichkeiten mit einem Sieg des Herausforderers zu beenden.

Die musikalische Welt, nicht nur die des deutschen Ostens, sah mit Erstaunen auf das wundersame Kleinod, das, für jeden Besucher beeindruckend, in den weichen Armbeugen einer Parksenke ruht, mit dem Blick über eine weite Terrassenfront zur Elbe und zur Stadt hin. Am Interieur des Hauses fehlen weder Kamin noch Eichentäfelung der Diele. Das eingebaute Jugenstilbad mit separater Rundumdusche hatte allerdings keine verlegerische Relevanz. Als ich meinen Dienst begann, traf ich bereits auf einen funktionierenden Betrieb mit Sekretariat/Verwaltung, Künstlerischer Leitung/ Produktion, Lektorat und Herstellung. Dienstbeginn 7.00 Uhr, bei zwei Stunden Weg. Arbeitsfrühstück täglich 8.30 Uhr am ovalen Riesentisch in der Diele. Für mich ist das ein wichtiger Punkt, ich gewinne einen Überblick über die kollegiale Typologie. Das Lektorat erweist sich als Festung, hätte ich mir denken können. Ich war neu, sehr neu in dieser Umgebung und an Unbefangenheit gewöhnt. Es konnte nicht anders sein, ich lief in Fehlerfallen. Die Kritik fiel streng aus und fair. Mein Job hatte eine Querschnittsstruktur. Öffentlichkeitsarbeit/Publizistik und Dokumentation berührten alle Arbeitsbereiche und erstreckten sich von der Entwicklung einer Registratur-Systematik über die Werkkommentare, Veröffentlichungen, Veranstaltungen, Programmhefte und manches mehr bis zur Verbindung zu internationalen Dokumentationszentren. Als ich aber einen in Englisch verfassten Brief an ein Institut in Stockholm schickte, ohne ihn absegnen zu lassen, lief ich in die Hauptfalle. Die harmlose Sendung blieb im bewussten Sieb hängen, wo die Wächter offenbar über keinen Sprachmittler verfügten. Mich verwarnte zu meiner Überraschung der Chef, obwohl ich den Brief direkt zur Post gegeben hatte. Ich musste mich verpflichten, weder Russisch noch Englisch zu schreiben. Das mochte man der STASI dann auch nicht zumuten. Auf diese und ähnliche Weise wurde man immer an die reale Existenz erinnert, die bei derart ungewöhnlichen Arbeitsbedingungen zeitweilig ins Vergessen geraten konnte. Ich nahm an außerordentlich anregenden Autorengesprächen teil mit allen führenden DDR-Komponisten, aber auch mit Autoren des östlichen Auslandes. Von 1982 an reiste ich zum Festival „Warschauer Herbst", dem musikalisch-contemporalen Weltschaufenster des Ostblocks, wurde dort als offizieller Gast begrüßt, traf wunderbare Kollegen, knüpfte mögliche Verbindungen und war beim ersten Besuch noch so unbedarft, dass mir erst im Nachgang, als ich den Reisebericht in achtfacher Ausfertigung abzugeben hatte, klar wurde, mich an einem der am meisten beobachteten Orte aufgehalten zu haben und auf ‚Reisetauglichkeit' getestet worden zu sein. Von zweien der Beobachter erfuhr ich noch nach der Wende die Namen. Wie auch immer, ich flog auch in den Folgejahren, mit Aufgaben betraut, in die polnische Hauptstadt. Das Schönste schien ihnen, den Beobachtern, doch entgangen zu sein.

Im Herbst 1983 schlug eines Morgens im Dresdener Haus die Nachricht ein: P., der Verlagsleiter, sei verhaftet, im Stammhaus arbeiten Ermittler, auch in Dresden wird untersucht werden. Es bestehe der Verdacht auf Devisen-Vergehen. Alle Mitarbeiter haben sich zur Befragung bereitzuhalten. Für uns galt an vorderster Stelle die Erkenntnis, dass die gesamte herausgehobene Einrichtung unter Sonderbeobachtung stand. Es gab Personen, deren künstlerische Leistung so schwach war, dass sie großen Einfluss besaßen. Diese Leute standen dem Dresdner Haus eher fern. Aber sie bliesen im borniertem Ensemble in die Hörner von Neid und Missgunst. Unser cleverer Chef hatte den Fehler begangen, D-Mark Einnahmen nicht in vollem Umfang an die staatliche Sammelkasse abzuführen – wo sie verschwanden –, sondern einen Teil dafür zu nutzen, unerlässliche Arbeitsmittel für die Einrichtung heranzuschaffen, die es in der DDR nicht gab. In unserem Haus stand ein A3-XEROX-Kopierer, im Haus des Komponisten-Zentralverbandes in Berlin, wo so viele „hervorragende Genossen" zu Gange waren, nicht. P., dem persönliche Bereicherung nicht nachgewiesen werden konnte, wurde in einer Prozess-Inszenierung, an der alle Verlagsleiter teilnehmen mussten, zu einer hohen Gefängnisstrafe verurteilt. Noch ehe das Dresdener Haus Gelegenheit hatte, seine klug konzipierten Möglichkeiten zur Wirkung zu bringen, schlug der ideologische

Mob zu. Die Partei setzte daraufhin einen handverlesenen kulturellen Fußballspieler mit Foxtrott-Niveau als Verlagsleiter ein, der sich in Dresden damit einführte, uns anzuzeigen, dass er gedächte, das Haus zu schließen, „diesen Wasserkopf zu beseitigen". Den Mitarbeitern werde zum entsprechenden Zeitpunkt eingeräumt zu entscheiden, ihren Arbeitsplatz nach Leipzig zu verlegen oder zu kündigen.

Uns blieben etwa eineinhalb Jahre, und wir taten parallel zwei Dinge, erstens: die Arbeit mit höchster Konzentration zu betreiben und auf wirksame Weise zu popularisieren, Öffentlichkeit herzustellen. Dazu bauten wir unter anderem eine Kammerveranstaltungsreihe auf, an der sich bildende Künstler beteiligten, und aktivierten eine Werkstattreihe gemeinsam mit der Hochschule für Musik. Die Lektoren leisteten Herausragendes, Ur- und Wiederaufführungen wurden – nicht nur in Dresden – vermittelt und unterstützt, und es begann die Zusammenarbeit mit den Dresdner Musikfestspielen und mit dem Kulturpalast. Besonderes Gewicht bekam aber die Entwicklungsarbeit des Lektorats, die Verbindungen zu den Autoren systematisch auszubauen, Vorstellungen zu lenken, Aufträge anzuregen. Entstehen sollte etwas nicht mehr Entbehrliches. Zweitens: Wir konzentrierten alle Anstrengungen darauf, die Einrichtung zu retten. Da schlug die Dankbarkeit der geförderten und unterstützten Autoren in Solidarität um. Das war beglückend, aber nicht genug. Die Staatsoper hatte unter der Leitung ihres Dramaturgen Prof. Udo Zimmermann gemeinsam mit dem Sender Dresden ein „Studio für neue Musik" gegründet. Nach mancherlei Erwägungen und einer Reihe von Gesprächen, erklärte sich schließlich Udo Zimmermann bereit, das Vorhaben zu unterstützen und, wenn möglich, die Aktivitäten des Studios in die Perspektive des Hauses Schevenstraße einzubeziehen. Zimmermann wurde zu jener Zeit Leiter der Bühne für zeitgenössisches Musiktheater der Oper Bonn. Dort war seine Kammeroper „Die weiße Rose" mit derartigem Erfolg inszeniert worden – ein Devisenerfolg für die DDR –, dass dieses für den Komponisten/Dramaturgen zu einem Zeitvertrag am Bonner Opern-Institut führte. Der höchste Herr in Ostberlin, der einem Dresdner Komponisten gestattete, eine Arbeit in Bonn aufzunehmen, rechnete damit, dass ein Musiker ein geeigneter Botschafter für seine eigenen ehrgeizigen Reisepläne nach Bonn

211

sein würde. Das beeinflusste ohne Zweifel einige Gespräche von besonderem Gewicht. Am 1. Oktober 1986 begann im Haus Schevenstraße unter der Leitung von Udo Zimmermann die Arbeit des Dresdner Zentrums für zeitgenössische Musik als nachgeordnete kulturelle Einrichtung des Rates der Stadt Dresden. Damit endete der zweite Husarenritt durch die Fronten der DDR-Hierarchie erfolgreich vor den Toren dieses ungewöhnlichen musikalischen Dresdner Kulthauses. Was an Fahrensgeschichten darüber noch zu berichten wäre, könnte allein der Reiter selbst erzählen.

Nach intensiven Personalgesprächen, die bereits der designierte Direktor des DZzM, der Komponist, Pädagoge und Organisator Udo Zimmerman, mit den bisherigen Mitarbeitern des Hauses führte, stand im späten Frühjahr 1986 eine Besetzung bereit, der auch ich angehörte als Leiter der Öffentlichkeitsarbeit, Dokumentation und Publizistik. Überleitungsverträge mit dem Verlag wurden vorbereitet. Und Udo Zimmermann ergänzte das Team nach seinen Vorstellungen. Zur Eröffnung am 1. Oktober 1986 lag eine Konzeption vor, die der Direktor darstellte als: „Das Dresdner Zentrum für zeitgenössische Musik (DZzM) versteht sich als Institut zur Entwicklung, Förderung und Verbreitung von Musik des 20. Jahrhunderts und der allgemein künstlerischen Kommunikation." Zur Realisierung dieses Anspruches waren folgende Schwerpunkt-Aktivitäten vorgesehen:

- jählich wiederkehrend ein Festival zeitgenössischer Musik, vom 1. Oktober (Weltmusiktag) bis zum 10. Oktober, als „Dresdner Tage der zeitgenössischen Musik",
- Vergabe von Kompositionsaufträgen, vorwiegend an junge Komponisten mit Uraufführungen zu den Dresdner Tagen,
- Maßnahmen zur Förderung junger Komponisten,
- Veranstaltungen im Haus und im Park Schevenstraße, „Begegnung der Künste",
- wissenschaftliche Bearbeitung und Materialherstellung von Werken,
- Fortbildung für Musikpädagogen.

Noch im Eröffnungsjahr begannen die Veranstaltungen im Haus, erste Aufträge konnten vergeben werden und die Vorbereitungen für die „1. Dresdner Tage der zeitgenössischen Musik" im Oktober 1987 beherrschten das gesamte Team auf höchster Stufe. Erfahrene

Leute dieser Branche wussten, dass für den Start einer Veranstaltung dieser Größenordnung mindestens zwei Jahre zur Verfügung stehen müssten. Wir planten über 20 Programme und verpflichteten namhafte Interpreten. Mir gelang die Akkreditierung der wichtigsten, facherfahrenen Presse- und Rundfunkjournalisten, deren Bekanntschaft ich bereits in Warschau gemacht hatte. Wir erreichten in dem für konservativ und verschlafen gehaltenen Dresden 12.000 Besucher, dies alles zusammen mit einem Etat, für den einer der Götter-Tenöre kaum den Fuß vor eine seiner vielen Türen gesetzt hätte. Die westlichen Journalisten hielten das vorsichtig für einen sozialistischen Massentrip. Aber mitnichten, es handelte sich um den geöffneten Deckel des bis dahin verschlossen gehaltenen Einheits-Kunsttopfes, dessen Inhalt wohl nicht ohne Niveau und Geschmack war, in dem aber die frischen Gewürze der Zeit sträflich fehlten. Vor allem aber fehlte der sachlich-fachliche Austausch darüber. Wir hatten einen bemerkenswerten Sieg eingefahren, der mit großer Sicherheit nicht in allen ‚Stuben' als solcher gefeiert werden würde. Mit hängender Zunge und müden, aber glücklichen Augen, nach zwei Wochen Dienst around the clock, trafen wir uns zu einem ersten Resumee, stießen an des Anderen Glas und sprachen von den „2. Dresdner Tagen der zeitgenössischen Musik".

Bereits während der Auswertung dieser ersten Erfahrungen, bei Berücksichtigung fachlicher Wertungen von außen wurde deutlich, dass wir im Gegenüber der internationalen Podien in Paris, Wien, Donaueschingen und Warschau, um nur die wichtigsten zu nennen, ein Profil zu entwickeln hatten, das den Vergleich aushielt und eine berechtigte Eigenständigkeit zeigte. Dafür lag offen zu Tage, der Anspruch des Hauses forderte, die wissenschaftliche Arbeit zu verstärken und die Kompetenz dafür unter Beweis zu stellen. Als ein weiteres Moment erschien die örtliche Besonderheit Dresdens zeichenhaft wichtig. Seit ihrem Entstehen und der Entwicklung des Stadtkerns im 17./18. Jahrhundert war diese Stadt ein künstlerisches Ensemble von weithin einmaliger Geschlossenheit, das die Kommunikation der Künste untereinander geradezu zum Programm erhob. Dieser Geist übergreifender Verbindung der Künste ist in Dresden unter unterschiedlichsten Voraussetzungen immer wieder aufgenommen und zu gesellschaftlicher Wirkung gebracht worden. Historisch gegründet im 18. Jahrhundert durch J. J. Winckelmann, aufgenommen von der Familie Kügelgen, ihrem Haus und ihrem Kreis von Dichtern, Musikern, Malern, Denkern im 19. Jahrhundert, im frühen 20. Jahrhundert durch die Künstler der Vereinigung „Die Brücke" und bis zur Zerstörung durch Nationalsozialismus und Krieg in der auf Ganzheitlichkeit von Arbeit, Wohnen, Freizeit = Kunst gerichteten Siedlung Hellerau, in der Ideen des Bauhauses aufgenommen und realisiert waren. Im Februar 1945 schien all das bis tief hinein in die Empfindungsgründe ausgebrannt, erloschen und erledigt. Einen möglichen Rest versuchten dann die Verwirklicher ‚Sozialistischer Ideale' unter ihrem selbst verordneten Erneuerungszwang bis in den Grund zu zerstören. Sie haben es versucht, doch weder bewältigt, geschweige denn vollendet. Zerstört wurde durch Engstirnigkeit, Inkompetenz und Misstrauen eine historische Chance: die Freiheit geistig-schöpferischer Kräfte in der Gesellschaft zu realisieren oder ‚das Wort Fleisch werden zu lassen'. Bleibt ein Sieg des *GULag*[1] immer ein Sieg, zumindest im Geist des Gulag?

Im Oktober 1989, zu den 3. Dresdner Tagen der zeitgenössischen Musik, bereiteten wir als Bestandteil des Programms ein Kolloquium vor unter dem beredten Titel „Kunst und Politik". Aus heutiger Sicht und in der Erinnerung an die schrittweise Entfaltung konzeptioneller Vorstellungen und Möglichkeiten, würde ich es eher als eine Weise des Herangehen auf dem Hintergrund der historischen Dresdener Erfahrungen, denn als Titel verstehen. Der Hintergrund dieser Erfahrungen, der sich im 20. Jahrhundert immer stärker verengte auf das Politische im geistig-künstlerischen Prozess, ließ das aktuelle Betrachtungsfeld thematisch Gestalt annehmen, kritische Gestalt, ohne in dem Jahr der Vorbereitung die „Ereignisse des Oktober '89" im entferntesten wirklich vorausahnen zu können.

Noch vorsichtig tastend, Schritt um Schritt das Unerhörte begleitend, verfolgten dann die Tageszeitungen den sich mehr und mehr aufrichtenden, brisanten Disput. Den folgenden Ausschnitt entnahm ich dem bis dahin überaus gut bewachten Organ des DDR-Komponistenverbandes vom Dezember 1989, den ich auch in

---

[1] GULag – Glawnoje Uprawlenie Lagerei – Sammelbegriff für die in den 20er Jahren errichteten sowjetischen Straflager.

die von mir erarbeiteten DZzM-Nachrichten 90/1 aufnehmen konnte:

„Das Kolloquium Kunst und Politik vom 2.–7. Oktober (1989), im Haus des Dresdner Zentrums für zeitgenössische Musik in der Schevenstraße, war ein Meilenstein innerhalb der Kunstdiskussion in unserem Land. Durch die Realität der politischen Ereignisse – besonders in Dresden – überrollt, wurde bloßes Theoretisieren nicht nur von vornherein in Frage gestellt, sondern die Auseinandersetzung mit Kunst zum Aufruf nach tätiger Mitverantwortung. Der sechs Tage währende Diskurs zwischen maßgeblichen Literatur-, Musik-, Kunst- und Theaterwissenschaftlern, zwischen Philosophen, Ästhetikern, Komponisten, Schriftstellern, Malern, Regisseuren, Lyrikern und Filmemachern aus der DDR, der BRD, den Niederlanden, der Schweiz und aus Jugoslawien zeigte mit einer Fülle wertvoller Erfahrungen und weiter weisenden Erkenntnissen, wie gerade die kritische und selbstkritische Auseinandersetzung mit den Widersprüchen in Politik und Kunst sowie zwischen Kunst und Politik das Denken beflügeln kann. Einmütig bekannten sich alle Kolloquiumsteilnehmer zum politischen Aufbruch der Stunde, eingefordert von Zehntausenden von Bürgern unseres Landes durch Resolutionen und Demonstrationen. Mit den entsprechenden brisanten Referaten, Diskussionsbeiträgen und round-table-Gesprächen praktizierten die Wissenschaftler und Künstler aus der DDR das geforderte Recht auf selbständiges Denken und Kreativität, auf geistigen Pluralismus und Widerspruch, auf Einmischung in gesellschaftliche Entscheidungen. Indem das Kolloquium so dazu beitrug, Widerspruchsblindheit im politischen und ästhetischen Denken zu überwinden, setzte es Maßstäbe für kunstwissenschaftliche Auseinandersetzungen."

Als ich das Heft der DZzM-NACHRICHTEN 90/1, als erste Zusammenfassung von Äußerungen zu den 3. Dresdner Tagen aus Tageszeitungen, Fachzeitschriften und Kolloquiumsmitschnitten zusammenstellte und für den Druck vorbereitete, das ist zu bedenken, geschah das noch unter DDR-Voraussetzungen. Die Zitate, die sich heute in ihrem Forderungsgehalt harmlos lesen, wirkten in den Oktobertagen '89 erregend kühn. Sie entstanden unter den sich täglich, manchmal stündlich verändernden Umständen, Reaktionen und Gegenreaktionen. Das Kolloquium verlief zwar planmäßig, doch der Stimmungseintrag veränderte sich nicht nur durch die Teilnehmer, die im Hotel NEWA, unmittelbar am Hauptbahnhof, wohnten und zwangsläufig Berührung mit den Ausläufern der Staatsmacht hatten. Teilweise mussten wir sie zum Hotel begleiten, um ihre Sicherheit zu gewährleisten. Jeder Besucher kam mit neuen Eindrücken. Die Diskussionen saugten sich mit Spannung voll und blieben dennoch bemerkenswert diszipliniert. „... wir haben ja jetzt vier Tage über Musik und Politik diskutiert. Das war schon sehr nahe. Und die Polizisten, die mit Schlagstöcken durch Dresden gehen, sind eigentlich ein schöner optischer Kommentar", sagte drastisch trocken der Komponist Reiner Bredemeyer, dessen uraufgeführtes Stück „Ruhm, nicht zu verscherzen" diskutiert wurde. Es gehört in eine Reihe von Auftragswerken zum 200. Jahrestag der französischen Revolution von 1789. Bredemeyer arbeitet die Zeit in seinem 200-Takte-Stück sarkastisch in Jahresscheiben ab, kommt 1839 bei Heine vorbei, „bei uns ist alles hübsch in Gleisen, wie angenagelt rührt sich nichts", zitiert, wie gequält auf einer gemarterten Trompete, am Schluss noch einmal die Marseillaise und bezeichnet die musikalische Diktion da als „glasnostalgische Viertel". „Das sollte durchsichtig werden", kommentiert der Komponist.

Klaus Jungheinrich, der bekannte Publizist, beschrieb in der *Frankfurter Rundschau* vom 12. 10. 89 eine Kolloquiumsszene:

„Fast rührend war es, als sich in der Diskussion ein offenbar für Kunstfragen zuständiger Funktionär (der mittleren Ebene) zu Wort meldete. Schon seine Anrede ans Publikum – ‚Genossen' – hatte in diesem Rahmen beinahe etwas von einem milden Fauxpas. ... Als er dann Harmonie zu spenden trachtete mit der Verkündigung, diese Veranstaltung mit all ihren liberalen Spielräumen sei ja von oben ‚gewollt', und deshalb sei alles in bestem Einvernehmen, geisterte durch die Zuhörerreihen so etwas wie eine Wolke von amüsierter Leidgeprüftheit." Und er schließt ab: *„Eine ruhige Wahrnehmung musikalischer Novitäten war in dieser ‚verdichteten Zeit' angesichts sich überstürzender Nachrichten, Gerüchte, Aktivitäten, all der erregten Diskussionen und wechselvollen Erlebnisse auf den Straßen,*

kaum möglich. Überfrachtet mit Eindrücken fuhr man heimwärts der Grenze zu und beneidete nicht die blauen FDJ-Kinder, die auf der Gegenfahrbahn in fünfzehn Bussen aus dem Thüringischen nach Berlin zum Jubiläumsjubel gekarrt wurden. Es könnte freilich sein, daß diese DDR, wie wir sie seit dreißig und mehr Jahren kennen, schon in einem halben Jahr nicht mehr wiederzuerkennen sein wird."

Ich bin dankbar, dass Klaus Jungheinrich, mit dem ich anregende, durchaus auch kontroverse Gespräche führte, aus der damaligen ‚Gegenperspektive' eine derart stimmige Wahrnehmung festgehalten hat. Damit unterstützt mich an einem markanten Punkt der Geschichte ein renommierter Kollege mit seiner Sicht auf die Untiefen dieser Tage, klar und so ungeschminkt unsicher, wie es ein ‚West'-Journalist sonst nicht tat. Es ist eine ehrliche, eine treffende, ebenso betroffene Sicht.

In Dresden blieben die Tage spannend. Das Kolloquium, obwohl hart an der Sache, brach immer wieder aus der mühsam aufrechterhaltenen konzipierten Abfolge und akademisch bemühten Zielsetzung aus. Die Referenten verließen ihre Konzeptionen und Manuskripte, sprangen in eigene und durch andere geschlagene Breschen in den Flanken des Themas – am wenigsten überzeugend allerdings der Genosse Hermann Kant, vormaliger Chef des DDR-Schriftstellerverbandes. Er verriet eher etwas von den erübten Fertigkeiten, auf nicht selbst gemachtem Grund zu gehen. Mit einer klaren Analyse und der angezeigt offenen kämpferischen Haltung trat der Leiter des Dresdner Staatsschauspiels, Horst Schönemann, auf. Unter seiner Leitung hatte das Dresdener Schauspieltheater in den achtziger Jahren einen bemerkenswerten Weg beschritten, abseits aller Devotion, anspruchsvoll und parteilich-aufregend. Entsprechend animiert zeigte sich ein ständig wachsendes, junges Publikum. Schönemann hatte darüber ein Ensemble formiert, das mit ihm zusammen Haltung zeigte. Darüber darf nicht vergessen werden, dass der Leiter einer Einrichtung auf eine bis dahin noch immer gültige Disziplin verpflichtet war. Aber seit Tagen bereits unterbrachen die Akteure ihre Vorstellungen, um vor vollem Haus eine Resolution zu verlesen mit Forderungen an die erstarrte DDR-Führung, Forderungen nach Kommunikation, Offenheit, Bewegungsfreiheit und durchschaubaren Entscheidungen. Das waren aufgelistete Dringlichkeiten, die auf Veränderung, auf Qualifizierung des Handelns drängten, nicht auf Umsturz. Die Mitarbeiter des Hauses Schevenstraße schlossen sich nach angestrengten Diskussionen schließlich diesen Forderungen an und übernahmen die Resolution auch in die Veranstaltungen der Dresdner Tage. Immer noch lebte der Horcher unter uns!

Am Nachmittag des 8. Oktober, dem Tag, an dem die erste angekündigte Großdemonstration auf dem Opernplatz stattfinden sollte, gegen die Willkür der Polizei und der Staatssicherheit, zur Unterstützung der Zulassung des „Neuen Forum", die durch die DDR-Regierung abgelehnt wurde, suchte ich meinen Weg zum Dienst in der Semperoper. Bis dahin war nicht eine einzige Veranstaltung der Dresdner Tage ausgefallen. Auf dem Programm des Abends stand ein Gastspiel der Westberliner Akademie der Künste mit der Rekonstruktion der tänzerischen Form- und Ausdrucksstudie „Triadisches Ballett" von Oskar Schlemmer. Der Tänzer und Choreograph Gerhard Bohner hatte sich auf der Grundlage von dokumentarischen Unterlagen des Farb-, Form und Bewegungsspieles der berühmten historischen Bauhausproduktion angenommen. Für Dresden bedeutete es allein ein Ereignis, die in „Berlin (West)" ansässigen Künstler in der Stadt zu haben. Nun fürchteten wir, dass aufgrund der unüberschaubaren Entwicklungen das künstlerisch revolutionäre Vorhaben den sich überstürzenden Tagesereignissen zum Opfer fallen könnte. Ich war zum organisatorischen Dienst eingesetzt, ich musste in die Oper.

Nach meinem bereits beschriebenen, einsamen ‚Durchbruch' durch die triadische Absperrung des Opernplatzes zwischen Kathedrale und Augustusbrücke durch die Sicherheitsorgane, die sich ihrer Sache so sicher nicht mehr waren, hatte ich die Oper wie beim Spießrutenlaufen über den völlig leer geräumten, martialisch bewachten Platz erreicht. Die Programmhefte für die Abendveranstaltung lagen in meinem Auto. Ich regulierte zunächst meine inneren Angelegenheiten in der Kantine mit einem Wodka „Stolitschnaja". Schließlich hätte ich ja vor nur kurzer Zeit auch erschossen werden können. Die sichere Kenntnis von heute gehörte in jenen Stunden von damals noch den Hütchenspielern der Gewalt um Hans Modrow und den Genossen Böhm, der die Stasi des Bezirkes Dresden befehligte. Aber das Regime, das aus so vielen Horchern bestand, gehorchte offenbar sich selbst nicht mehr. Die Kundgebungsteilnehmer, die keinesfalls die Konfrontation suchten, überließen die Bewacher des Opernplatzes sich selbst. Und in wenig mehr als einer Stunde nach der um 15.00 Uhr anberaumten Demo, die sich in Richtung Altmarkt bewegte, begannen die *Sicherheitskräfte*, da die ‚Bedroher' fehlten, mit dem Abzug. Ich erreichte dann, mehrfach kontrolliert, mein Auto, das unbeschädigt noch an der Ruine der Frauenkirche stand, und brachte die Programmhefte rechtzeitig ins Opernhaus. Die Aufführung verlief äußerlich normal. Rasch hatten sich die Menschen in diesen Tagen mit den Gegebenheiten abgefunden, auch mit der zeitweiligen Störung des öffentlichen Verkehrs. Mangelnder Komfort störte den DDR-Alltag, der mit Bequemlichkeiten ohnehin nicht überfrachtet war, am wenigsten. Die Westberliner Gäste bescherten Dresden einen sensationellen Tanztheaterabend und damit sich selbst und uns – den Veranstaltern – einen bemerkenswerten Erfolg. Ein künstlerisches Ereignis inmitten von Terror und Gewalt. „Warum sieht man solcherart Tanzproduktionen hier nicht?", fragte mutig einer der Dresdener Rezensenten. „Hauptstadt des Bauhauses, an dem Schlemmer wirkte, war Dessau."

In einer der zahlreichen Dokumentationen über die '89er Ereignisse in Dresden finde ich meine persönlichen Erfahrungen wie folgt bestätigt:

08.10.1989
„Unbekannte haben zu einer Kundgebung um 15.00 Uhr auf dem Theaterplatz aufgerufen. Hier soll über das ‚Neue Forum', dessen Zulassung durch die Regierung der DDR abgelehnt worden ist, informiert werden. Die Polizei löst die Kundgebung auf, indem sie fordert, den Theaterplatz in Richtung Brühlsche Terrasse/Postplatz zu verlassen. Aus der wegströmenden Menge und von Personen, die zufällig hinzukommen, formiert sich ein Demonstrationszug. Am Fetscherplatz wird dieser von der Polizei umstellt.
Um die Polizei nicht zu provozieren, setzen sich die Demonstranten friedlich auf die Straße. Einige fragen die Angehörigen der Polizei, ob sie die Umzingelung verlassen dürfen, um nach Haus zu gehen. Es wird ihnen nicht genehmigt.

Obwohl niemand eine Aufforderung von der Polizei zum Verlassen der Demonstration gehört hat, werden 159 männliche und 97 weibliche Personen (darunter ein Rollstuhlfahrer) widerrechtlich zugeführt.

gegen 19.00 Uhr: Es formiert sich erneut ein Demonstrationszug vom (Haupt-)Bahnhof in Richtung Prager Straße.

gegen 20.00 Uhr: Als dieser Zug von der Polizei gewaltsam aufgelöst werden soll, setzen sich die Demonstranten friedlich auf die Prager Straße. Die katholischen Kapläne Richter und Leuschner wenden sich an die Polizei und bitten sie, keine Gewalt anzuwenden. Gleichzeitig findet im Rathaus ein Gespräch zwischen dem Landesbischof Hempel, Oberlandeskirchenrat Fritz, Superintendent Ziemer und dem Bürgermeister Berghofer statt mit dem Ziel des Dialogbeginns bei Absage an Gewalt.

Im Laufe der Verhandlungen kommt es zur Bildung einer Gruppe (‚Gruppe der 20'), die im Auftrag der Demonstranten mit Vertretern des Staates sprechen soll."

09. 10. 1989
Das Gespräch der „Gruppe der 20" als Vertreter der Demonstranten mit dem Oberbürgermeister Berghofer beginnt 09.00 Uhr. (...)

Die Macher der Wende vor Ort, denen ich in den darauffolgenden Wochen bei den Demonstrationen begegnete, waren zu einem guten Teil auch die interessierten Besucher der Veranstaltungen des Dresdner Zentrums für zeitgenössische Musik. Diese Erkenntnis findet in den Dokumentationen, die mir zugänglich waren, leider keinen statistischen Niederschlag. Sie könnte, wie während des Kolloquiums bereits deutlich wurde, die Diskussion über die Wirkungsweise künstlerischer Auseinandersetzungen im gesellschaftlichen Zusammenhang ständig erneut akzentuieren. Mir erschien es am Ende jenes Tages nicht sicher, als ich spät und augenscheinlich gut bewacht nach Hause fuhr, ob ich wieder an den Platz würde zurückkehren können, den ich gerade verlassen hatte, bliebe es auch der gleiche Ort. Diese Arbeit, die mich ganz erfüllte und in der ich aufgegangen war, war in sich Veränderung, darüber hatte die vergangene Woche, die erste des Monats Oktober 1989, mich belehrt.

BLEIBEN. Und doch GEHEN

Zu einer eigenen Meinung gehört Mut. Und die Zeit,
um sie zu finden. Helmut Schmidt

Ein Leben zu betrachten, das fünfzig Jahre lang von wesentlichen Entscheidungen entbunden war, dadurch, dass sie von anderen getroffen wurden, denen ich sie nicht anvertraut hatte, gerät in die Gefahr, missverstanden zu werden. Missverstanden von mir selbst, als Tortur, als Plage also, als etwas Vergebliches, das es natürlich nicht gewesen ist. Außerhalb der eigenen Wahrnehmung erscheint der niedergeschriebene Ausschnitt womöglich als Schein oder Spiel? Entmündigung verunsichert, Bedrängung solidarisiert. Beides ist nicht mehr, seit es der Freiheit weichen ‚musste', und die Enkel werden davon nichts mehr wissen. Von beiden Seiten betroffen, von Entmündigung und Bedrängung, bedeutete es für die Mauer-Generation inmitten der oft genug unkenntlichen Landschaft, einen Weg zu finden und begehbar zu machen. „Wir sollen nicht aus der Vita activa in die Vita contemplativa fliehen, noch umgekehrt, sondern zwischen beiden wechselnd unterwegs sein, in beiden zu Hause sein, an beiden teilhaben", schrieb Hermann Hesse. Er ist davor bewahrt geblieben, das wechselnde Unterwegssein vor dem Hintergrund einer verdorbenen Geisteslandschaft nachlesen zu müssen, in der nur Annexion oder Zerstörung zugestanden werden sollten. Die Frage „Bleiben?", im Wert einer Entscheidung oder des Betroffenseins, als Haft oder Haftung zu beantworten, hat meinem Leben eine eigentümliche innere Dynamik verliehen. Zugemutet. Ich hadere nicht damit. Ich verwerfe den unwürdigen Widerpart, den ich weder wählen noch abwählen konnte. Bis das BLEIBEN in das GEHEN mündete auf den Straßen und zum Sturz der Würdelosigkeit verhalf. Von Widersprüchlichkeit bin ich dadurch nicht befreit. Damit, als Haftungs-Bestandteil der Unfreiheit, werde ich leben müssen.

1981, meine Entscheidung für Dresden, die ich selbst treffen konnte, erwies sich als ein deutlicher Fingerabdruck auf dem Deckblatt meiner eigenen Identität. So unsicher ich war, ob ich einen abgesteckten Platz, auf dem Familie, Arbeit, Gemeinde und öffentliche Verantwortungsfelder geordnet erschienen, verlassen könnte, ebenso offenkundig erfuhr ich die Bestätigung, dass der Schritt für mich nicht nur richtig, sondern prägend wichtig war. Eine Tätigkeit an der oberen Stufe künstlerischer Hervorbringungen mit der Verantwortung gegenüber der Öffentlichkeit, wie ich sie in Dresden fand, ist nicht nur anspruchsvoll, sondern vor allem kritikanfällig. Unter den verengten Voraussetzungen der DDR-Realität haftete dem durch sich selbst herausgehobenen Unternehmen, bereits unter dem Status des Verlages, wesentlich ausgeprägter noch unter dem des kunstpropagandistischen Institutes „Dresdner Zentrum für zeitgenössische Musik", etwas ‚Konspiratives' an. Denn das Anspruchsniveau des Hauses im kunsttheoretischen, publizistischen wie kunstpraktischen Bereich lag über dem landläufigen Gepränge, außerhalb des tatsächlich Einsehbaren. Die Machtinhaber hatten sich durch den verordneten Kunst-Proletarismus, der sich als *Sozialistischer Realismus* daherwälzte, den Zugang zur realen Geistesentwicklung des 20. Jahrhunderts verstellt. Die bestellten ‚Beobachter' der neu entstandenen Dresdener Szene rechneten im Ausgang der „1. Dresdner Tage der zeitgenössischen Musik" sicherlich mit einem echten oder auch konstruierbaren Eklat. Dieser blieb aus, zunächst allein des eindeutigen Erfolges wegen in der fachlichen und der Publikums-Öffentlichkeit. Zu dieser gesellte sich die internationale Aufmerksamkeit. Diese fürchteten sie so sehr, wie sie davon profitierten – das ‚Ländchen' samt seiner Gloriosen. Was darüber blieb, war die system-tragende Ambivalenz des *Wenn* oder *Aber*, womit wir, widersprüchlich genug, gelernt hatten zu leben. Das gehörte auch zum unergründlichen Charme der Entstehungsgeschichte des Kunsthauses am Dresdener Elbhang, in die ich aufregend genug, doch nicht weniger angenehm verwickelt war.

In den Wochen von Mitte Oktober 1989 bis zum Januar 1990 vollzog sich das Leben so spannend wie ein Hochseilakt – zwischen möglich erscheinender Balance und Absturzgefahr. Seltsam verzerrt klang dazu das Arrangement unserer Existenz, die immer noch fortbestand, fortbestand nur deshalb, weil die Führungsschicht der SED nicht in der Lage war, sich vorzustellen, dass etwas sich ändern könnte, ohne dass sie bestimmte, was. So hielt das peinliche Missverständnis vermeintlicher Ewiggültigkeit das Getriebe des Systems leidlich in Gang, obwohl die Zähne ausbrachen. Dem kam noch entgegen, dass wir während der vergangenen Jahrzehnte unabhängig von persönlichen Einstellungen, auf die holprige Gangart trainiert waren. In der spannungsvollen Umbruchzeit vollzog sich das Leben Tausender Menschen zwischen Arbeitsplatz und Straße. Immer wieder geschah es, dass ich vom Schreibtisch weg zur Demonstration, zur Kreuzkirche, zur Mahnwache an der Frauenkirche oder zu Foren fuhr, die dann auch in Pirna stattfanden. Im Auto lag ständig bereit das Tragetransparent mit der handgemalten, nächtlich-spontanen Einlassung: *„Im Interesse von uns allen, die SED muß fallen"*. Zugegebenermaßen war die Sentenz etwas hemdsärmelig vom Meter abgerollt, doch sie traf, wie sich zeigte, die Sache und den Nerv dieser Tage und Wochen, ohne Programm zu sein. Überall, wo der Satz wahrgenommen wurde, mobilisierte er Zustimmung, auch an den Straßenrändern, bei denen, die den Mut nicht fanden – noch nicht oder niemals – , sich in Bewegung zu setzen. Mit einem Mal wurde mir selbst bewusst, was in all dem Eifer nicht durchgedrungen war: Ich zeigte mich in der Öffentlichkeit mit einem Transparent. Ich, der stets alles von sich gewiesen hatte, was sich plakativ hervortat, zumal im Losungsstammland DDR.

Überhaupt jemals ein Transparent tragen zu müssen, davor hatte ich immer ausweichen können. Und ich tat es plötzlich freiwillig. Unsicherheit befiel mich, ob ich mich nicht ein bisschen vertan hatte, mich gar lächerlich machte. Es geschah alles so spontan und völlig unvorbereitet. Schrittweise – tatsächlich – begann ich zu erkennen, dass ich mit meinem politischen Handeln bereits unterwegs war auf die andere Seite, von der Seite des Widersprechens auf die der Übernahme von Verantwortung: Des Lehrstücks von *der späten Freiheit erstes Bild*. Wie viele diesem noch folgen sollten, ahnte ich zu dieser Zeit noch nicht. Zunächst gehörte uns doch wenigstens die Straße, und wir ‚gingen' weiter. Die Häuser besetzten immer noch jene, die nicht einsehen konnten, dass ihre Zeit vorüber war. Einen Mietvertrag hatten sie nie abgeschlossen. Sie hatten *enteignet.* Ihre Anwesenheit gründete sich nicht auf Recht, sondern auf den Eingriff einer fremden Macht, die ihnen nun ihrerseits gekündigt hatte. Sie waren in keiner beneidenswerten Situation, wie alle Macht, der das Wichtigste abhanden kommt: ihr Anschein.

Diesen zu wahren, versuchte der leise sprechende Dresdener Parteigewaltige, Hans Modrow, indem er sein Jäckchen wendete, die völlig leeren Taschen, wie es sich längst gehört hätte, nach außen drehte und vorgab, ein Anderer zu sein. Als er am 13. November hinging und aufnahm, was die alte Clique um Honecker und Stoph hingeschmissen hatte, wie die letzte Karte der Spieler im Morgengrauen, hielt nicht nur ich es für eine Lösung im Moment. Dieser Hans Modrow hatte sich mit einem Hauch Entscheidungsfähigkeit umgeben innerhalb des genau abgesteckten Parierfeldes seiner Partei. Er wich Gesprächen nicht aus, und man sah ihn im Theater. Das Gerücht hielt sich, es sei dieses ihm mehr als eine Pflicht. Ich möchte dem nicht widersprechen.

Es war derselbe Hans Modrow, der als Chef der BEL (Bezirkseinsatzleitung der SED-Bezirksleitung) im Oktober 1989 die Einsätze der Sicherheitskräfte am Dresdener Hauptbahnhof und in der Innenstadt befahl, auch diejenigen, die an der Kathedrale auf mich zielten. Er war durchaus gefürchtet, dieser Mann, der, seitdem er mir bekannt war, anstelle eines Herrn immer als Genosse auftrat, ein *führender Genosse*, mit einem Loyalitätskredit von eingeschränkter Bonität in seinem ‚Lande', dem Bezirk Dresden. Als er aber zu einer seiner dringlichsten Handlungen als aus der Not berufener Vorsitzender des Ministerrates der DDR die Umbenennung der Stasi in eine fast lautgleiche Nasi (Ministerium für Nationale Sicherheit) durchsetzte, durchsetzte mit den alten Strukturen und den alten SED-Mehrheiten in der DDR-Volkskammer, wussten viele Leute mit mir im Land, dass sein Wende-Jäckchen seine ideologische Blöße nicht deckte.

Draußen wuchs indessen der Druck. Die Demonstrationen gingen weiter. Mein Transparent sah schon etwas mitgenommen aus. Noch galt es. Doch die Ereignisse überschlugen sich, stürmten auf uns ein ohne Rücksicht auf ihre Verfolgbarkeit. Am 26. November 1989 wurden die ersten Unterschriften unter einen Aufruf „Für unser

Land" gesetzt, unter ihnen Generalsuperintendent Günter Krusche, Christa Wolf, Wolfgang Berghofer, Friedrich Schorlemmer und Stefan Heym. Bis zum Januar 1990 unterzeichneten ca. 130.000 das Papier. Ich beteiligte mich nicht daran.
Am 28. November tagte zum letzten Mal der *Demokratische Block* der bisherigen Parteien. Am 1. Dezember strich die Volkskammer den SED-Führungsanspruch aus der Verfassung der DDR. Egon Krenz, das Politbüro und das ZK der SED traten am 3. Dezember zurück. Die erste Sitzung des Berliner Runden Tisches fand am 7. Dezember unter Leitung von Vertretern der Kirchen statt. Vom 12. bis 14. Dezember erlebten wir den Gründungsparteitag der SDP (am 7. Oktober in Schwandte gegründet) und ihre Umbenennung wieder in SPD. Ab dem 16. Dezember nennt die SED sich PDS. Am gleichen Tag schwört die Ost-CDU ihrem Blockflöten-Status ab. Helmut Kohl trifft am 19. Dezember in Dresden mit Hans Modrow zusammen und erläutert sein „Zehn-Punkte-Programm zur Überwindung der Teilung Deutschlands und Europas". Modrow, der noch immer den alten, jeder wirtschaftlichen Grundlage fernen SED-Positionen anhängt, erklärt am 14. Januar 1990 in der Volkskammer, dass „eine Vereinigung von DDR und BRD nicht auf der Tagesordnung steht". Das erweist sich bald als leicht verderbliche ideologische Ware. Alle restaurativen Bestrebungen unter dem durchsichtigen Keuschheitsgürtelchen PDS werden rasch erkannt und führen zu verstärktem Einsatz und Druck auf der Straße. Am 30. Januar tritt Modrow zum Kurzbesuch bei Gorbatschow in Moskau an und legt daraufhin bereits am 1. Februar einen ‚eigenen' „Plan zur Wiedervereinigung der beiden deutschen Staaten" vor. Die Voraussetzung für die Abwicklung dieses völkerrechtlich bedeutsamen Schrittes sind freie Wahlen zu einem handlungsfähigen, demokratisch legitimierten Parlament in der DDR. Sie werden für den 18. März 1990 ausgeschrieben und enden mit einem deutlichen Sieg des Rechts-der-Mitte-Bündnisses „Allianz für Deutschland" von CDU, DA und DSU.

Bundeskanzler Helmut Kohl spart nicht mit Lob und erkennt Chancen für eine Erhöhung seines Wählerpotentials zur Bundestagswahl im Herbst 1990. Als ich am 16. September 1990 Helmut Kohl vor der Ruine der Dresdener Frauenkirche sprechen hörte, versprach er, mit der Wirtschaftskraft der Bundesrepublik die Trümmer und Rückständigkeiten, wie sie auch in Dresden offensichtlich waren, in drei bis vier Jahren zu beseitigen. Dies kann unbeschwert als Wahlkampfversprechen stehen bleiben. Ärgerlich fand ich allerdings, dass so vieles in seinen Reden so klang, als könne man alles nun mit der D-Mark bereinigen, als hätten wir nur *darauf* gewartet und als wären wir mit der D-Mark in der Tasche nun endlich *richtige Deutsche* – und es traf mich hart, als ich an den Wahlergebnissen feststellte, dass dies offenbar bei meinen Landsleuten gewirkt hatte. Die uneingeschränkte Genugtuung über die erlangte Freiheit mag diesen makaberen Ansatz nicht verdecken und nicht löschen. Des *Lehrstücks zweites Bild.*

Für mich geschah etwas Schmerzliches: die Selbsternüchterung des WIR. Dieser fiktive Solidarpakt gegen das verworfene System, der kein Pakt war und doch existierte als eine moralische Instanz. Vorhanden auch als abrufbare Größe, in Gestalt von Freunden und Vertrauten, er löste sich auf in seinen Realzustand: das vielnamige einzelne ICH. Bis auf die Straßen hatte das WIR uns geleitet, den Mut gebündelt und den Forderungen eine Stimme verliehen. Mit jedem Schritt, der uns den immer noch unscharf gezeichneten Zielen näher brachte, lösten einzelne Stimmen sich vom Ganzen und gingen neue Verbindungen ein. Ich, der ich das WIR beschwor, bildete keine Ausnahme. Mir wurde früh genug klar, dass die Zielprojektion, der zentralistischen Diktatur endgültig ihre Möglichkeiten zu nehmen, nur zu erreichen war durch den Eintritt in den demokratischen Mehrparteien-Staat. Die Bürgerbewegungen, so bedeutungsvoll und unersetzbar sie für den Umgestaltungsprozess, die *Friedliche Revolution,* waren, so weitschauend, bürgernah und umweltbewusst ihre formulierten Forderungen, im Mehrparteienstaat als Grundlage der parlamentarischen Demokratie hatten sie keine Zukunft als politisch staatstragende Kraft. Das ist, wie ich meine, die eigentlich tiefe Tragik im Prozess der Wende, dass die moralischen und organisatorischen Träger der Bewegung, ihre Initiative – die in dem WIR wurzelte – und ihre kurzfristig erworbene historische Kompetenz (wieder) an die Parteien abtreten mussten. Das hat bei den Initiatoren und bei den Anhängern einen Berg von Frustrationen aufgetürmt, der bis heute nicht abgetragen ist. Doch weder

Kraft, noch Zeit, noch Mittel hätten zur Verfügung gestanden, dem Gedanken eines ‚Bürgerstaates', wie immer dieser zukunftsfähig beschaffen sein könnte, zu gesellschaftlicher Realität zu verhelfen. In Leipzig, wo das *Neue Forum* zu Beginn der Bewegung ‚Kopf und Hand' war, schien die Utopie Zugang zur Realität zu finden. Deshalb zeigten sich da bereits Befindlichkeiten, die nichts anderes darstellten, als eine Anzeige von ‚Macht', demnach von Entscheidungs- und Handlungsvermögen. Das Äußerungsmerkmal dafür ist in jeder sozialen Gruppierung die Rivalität. Der Leipziger Gunter Weißgerber (SDP/SPD) schreibt in seiner Zusammenfassung der „Montagsreden":

Montag, den 20. November 1989
„Für diesen Montag gelang es mir noch nicht, bei den Veranstaltern (der Montags-Demonstrationen) ‚Neues Forum' Redezeit für die SPD zu erwirken. Leichte Vorbehalte gegenüber der SPD, als einer möglicherweise starken Zulauf erhaltenden politischen Kraft, verspürte ich seitens einiger Führungsleute des ‚Neuen Forums' von Anbeginn."

G. Weißgerber (SPD) ist Mitglied des Deutschen Bundestages

Ich habe mir immer wieder vorzustellen versucht, welche Möglichkeit sich für die wirtschaftlich bankrotte und moralisch diskreditierte DDR hätten ergeben können als Insel zwischen dem ‚roten Meer', auf dem alle Kähne sanken, und dem kapitalen Atlantik. Wer hätte die Brecher von beiden Seiten aufhalten sollen, wir, die wir auf die Straße gingen, oder die Gruppen bewegter Bürger ohne Mittel und Strukturen, von denen es Anfang 1990 bereits mehr als 20 gab? Gruppen, die sich untereinander nicht einig werden konnten. Dilettanten im unerbittlichen Geschäft wirtschaftlicher und politischer Realität. Nur die gefühlsmäßige Momentaufnahme und die sichtbare Solidarität vermittelten den Eindruck, einer Möglichkeit nahe zu sein, den verschütteten Werten und der geschundenen Schöpfung eine nachhaltige, *politische* Heimstatt geben zu können. Dafür gab es statistisch gesehen außerhalb der Parteien – zunächst ganz wertfrei – keine Mehrheit. Auf der Straße fanden sich nicht einmal 20 Prozent der Bevölkerung. Der von der CDU geführten Allianz für Deutschland stimmten am 18. März 1990, der ersten freien Wahl, 48,15 Prozent zu, dem Bündnis '90, in dem das Neue Forum den Hauptanteil der Kandidaten stellte, lediglich 2,9 Prozent. Die frisch gewendete SED erhielt unter dem Pseudonym PDS 16,33 Prozent der Stimmen. Stimmen von Menschen aus meiner Nähe. Ich arbeitete im Wahlbüro mit und erfuhr das Unglaubliche noch am Abend. Sie hatte es mit mir – nein, mit uns – eilig, diese neue Realität.

Das System der demokratischen Parteien zu verwerfen, nur deshalb, weil es Gruppierungen von zwangsläufig innewohnender Widersprüchlichkeit sind, halte ich für unzureichend historisch reflektiert. Dabei ist es verständlich, dass der Vorgang der Wende, den nicht neuen Gedanken der Bürgerverantwortung belebte, allein deshalb, weil freie Bürgergruppen als Initiatoren des Handelns auftraten. Demokratisch verfasste Parteien, das darf nicht verkannt werden, hatten auch im absoluten Fäulnisstadium der DDR keine Möglichkeit, einen Rechtsstatus zu erlangen, auf den diese wohlweislich verpflichtet sind. Ohne programmatische Orientierung, respektive Verpflichtung und angemessene Strukturen, scheitern freie Gruppen rasch am eigenen Liberalitätsanspruch. Diesem unterschätzten Risiko erlag die Mehrzahl der Wende-Gruppen. Die *Grün*-Aktiven, die zu einem überwiegenden Teil aus den kirchlichen Umweltgruppen kamen, suchten 1990/91 bereits den Anschluss an die Partei der Grünen im Westen. Auf dem Gründungskongress des *Neuen Forums*, am 27./28. Januar 1990, gaben sich die Delegierten ein Programm und ein Statut und beschlossen darin, eine Bürgerbewegung bleiben zu wollen. Zu den Wahlen 1994 erschienen sie unter der gleichen ermutigenden Sonnenblume eines Gemeinschaftssignets als *Bündnis 90/Die Grünen* auf der gemeinsamen Liste der Partei. Den Status der Bürgerbewegung legten die Bündnis 90-Partner prompt auf den Tisch der ganz normalen Richtungsauseinandersetzungen in dieser freiheitsbewussten, längst nicht mehr freien Partei. Seit sich ihr die Klientel entzog, die sich einst am Widerspruch ergötzte, arbeiten ihre gemischtrassigen Ziehpferde mit bitterem Stolz an einem Konzept innerparteilicher Orientierung. Den vornehmlich am privaten Geldbeutel orientierten Wählerrückzug aber werte ich als gesellschaftlichen Beitrag zur politischen Verarmung. Messen lässt sich daran die Chance für eine staatstragende Rolle der Bürgerbewegungen, wie sie ja nur aus freien, demokratischen Wahlen hätte hervorgehen können. Allein angesichts der offenen Grenze und einer auf die D-Mark fixierten Gesamtbevölkerung stand diese bereits 1990 im unteren Bereich von Null. Eine Überraschung war das für mich nicht.

Mitte Januar 1990 meldete ich mich bei der SPD in Pirna. Im winzigen Büro, das vom Neuen Forum gemietet war, begrüßte mich ein Mann etwa meines Alters, der sich mir mit Vor- und Zunamen vorstellte. Unkompliziert, zwei Schmunzelfältchen, ein Gesicht, das zum Lächeln eingerichtet schien. Er hatte einige Tage vor mir den Weg dahin gefunden und versah bereits den Dienst in einer öffentlichen Sprechstunde. Ein angenehmer Zufall, denn irgendwie war ich wie unter Spannung. Berthold S., mein Gegenüber, mochte es spüren und überbrückte mit allerlei Belanglosem. Er konnte nicht ahnen, dass ich zu einem für mich tiefgreifenden Schritt ansetzte. „Ich bin gekommen, um mich anzumelden. Ich möchte Mitglied der SPD werden." Bis zu diesen Punkt ging das Gespräch quasi von selbst. Ich ließ ihn meinen Namen und die Anschrift in die Liste eintragen. „Rösler, mit *es* bitte, wie die Rose." „Ach so." Er hatte schon zum unnötigen Schwung für das *eszet* ausgeholt. „Und der Beruf?" „Musikpublizist." „Aha." Ich war es gewohnt, dazu Erklärungen geben zu müssen und ergänzte noch mit etwas Biografischem. Ansonsten genügten Tagesfloskeln. Dann stockte der Sprachfluss. „Warst du vielleicht bisher schon in einer ...?" Du? Und überhaupt, die Umgebung hier ... Ich brauchte einen Moment, meiner Sprache Herr zu werden, und sagte, da schon wieder ruhiger: „Nein, ich war bisher nicht in der Partei, in keiner." „Entschuldige, aber wir wollen jetzt ganz einfach wissen, wer zu uns kommt. Natürlich brauchen wir Mitglieder, um arbeitsfähig und öffentlich wirksam zu werden, aber die SPD möchte keinesfalls zum Sammelbecken von allen möglichen Wendehälsen werden." „Schon gut, ja, das ist schon in Ordnung." „Unterschreibst du dann bitte hier." Ich suchte länger als nötig nach meinem Stift und war doch eigentlich gekommen, ein Vermächtnis zu erfüllen. Der nüchterne, kaum erwärmte Raum mit seiner dünnen, eisengrauen Beleuchtung erzeugte eine Empfindung, die mich ablenkte, in die Kindheit zurückversetzte. Die schwachen Farben schwammen ineinander – und ergaben das Fazit. Dieses war ein Moment, in dem mein ganzes

Leben vorübereilte. Einmal, erinnerte ich mich plötzlich, hatte ich, widerborstig, wie es sich gehört, lernen müssen: *„Es erben sich Gesetz' und Rechte / Wie eine ew'ge Krankheit fort, / Sie schleppen von Geschlecht sich zum Geschlechte / Und rücken sacht von Ort zu Ort. / Vernunft wird Unsinn, Wohltat Plage; / Weh dir, daß du ein Enkel bist!"* (Goethe, Faust I). Als Enkel, als einer der Enkel, die bereit sind, das Erbe aufzunehmen, war ich gekommen. Im Januar 1990 schloss das längst nicht ein, einen Gutschein auf die Zukunft zu erwerben. Ich schrieb meinen Namen aus freiwilligem Entschluss, Mitglied einer Partei zu werden. *Des Lehrstücks drittes Bild.*

In meinem gesamten Erwachsenenleben hatte ich mich bis dahin gerade gegen diesen Schritt verwahrt. Verwahrt, um den Preis vieler Angriffe und Zurücksetzungen. Aber meine Geschichte war nicht zu Ende. In diesen Tagen schaffte das Gefühl sich Raum, noch einmal beginnen zu dürfen. Beginnen oder doch wenigstens etwas aufholen zu können von dem, was im Stau der verstockten Jahre stecken blieb. „Genosse Rösler, ich begrüße dich als Mitglied der wiedergegründeten Sozialdemokratischen Partei in der Kreisorganisation Pirna." Genosse? Das traf mich wie ein Tritt ans Schienbein. Mein Gott, musste das sein? Mich damit auseinander zu setzen, dazu fehlte mir noch die entkrampfte Sachlichkeit. Außerdem, dieser Moment, einem Fremden gegenüber -- Misstrauen und Vorsicht waren noch immer vorherrschende Beweggründe –, eignete sich deutlich nicht zur Aufhellung einer Befindlichkeit, die ich vermutlich nie als geklärt werde annehmen können. Das alte germanische Wort – mhd. genoz(e) –, das soviel wie Teilhabe an einer gemeinsamen Existenz bedeutete, wurde seit dem 19. Jahrhundert als Gefährte verstanden, „Gefährte in der Not". Von diesem Verständnis her nahmen den Begriff unterschiedliche sozial engagierte Gruppierungen auf, darunter die Sozialdemokraten. Ich erinnere mich gut, dass mein Großvater, Opa Gustav, das Wort mit Wärme aussprach und ihm eine Deutung von gemeinsamer Kraft gab. Doch das lag fünfzig Jahre zurück. Ich erfüllte an diesem Abend, im Januar 1990, das kindliche Versprechen, das ich meinem Großvater gegeben hatte, und wurde Genosse der SPD. Das Wort aber, das in den vergangenen siebzig Jahren durch die Kommunisten im tiefsten Grund entwertet und besudelt wurde, werde ich niemals frei benützen können. Die kleine, gar nicht aufrüttelnde Szene, die ich mir als Junge seinerzeit konspirativ und aufregend vorgestellt hatte, verließ ich einigermaßen ernüchtert und doch nicht unzufrieden. Berthold S., den ich seiner Ruhe und Sachlichkeit wegen sehr schätzen lernte, ist mir einer der zahlreichen guten Gefährten in der Partei geworden. Ein „Genosse" wurde er mir nicht. Als ich im Herbst 1990 auf der Liste der SPD für den ersten Sächsischen Landtag kandidierte, fand sich auf manchem meiner Plakate recht bald die anonyme Signatur ‚Rote Sau'. Des *Lehrstücks viertes Bild*.

Die Freiheit der Meinung, dafür stand ich auch da ein, dürfen wir uns nie wieder nehmen lassen. Sie hat immer ihren Preis. Einen *Wert an sich* stellt sie nicht dar, dieser muss immer wieder neu erarbeitet, womöglich erlitten werden, allem Anschein nach aber: ‚erkämpft'. Bei einer eingetragenen Mitgliederstärke der SPD von 0,1 Prozent der Bevölkerung unserer Stadt, waren und sind die Gewichte unmissverständlich klar verteilt. Als ‚neuer Roter' stand ich an der Stelle, wo es zieht.

Unser „Gegenüber", die „gewendete" CDU, verfügte über altgediente Mitglieder, Strukturen, Räumlichkeiten und finanzielle Mittel. Seit dem Sieg der „Allianz" bei der Volkskammerwahl vom März 1990 befand sie sich im Aufwind des Kanzlers Helmut Kohl, deutlich erkennbar und gewiss durchaus in seinem Sinn. Inzwischen ist allgemein bekannt geworden, dass viel Geld – welcher Herkunft ist bisher nicht geklärt – seinerzeit an die künftigen Wähler zur Stärkung der CDU durch ihn in die sieche DDR floss. Dass diese „schwarzen" Gelder mit persönlichen Fingerabdrücken nun nach zehn Jahren wieder „aufleuchten", ist einigermaßen tragisch für die CDU, vielleicht nicht ganz untypisch. Herrschte doch damals immerhin Revolution. Und die CDU beeilte sich klarzustellen, dass nicht die vermummte SED der ersten politischen Aufmerksamkeit wert sei. Man hielt sie irrigerweise nicht für wichtig. Die Parole lautete klar: „Hauptgegner für uns ist die SPD." Die Frage, ob das als „weitsichtige Politik" in die Geschichte eingehen kann, wartet noch auf Antwort.

Wenigstens herrschte so Klarheit. Das war eine eindeutige Aussage. Und es schien keinen Grund zu geben, sie nicht ernst zu nehmen. Ich hatte mich keiner Illusion hingegeben über die Art meines politischen Engagements. Mich leitete die Gewissheit, meine Lebenskurve sei so verlaufen, dass mein Platz klar umrissen ist. Als die Angriffe heftiger wurden, sah auch ich immer klarer, dass ich richtig entschieden hatte. Dieses war ‚die Zeit, eine eigene Meinung zu haben'. Soweit glaube ich Helmut Schmidt zu kennen, dass er mit diesem Satz, den ich für die Einstimmung in dieses Kapitel entlieh, mehr verbindet als Kontemplation. Risikolos war dieser empfindliche Luxus einer eigenen Meinung zu keiner Zeit.

Am 6. Mai 1990 wurde ich in die Stadtverordnetenversammlung von Pirna gewählt und sitze seitdem – inzwischen in dritter Legislatur – als einer der ‚Hauptfeinde' im obersten Entscheidungsgremium meiner Heimatstadt noch immer einer deutlichen CDU-Mehrheit gegenüber. Mittlerweile ist die pure Lust zu streiten ein wenig ermattet, und gelegentlich geben wir beiderseits zu, das Gleiche gedacht oder sogar gewollt zu haben, wenn es um unsere Stadt geht. Der Beginn, der von einem schreienden Mangel an Erfahrung gezeichnet war, litt unter Reibungsüberhitzung vielfach auch da, wo es nicht nötig war. Durch meine Tätigkeit in der Landessynode gehörte ich zu den wenigen unter den Neugewählten, die ein Gespür für die freiheitliche parlamentarische Verfahrensordnung mitbrachten. Als tatsächliche Erfahrung hatte nur ich sie erlebt. Ich wurde Sprecher und Vorsitzender der Fraktion und Vorsitzender des Ausschusses für Schule, Kultur und Soziales. Als gesetzliche Basis stand zunächst nur das Kommunalrecht der DDR zur Verfügung. Eine Gemeindeordnung mit den darin geregelten organisations-, wahl- und satzungsrechtlichen Ordnungsgegenständen war noch ein Zukunftsprojekt.

Auf einer Sondersitzung am 22. Juli 1990 beschloss die Volkskammer dann die Wiedereinführung der Länder nach dem Vorbild von 1946 durch Auflösung der DDR-Bezirke, und sie legte den Termin der Landtagswahlen endgültig auf den 14. Oktober 1990 fest. Damit begann für mich die zweite Runde aktiver Wahlbeteiligung im selben Jahr. Die SPD-Kreisorganisation nominierte mich als Kandidaten für die Wahl zum ersten Sächsischen Landtag. Da die Gliederungen der Partei – Ortsverein, Unterbezirk, Landesverband – noch im Aufbau begriffen waren, fand am 26. Juli 1990 eine Reihungskonferenz in der Auferstehungs-Kirchgemeinde Dresden-Plauen statt, auf der zirka 150 SPD-Kandidaten sich einzeln vorstellten und mit ihren Wahlaussagen nach Kräften um ihre Platzierung auf der Landesliste rangen. Ein hanebüchen anstrengendes Unterfangen für alle Beteiligten, das nur mit Hilfe des bereits vorhandenen West-Kaffees bewältigt wurde. Gegen 17.00 Uhr angereist, fand mein Statement gegen 2.00 Uhr morgens statt. Mein selbsterhebender Beitrag zur Bewahrung von Bildung und Kunst brachte mich auf Platz 36 der Landesliste. Außer ein paar wenigen Konditionsreizungen verlief diese Zusammenkunft von ehrlich strebsamen Politdilettanten achtbar diszipliniert. Durchschnittsalter nahe Fünfzig, wenig Haare, viel Grau, einzelne Frauen nur, kaum Jugend. Vor allem für die Jugend war es schwer, in den über sie hereinbrechenden Anforderungen Raum für sich zu finden. Jungen Menschen hatte der freie Austausch fast völlig gefehlt. Als einzige Ausnahme wirkten in der DDR die kirchlichen Gruppen, in denen frei gesprochen werden konnte, obwohl es als bekannt galt, dass auch da undichte Stellen nicht selten waren. Auf all das, was hinter uns lag, würde die Zukunft sich nicht einlassen, weshalb auch?, und Rücksicht würde es nicht geben, darüber herrschte nüchterne Gewissheit. Auf die Kandidaten, die ihr Mandat nach der Wahl im neuen Landtag auszufüllen haben würden, rollte eine eiskalte Welle an Forderungen zu. Diese lange Nacht, in der wir unter uns darum kämpften, wer dazu gehören sollte, fand ihr Ende erst, als die Sonne im Pfarrgarten schon den Morgen ankündigte. Ich setzte mich mit einem Koffein-Spiegel von einem Dutzend Tassen herzhaftem JACOBS-Kaffee ins Auto, um rechtzeitig zum Dienst zurück in Pirna sein zu können.

Das Ergebnis der Wahl erließ mir die Entscheidungsnot, die mich getroffen hätte, wäre ich gewählt worden. Die Bonner SPD-Zentrale hatte Anke Fuchs als Spitzenkandidatin nach Sachsen gesandt. Die CDU war froh, den Kohl-Antipoden Kurt Biedenkopf so freigesetzt zu haben, dass es dem im Rheinland Lebenden gut tat, sich um eine Stelle in Sachsen bemühen zu können. Er kam, lächelte und sagte, dass er schon ein Sachse sei, vor allem aber, dass er in jedem Fall bleiben wolle. Das tat die Anke nicht und belehrte diejenigen, die es im Radio hören wollten, dass sie nur bliebe, man wählte sie denn. Das und ihre etwas herbe Art nahmen ihr selbst die gutwilligen Sachsen krumm. Sie schenkten Kurt Biedenkopf ihre Kreuzchen in absoluter Zahl, fürchteten das nunmehr schwarze, freie Land nicht und verbrämten schon ein Jahr später den immer freundlich auftretenden Herrscher mit dem Kosenamen „König Kurt".

Noch einmal greife ich zurück zu einem vorletzten Entscheidungsgang. Eines Abends, Anfang Februar 1990, klingelte es recht spät noch an unserer Wohnungstür. Der Schreck, als ein alter, bekannter Gefährte, trat neben mich, doch ich öffnete die Tür einem Bekannten. Vor mir stand ein Kollege der Musikschule, der eine an mich adressierte Botschaft so deutlich vor sich her trug, dass er sie sofort beim Eintritt fallen ließ: „Herr Rösler, ich komme nur, um Ihnen zu sagen: Das Kollegium der Musikschule Pirna hat Sie heute mit 48 Ja-Stimmen und 1 Enthaltung zum Direktor gewählt." So viel Freiheit der Rede an der offenen Korridortür war nicht unmittelbar Gegenstand der revolutionären Umwälzung gewesen. Aber wir waren allein, es hörte niemand. „Sollten Sie nicht widersprechen, werden wir das Ergebnis unserer Abstimmung, die ja deutlich ausgefallen ist, dem Rat des Kreises mitteilen, damit Ihre Berufung durch den Kreistag möglichst bald erfolgen kann. Wir sind an einer raschen Klärung interessiert." Hereinbitten ließ er sich nicht. Es war spät, und er verabschiedete sich so unvermittelt, wie er aufgetreten war.

Völlig unvorbereitet traf mich das Ereignis freilich nicht. Bereits im Herbst '89 war ich gefragt worden, ob ich einen solchen Schritt für möglich hielte. Ich liebte meine Tätigkeit in Dresden und konnte mir schlecht vorstellen, diese Umgebung zu verlassen. Doch die Frage war gestellt, und in die unvermeidbare Auseinandersetzung schob sich wie ein Keil von außen die Unsicherheit über den Bestand oder die mögliche künftige Gestalt des Dresdner Zentrums für zeitgenössische Musik. So gesehen und in allerlei anderer Verkleidung saß von da an der Joker, seinen Kopf immer oben, neben mir, um mir keine Ruhe zu geben. Mir wurde klar, dass ich mich noch einmal zu entscheiden hatte, allem Anschein nach, hinsichtlich der beruflichen Verpflichtung, zum letzten Mal.

Anfang 1990 schied dann der Direktor der Musikschule endgültig aus dem Dienst. Da ich der Voranfrage nicht ausgewichen war und es nicht prinzipiell ausgeschlossen hatte, mich der Verantwortung zu stellen, konnte ich mit Anstand das so eindeutige Votum nicht ausschlagen. Ich signalisierte also meine Bereitschaft und begab mich in das leidige Verfahren der Stellenüberleitung. Während dieser Zeit des Frühjahres 1990 geschah dies nicht ohne Risiko. (Meine Gehaltsunterlagen verschwanden in der Stadtverwaltung Dresden im Zuge der Wende beispielsweise vollständig.) Einen bestehenden Vertrag sollte man deshalb, wie auch immer, nicht ohne Not lösen. Ich war aber persönlich und in der Sache bereits so weit gegangen, dass ich den Schritt wollte und einfach nicht mehr zurückkonnte.

Als ersten Gesprächspartner suchte ich meinen Chef auf, um meine Absichten offen zu legen. Prof. Z. zeigte sich erstaunt über meine Absicht, das Haus zu verlassen, umso mehr, als er wusste, dass mir die Arbeit selbst in kritischen Situationen viel bedeutete. Er verschloss sich meinem Argument aber letztlich nicht, zumal er zugestehen musste, dass nicht absehbar sei, wie die Zukunft des Dresdner Zentrums sich gestalten würde.

Der Vollzug der Formalitäten verlief dann auf beiden Seiten unkompliziert und zügig. Noch im März erfolgte meine Berufung durch den Kreistag in Pirna zum Direktor der Musikschule. Problematisch für mich war der Abschied von einem Platz, der sich in den Jahren meiner Arbeit dort, durch seinen Anspruch, seine Umgebung und die Art seiner Ausstrahlung in seiner Weise zu einem Lebensziel entwickelt hatte. Deshalb war ich dankbar, dass ich bereits am 1. April nach Pirna umziehen konnte. Dadurch verkürzte sich die besonders unangenehme ‚Restlaufzeit'.

Ich freute mich, mit den täglich sich deutlicher konturierenden Möglichkeiten einer befreiten, demokratischen Entscheidungssituation etwas Neues gestalten zu können. Die kollegiale Umgebung war mir zu großen Teilen noch vertraut. Ich übersah allerdings, dass dieses Neue sich nicht auf alle in gleicher Weise als Hoffnung und Herausforderung niedergelassen hatte, wie es bei mir ganz unbestritten der Fall war. Ich hatte gelernt, mit hohen Forderungen umzugehen, bei Fehlern mit entsprechender Kritik, und die Arbeitszeit, wenn nötig, als nach oben offene Größe zu verstehen. Musikschullehrer waren von der DDR her mit einem überaus komfortablen Zeitfonds für ihre staatlich geregelte Tätigkeit ausgestattet. Die festgelegte Schülerzahl war entsprechend großzügig bemessen. Die Arbeitszeit als Unterrichtszeit und die Schülerzahl mussten schnell gegenläufig korrigiert werden, Förderstunden für einzelne Schüler streng begrenzt und Gruppenunterricht eingerichtet, ohne den Leistungsanspruch aufzugeben. Das bedeutete Aufruhr unter dem Dach des Hauses. Ich wusste, dass ich für den möglichen Bestand der Einrichtung unter marktwirtschaftlichen Voraussetzungen mit einer gänzlich anders gearteten Erwartung der Benutzer Verantwortung übernommen hatte. Drei Dinge veranlasste ich zuerst: Die Abschaffung der Zugangsbeschränkungen, der Zensuren und der Jahres-Pflichtprüfungen. Abschaffung ist aber noch keine Entscheidung, wenn dafür nicht Alternativen bereitgestellt werden. Von allen Entscheidungen waren dennoch gleichzeitig Mitarbeiter, Schüler und Eltern betroffen, erklärlicherweise mit unterschiedlicher Bewertung. Das zeichnete aber nur den Auftakt der Handlungen. Fast alles musste sich ändern, vor allem anderen zuerst *das* in den Köpfen, aber wir hatten dazu keine Zeit, und der uns umgebende Raum war keineswegs im positiven Sinne rechtsfrei. Es gab weder Satzung noch Dienstordnung, noch eine irgendwie geartete Sicherheit bei der neu gebildeten Kreisverwaltung, außer der Frage nach den Kosten und der Notwendigkeit des Bestehens einer solchen Einrichtung überhaupt. 1992 wurde sie zum ersten Mal durch den Landrat selbst gestellt. Ich beantwortete sie noch mit der Reduzierung des Stellenvolumens um zwölf Mitarbeiter bei der Verdopplung der Schülerzahl, ein Prozess, den ich so jedoch nicht weiter verfolgen konnte. Gerüchte kursierten unter den Mitarbeitern und trugen zu allerhand Unruhe bei. Aber wir arbeiteten, und wir arbeiteten gut: jährlich vier große Konzerte, der Wettbewerb „Jugend musiziert" mit Erfolgen beim Landes- und Bundeswettbewerb, dreihundert außerschulische Veranstaltungen in allen öffentlichen Bereichen. Für meinen gewöhnlich 14-Stunden-Tag sorgten nicht nur die schulischen Aufgaben, daneben gab es Verpflichtungen durch die Partei, die Mitgliedschaft und Verantwortung in kulturellen Vereinen und die Aufgabe als ehrenamtlicher Stadtrat, die während der ersten fünf Jahre des Aufbaues den Umfang eines Arbeitsverhältnisses annahm.

Die Bestandsfrage der Schule blieb trotz alledem als offener Posten in der Tagespost. Die Landkreisverwaltungen als überkommene Träger aller Kultureinrichtungen – nach DDR-Lesart: im Territorium – standen unter ungemindertem Druck durch die Landesregierungen, sich dieser unhandlichen Altlasten zu entledigen, um die

Haushalte zu entspannen und die Verwaltung von diesen nicht gesetzlich vorgesehenen Aufgaben zu befreien. Im September 1994 fasste der Kreistag dann einen Beschluss, den Landrat mit der Überführung der Musikschule in „Freie Trägerschaft" zu beauftragen.

Von 1995 an war meine Tätigkeit weitestgehend von dieser Entscheidung bestimmt, vor allem mit den innerbetrieblichen Auswirkungen, die natürlich von Unruhe und Unsicherheit gezeichnet waren. Wir hatten gemeinsam ein gewaltiges Stück Umbauarbeit geschafft, an dem jeder Einzelne einen für ihn erträglichen Anteil hatte, der die Möglichkeiten des Mitgehens deutlich beschrieb und auch begrenzte. Verletzungen sind nicht ausgeblieben, auch von mir unachtsam verschuldete und in der Sache unvermeidbare. Aber eine herrliche Bereitschaft war gewachsen zu einer bemerkenswert, aufgeschlossenen Musizierkultur, auch mit einem geöffneten Blick hin zu neuen Ausdrucksformen. Mehrfach trugen wir die Ergebnisse auch zum Dresdner Zentrum und stellten sie bei Veranstaltungen vor. Ich löste damit eine eigene Vorgabe ein, und es schloss sich einer der vielen aufgeworfenen Kreise einer weit wirkenden Arbeit. Für mich zeichnete sie sich als endlich ab, das hieß, mein vielfarbenes musikalisches Lebensfenster, hinter dem ich gespielt, gelehrt, geschrieben und geworben hatte – mehr als vierzig Jahre lang – würde sich schließen. 1996/97 liefen die Bemühungen zur Gründung eines kommunalen Trägervereins für die Musikschule. Im Februar 1997 begann eine Geschäftsführerin ihren Dienst auf meinem Stuhl. Wir befanden uns im Übergang nach § 613a BGB. Am 1. Januar 1998 ging ich in die Arbeitslosigkeit, bevor ich am 1. Juni desselben Jahres meine etwas verfrühte erste Rentenzahlung verbuchen konnte.

Der Abgang gestaltete sich der Situation entsprechend, ein wenig holprig und unfertig und auf beiden Seiten nicht spannungsfrei, animato ma poco astruso, möchte der Musiker sagen. Für mich war es der Zeitpunkt zu gehen, weniger aus Absicht als aus Einsicht. Ich hatte, ohne dafür Zeit zu haben, den Mut aufgebracht, eine eigene Meinung zu finden. Nun würde ich die Zeit aufbringen können für den Mut, eine eigene Meinung zu haben. An mir blieb es noch immer, immer wieder, eine solche zu finden. Dafür sah ich sehr bald eine neue Herausforderung sich auf mich zu bewegen. 1998, Wahljahr. Für den 27. September wurden die Wahlen zum

Deutschen Bundestag ausgeschrieben, so hatte es der Bundestag beschlossen. Die Stimmungsbarometer tobten. Irgendwie, scheint's, hatte die Zeit es über, nur ‚Schwarz' zu sehen. Europa liegt weit, die Staatsverschuldung war hoch mit unbegreifbaren neun Nullen über N. N. und zu viele sind, die vor allem das nicht haben, was sie befähigt, sich selbst zu achten und von der Gesellschaft gebraucht zu sein: ihre Arbeit. Auswege? – Sie wurden gesucht – oder das kleinere Übel. In diese Situation trat einer, der von sich selbst reden machte, drängte nach vorn, an anderen vorbei, über andere hinweg, mit drei Worten wie auf Lafetten: „Arbeit, Innovation und Gerechtigkeit." Er *machte* Wahlkampf, amerikanisch. Gerhard Schröder erntete Skepsis – Achtung – gewollte Skepsis – Zustimmung. Der *Sozialdemokrat Gerhard Schröder* gewann die Wahl.

Ich drängte nicht, aber sprach intensiv mit Freunden. Die Mitgliederversammlung unseres SPD-Ortsvereins schlug vor, mich zum Spitzenkandidaten unseres Wahlkreises für die Bundestagswahl zu nominieren. Ich wurde von der Wahlkreiskonferenz der SPD gewählt, aufgestellt und begann, so als ob es in meinem Leben nie anders sein könnte, noch einmal etwas von ganz vorn: Aufbau eines Wahlkampf-Teams – mein freundlicher *Genosse* aus den frühen Gründertagen gehörte dazu, wurde schwer krank und überließ die ihm zugedachte Logistik mir. Im Weiteren: Konzeption, Planung und Organisation von Veranstaltungen und Werbemaßnahmen, schließlich die berüchtigten öffentlichen Präsentationen, wie sie die Wahlkämpfe prägen, an möglichst allen Flecken des Wahlkreises. Die Wählerinnen und Wähler haben ein Recht darauf. In Anspruch nehmen es wenige. Demokratie, davon gehe ich aus, gehört wie die Kunst zu den Werten, die sich nicht einfach niederlassen, sondern ihr gesellschaftliches Gewicht durch die Beteiligung des Einzelnen erlangen. Wahlwerbungen gehören sicher nicht zu den Höhenflügen der Kultur, doch sie gehören zu dem Teil demokratischer Kommunikation, der uns lebenslang vorenthalten wurde. Als ich gemeinsam mit Johannes Rau auf dem Markt in Pirna zu einer Wahlveranstaltung auftrat, fügte sich auch das für mich hinzu zu den Wahrnehmungen der späten Freiheit, die an mir ihr Maß auswog und für die ich bereit war, etwas zu tun. Daraus und aus unzähligen Begegnungen mit einfachen, gewichtigen, sympathischen und unangenehmen Menschen, überraschenden Situationen und kritischen Fragestellungen entfaltete sich ein Jahr voll überaus aufschlussreicher Arbeit und Erfahrung. Ich gestatte mir die sentimentale Frage: „Wenn Opa Gustav das wüsste ...?"

Meine Frau bildete sich zu alledem ihre eigene Meinung, die nicht gerade bequem zu liegen kam auf den entrollten Versäumnissen einer fast vierzigjährigen Ehe. Ich hing derweil an Zäunen und Masten im Großformat und bekannte mich auf den unvermeidlichen Postern zu Arbeit, Innovation und Gerechtigkeit – und zu meiner Pfeife, die ich seit November 1968 rauche, in herzlicher Dankbarkeit gegen Gott und alle gutgemeinten Ratschläge. Viele Menschen grüßten mich, mieden oder beleidigten mich. Frauen vornehmlich kritisierten heftig mein offenes Pfeifen-Bekenntnis und wünschten mir dennoch Erfolg. Unter dem roten SPD-Schirm, mit dem ich an Dutzenden von Plätzen unterwegs war, ist viel gelacht worden. „Das ist des Volkes wahrer Himmel", der von den meisten Bürgern nur danach abgesucht wird, ob es daraus ins eigene Portemonnaie regnet. Aber es sind freie Vorbereitungen auf freie, demokratische Wahlen, an denen sich auch Parteien beteiligen können, deren Legitimität mir hartnäckig fragwürdig bleibt. Über deren gesellschaftliche Rolle entscheidet natürlich auch *der* Wähler, dessen politische Qualifikation auf der Bild-Zeitung beruht. Mir und meinen uneigennützigen Mitstreitern war es am Ende der Wahl gelungen, dem Feld einen Zuwachs von 5 Prozent gegenüber der Wahl von 1994 abzugewinnen. Das reichte im Ergebnis für die SPD und Gerhard Schröder, für mich selbst bei weitem nicht. Wir leben weiterhin im ‚Königreiche Sachsen'. Das hat mit dem BLEIBEN zu tun.

Ohne weiteres Aufsehen schloss sich hinter dem ‚Höhepunkt meiner politischen Karriere' die Tür – wie es schien –, aber nur, um sich gegenüber wieder zu öffnen, da mir der Platz angeboten wurde, ein Buch über meine Lebensgeschichte zu schreiben. Natürlich war mir das keine ganz neue Idee und entsprach durchaus einem meiner Pläne für die Zukunft. Bisher war allerdings noch nicht *die Zeit dazu gewesen* – und *ich hatte auch die dazu nötige Zeit nicht gehabt*. Jetzt schien beides zusammenzutreffen und ich ging den Plan an. Mir scheint, ich bin nun alt genug geworden, mich zu vergewissern, wie es geschah, das alles, was begann mit einem eingeklemmten Daumen an einem Klavier und ankam in der ach so unfeinen Politik. Schärfer gestellt, zeigt sich der Einschlag der Lebenskerben am schreienden Verderb der Sprache, dem sinnfremden Tod und einem geschlagenen Großvater. Töricht und unkorrekt bliebe dennoch die Bilanz, wenn ich versäumte, den Wert künstlerischer Erfahrung als Reingewinn meines Lebens ausdrücklich hervorzuheben.

Im Merkheft meiner Erinnerung findet sich schwach gezeichnet noch der Eintrag eines frühen Augusttags des Jahres 1939: Ich stand und hing mit Knirpsenaugen verklärt an den blankgelederten Flanken des nagelneuen Opel Kadett jenes haargleich blanken Oberpostinspektors Bergeler, den Guste umschwärmte. Der Motor summte vor sich hin, und ich schnupperte den unvergessen betörenden Abgasduft der Gasoline, denn ich wartete auf den Start unseres geplanten Ausflugs ins Böhmische. Weit ließ uns dieser Tag nicht kommen. An die schrägen Ränder der schmalen Straßen gedrängt, immer wieder Halt, nur in weiten Intervallen rückten wir auf in die seltenen Lücken der endlosen Kolonnen aufziehender deutscher Wehrmacht, einen Monat vor dem großen Schlag. Soviel glaube ich noch an Horch-Bildern zu besitzen, dass der Oberpostinspektor glänzte und vom Führer sprach. Mutter saß stumm und hielt mich fest. Vater hatte die Gestellung schon bekommen. So saß das Unheil bereits mitten unter uns, und der politisch hinterlegte Tod. Die vielen grauen Männer auf der Straße hatten kein Gesicht und schmolzen vor mir zusammen zu einem drohenden Koloss.

Noch wusste ich nichts wirklich von Politik, aber damals muss es begonnen haben, obgleich noch Sommer gewesen ist und die Fragen im Halbschlaf gelegen. Hinter meinem Rücken waren sie schon so nahe, dass es mich berühren musste. Ungebührliches zwang mit dem Herbst sich auf, mich aus dem umwärmten Nest der Sprache meiner Kindheit zu drängen.